Michael Frings & Frank Schöpp (edd.)

Varietäten im Französischunterricht

**I. Französische Fachdidaktiktagung
(Gutenberg-Gymnasium, Mainz)**

Französischdidaktik im Dialog (FDD)

Herausgegeben von Michael Frings und Jens F. Heiderich

ISSN 2191-8155

1   *Michael Frings und Frank Schöpp (edd.)*
    Varietäten im Französischunterricht
    I. Französische Fachdidaktiktagung (Gutenberg-Gymnasium, Mainz)
    ISBN 978-3-8382-0224-2

In Vorbereitung:

Michael Frings und Jens F. Heiderich (edd.)
Ökonomische Bildung im Französischunterricht
II. Französische Fachdidaktiktagung (Gutenberg-Gymnasium, Mainz)
ISBN 978-3-8382-0244-0

Michael Frings und Frank Schöpp (edd.)

VARIETÄTEN IM FRANZÖSISCHUNTERRICHT

I. Französische Fachdidaktiktagung
(Gutenberg-Gymnasium, Mainz)

ibidem-Verlag
Stuttgart

Bibliografische Information der   Deutschen Nationalbibliothek
Die Deutsche Nationalbibliothek verzeichnet diese Publikation in der
Deutschen Nationalbibliografie; detaillierte bibliografische Daten sind im
Internet über http://dnb.d-nb.de abrufbar.

Bibliographic information published by   the Deutsche Nationalbibliothek
Die Deutsche Nationalbibliothek lists this publication in the Deutsche Nationalbibliografie;
detailed bibliographic data are available in the Internet at http://dnb.d-nb.de.

∞

Gedruckt auf alterungsbeständigem, säurefreien Papier
Printed on acid-free paper

ISSN: 2191-8155

ISBN-13: 978-3-8382-0224-2

© ibidem-Verlag
Stuttgart 2011

Alle Rechte vorbehalten

Das Werk einschließlich aller seiner Teile ist urheberrechtlich geschützt. Jede Verwertung
außerhalb der engen Grenzen des Urheberrechtsgesetzes ist ohne Zustimmung des Verlages
unzulässig und strafbar. Dies gilt insbesondere für Vervielfältigungen,
Übersetzungen, Mikroverfilmungen und elektronische Speicherformen sowie die
Einspeicherung und Verarbeitung in elektronischen Systemen.

All rights reserved. No part of this publication may be reproduced, stored in or introduced into a retrieval
system, or transmitted, in any form, or by any means (electronical, mechanical, photocopying, recording or
otherwise) without the prior written permission of the publisher. Any person who does any unauthorized act
in relation to this publication may be liable to criminal prosecution and civil claims for damages.

Printed in Germany

Vorwort zur Schriftenreihe *FDD*

Französischdidaktik im Dialog (*FDD*) ist eine Schriftenreihe, die in konsequenter Weise Vertreter aller am Französischunterricht beteiligten Aktanten in einen Dialog miteinander bringt respektive Dialoge, die im Rahmen von „Französischen Fachdidaktiktagungen" geführt wurden, der interessierten Fachwelt zur Rezeption bereitstellt. Die erste der besagten Tagungen fand im September 2010 zu dem Thema *Varietäten im Französischunterricht* statt (vgl. den vorliegenden Band). Konstituierendes Charakteristikum des Gesamtprojekts ist der Dialog zwischen universitären Fachdidaktikern des Französischen, Französischlehrkräften, Studienreferendaren sowie Schülern der Sekundarstufe II. Fachdidaktiker stellen ihre neuesten Forschungsergebnisse vor und erhalten in den sich anschließenden Diskussionen unmittelbar eine Rückmeldung der Lehrkräfte hinsichtlich der Eignung für die Unterrichtspraxis sowie der Schüler hinsichtlich Potential, Mehrwert aber auch neuralgischen Punkten. Anlass zur Begründung der Tagungs- sowie der Schriftenreihe war und ist unsere Überzeugung, dass eine Innovierung und Qualitätssteigerung des Französischunterrichts nur dann nachhaltig möglich ist, wenn alle Beteiligten interagieren und in einen Dialog miteinander treten und somit eine doppelte Rückkopplung ermöglicht wird.

Französischdidaktik im Dialog ergänzt thematisch die vor fünf Jahren begründete *Zeitschrift für Romanische Sprachen und ihre Didaktik (www.ZRomSD.de)* sowie die angegliederte Schriftenreihe *Romanische Sprachen und ihre Didaktik (www.RomSD.de)*. Der inhaltlichen Verzahnung trägt das äußere Erscheinungsbild Rechnung, indem die Reihe im *corporate design* erscheint, sich jedoch mittels des grünen Streifens von den o.g. Werken farblich unterscheidet.

Die „II. Französische Fachdidaktiktagung" wird im Mai 2012 stattfinden und sich mit „Ökonomischer Bildung im Französischunterricht" beschäftigen. Interessenten, die sich mit einem Beitrag aktiv an der Tagung beteiligen möchten, sind herzlich dazu eingeladen, Kontakt mit uns aufzunehmen.

Danken möchten wir all jenen, die bisher zum Gelingen des neuen Projektes beigetragen haben.

Die Reihenherausgeber
    Michael Frings (Mainz) & Jens F. Heiderich (Mainz & Trier)

Inhaltsverzeichnis

MICHAEL FRINGS & FRANK SCHÖPP
Vorwort 9

CHRISTOPH BÜRGEL
Jugend- und umgangssprachliche Formate des Bewertens für
Dialogschulung im Französischunterricht 11

CHRISTINE MICHLER
Normsprache, *français familier* und Jugendsprache im Französisch-
unterricht 35

KATHARINA WIELAND
Le langage des jeunes = le langage des cités = le verlan?! – Jugendsprache
als Lerngegenstand des Französischunterrichts 49

SYLVIA THIELE
Kanadisches Französisch im Unterricht – Lynda Lemay: Les maudits
Français 65

FRANK SCHÖPP
Konzeptionelle Mündlichkeit im Französischunterricht – où en est-on? 79

BETTINA STADIE
Ein linguistischer Blick auf Französischlehrwerke: Varietäten in *À plus!*
und *Découvertes* 103

DANIEL REIMANN
Diatopische Varietäten des Französischen, Minderheitensprachen und
Bilinguismus im transkulturellen Fremdsprachenunterricht 123

Rainer Schlösser
Altfranzösisch in der Lehrerausbildung 169

Werner Forner
‚Fachstil' und Stiltransformationen als Unterrichtsthema 185

Autoren 207

Vorwort

Aspekte der Varietätenlinguistik sind seit jeher Elemente des Französischunterrichts. Werden selbige in den aktuellen Lehrplänen und -werken mal hier, mal da angesprochen, so mangelt es bislang jedoch an einer systematischen Auseinandersetzung mit den vielfältigen Facetten von Diatopik, Diastratik, Diaphasik bishin zur Diamesik hinsichtlich ihrer Relevanz für den Einsatz in der Alltagspraxis.

Der vorliegende Band, hervorgegangen aus der „I. Französischen Fachdidaktiktagung" (Gutenberg-Gymnasium Mainz, 30. September 2010), möchte zum einen Einblick über den Forschungszweig geben und zum anderen einzelne für den Unterricht fruchtbare Fragestellungen aufwerfen und aufbereiten, so dass künftighin eine verstärkte Integration in die unterrichtliche Praxis erfolgen kann.

Der Tagung immanent war ein fruchtbarer Dialog zwischen Sprachwissenschaftlern, Didaktikern sowie Lehrenden und Lernenden aus der Schulpraxis. Die Vielfalt an Perspektiven spiegelt sich somit auch in den Beiträgen wider: Christoph Bürgel (Universität Osnabrück) beleuchtet Jugend- und umgangssprachliche Formate des Bewertens für die Dialogschulung und stellt eine interessante Unterrichtssequenz vor [11-34]. Christine Michler (Universität Bamberg) untersucht die beiden gängigen Lehrwerke für den Französischunterricht an Gymnasien, *A plus!* und *Découvertes*, hinsichtlich Normsprache, *français familier* und Jugendsprache und unterbreitet weitergehende Vorschläge für den Einsatz der Thematik in der Unterrichtspraxis [35-48]. Jugendsprache steht auch im Zentrum des Beitrags von Katharina Wieland (Humboldt-Universität Berlin). Die Autorin untersucht das der französischen Jugendsprache inhärente Potential für das Kompetenzziel der interkulturellen fremdsprachlichen Handlungsfähigkeit und präsentiert eine Reihe möglicher Aufgabenformate für die Praxis [49-63]. Den Schwerpunkt des Beitrags von Sylvia Thiele (Universität Münster) bildet eine diatopische Varietät außerhalb Frankreichs: das kanadische Französisch. Die Autorin stellt einen Unterrichtsvorschlag vor, der verschiedene Facetten des Französischunterrichts vereint [65-77]. Frank Schöpp (Universität Marburg) untersucht ausgewählte Lehrwerktexte aus zwei *À plus!*-Bänden in Bezug auf die Berücksichtigung der morphosyntaktischen und lexikalischen Charakteristika der französischen Nähesprache [79-102]. Ebenfalls mit Lehrwerken beschäftigt sich Bettina Stadie (Göttingen), die einen kritischen Blick auf die Bände 4 und 5 der Lehrwerke *À plus!* und *Découvertes* wirft und den Fragen nachgeht, inwieweit in ihnen sprachliche Varietäten repräsentiert sind bzw. wie diese jeweils didaktisiert werden [103-121]. Daniel Reimann (Universität Würzburg) betont die Bedeutung der Integration diatopischer Varietäten des Französischen in den Unterricht als Grundlage für die Auseinandersetzung mit verschiedenen frankophonen Kulturen und als Basis für eine anzustrebende transkulturelle kommunikative Kompetenz der Lernenden. In diesem Zusammenhang unterzieht der Autor vier aktuelle Französischlehrwerke einer detaillierten Analyse in Bezug auf die Berücksichtigung diatopischer Varietäten und die Thematisierung von Minderheitensprachen in der Frankophonie [123-168]. Rainer Schlösser (Universität Jena) versteht seinen Beitrag zur Rolle des Altfranzösischen für die Lehrerausbildung als Werbebotschaft, die sich gleichermaßen an Linguisten und angehende bzw. bereits aktive Französischlehrer widmet und zeigt, dass der Altfranzösischunterricht durch geeignete Stoffwahl einen wesentlichen Beitrag zur Entwicklung von Sprachbewusstheit leisten kann [169-184]. Im letzten Artikel des Bandes wirft Werner Forner (Universität Siegen) ein Schlaglicht auf ‚Fachstil' und Stiltransformationen als Unterrichtsthema. Zunächst werden umfassende Forschungsergebnisse präsentiert, die in einem zweiten Schritt an einem für den Unterricht geeigneten Text didaktisiert werden [185-206].

Wir danken den Kolleginnen und Kollegen für das starke Engagement sowie der Schulleiterin des Gutenberg-Gymnasiums, Ulrike Stephan-Emrich, für die organisatorische Unterstützung. Nun aber wünschen wir den Leserinnen und Lesern viel Freude bei der Lektüre der Tagungsakten.

Die Herausgeber
    Michael Frings (Mainz) & Frank Schöpp (Marburg)

Jugend- und umgangssprachliche Formate des Bewertens für Dialogschulung im Französischunterricht

Christoph Bürgel (Osnabrück)

1. Einleitung

Ziel des vorliegenden Beitrags ist es, Muster und Techniken des emotional-emphatischen Bewertens vorzustellen, die von der Sprachwissenschaft und Fremdsprachendidaktik wenig berücksichtigt worden sind, aber in jugend- und umgangssprachlicher Kommunikation häufig verwendet werden. Dieses Ziel erklärt sich aus meinem linguistisch-didaktischen Forschungsvorhaben, eine möglichst realitätsnahe und lernerfreundliche Dialogschulung zu entwickeln. Sie soll Lerner des fortgeschrittenen Französischunterrichts zu einer alltagspraktischen Dialogkompetenz befähigen.

Jugend- und umgangssprachliche Kommunikation ist in erster Linie nicht reflektiert und rational gesteuert, sondern vielmehr durch Emotionalität, Impulsivität und Anschaulichkeit bestimmt (Koch & Oesterreicher 1990, 114-116). Diese Form der Kommunikation dient Jugendlichen dazu, ihre Äußerungen ‚salient' zu machen, d.h. ihnen größeren Nachdruck zu verleihen, um sich als authentische Subjekte im Dialog zu positionieren und sich selbst darzustellen. Ein Verfahren der ‚Verlebendigung' von Kommunikation sind emotional-emphatische Bewertungen von Erlebnissen, Ereignissen, Personen oder Sachen. Um im Französischen Äußerungen des Gesprächspartners mit emotionaler Emphase bewerten zu können, müssen Lerner bestimmte kommunikative Grundmuster bzw. Äußerungsformate erwerben, die in bestimmten Dialogkonstellationen verwendet werden können. Dass und wie Lerner sich in dialogische Redesituationen emotional-expressiv einbringen können, soll an sechs ausgewählten Bewertungsformaten dargestellt werden.

Dabei gehe ich wie folgt vor: In einem ersten Schritt richte ich das Augenmerk auf die Frage, in welchen Dialogsituationen bestimmte sprachliche Konfigurationen als Formate der emotional-emphatischen Bewertung gelten und grenze sie von den standardsprachlichen Bewertungsformaten ab. Dieser Schwerpunkt erklärt, dass ich bei meinen Überlegungen Doppeltes ausblenden muss:

Zum einen werde ich auf eine ausführliche Analyse der relevanten Konnektoren, (Diskurs-)Marker, Partikeln und anderen syntaktischen Formeln verzichten. Sie sind zwar von der Forschung im Einzelnen analysiert worden (Grieve 1996, Métrich 1998-2002, Rossari 2000 & 2004, Dostie & Pusch 2007), jedoch ist deren Funktion im Hinblick auf meine Fragestellung bislang nicht systematisch untersucht worden. Zum anderen werde ich auf die Frage, welche Intonationsmuster, d.h. Art und Weise, Dauer und Verlauf der Intonation, die behandelten Formate implizieren, nicht näher eingehen. Wie bekannt ist, handelt es sich dabei um eine der schwierigsten Fragen der französischen und insbesondere der deutschen Grammatik.

Nach dem Entwurf der kommunikativen Formate komme ich in einem zweiten Schritt zu einem kurzen didaktisch-methodischen Vorschlag, wie diese Formate in die Dialogschulung integriert werden können.

2. Ausgangslage

Auffallend ist, dass die inzwischen recht vorbehaltlose Umsetzung des Gemeinsamen europäischen Referenzrahmens für Sprachen in Bildungsstandards und Lehrplänen zu einer Überbetonung des Fertigkeitsaspekts beim Fremdsprachenlernen führt. Wie Abel (1992, 8-9 & 2002, 14) bemerkt, bilden Lerner jedoch Fertigkeiten nur in dem Maße aus, in dem sie auch über die erforderlichen sprachlichen Mittel verfügen. Es steht also außer Frage, dass die Wortschatzkompetenz oder – linguistisch etwas weiter gefasst – die lexiko-grammatische Kompetenz die Voraussetzung für den Erwerb und die Nutzung sprachlicher Fertigkeiten darstellt. Deshalb muss wohl nicht betont werden, dass jugend- und umgangssprachliche Fertigkeiten des emotional-emphatischen Bewertens die Kenntnis bestimmter Wortschatz-Figuren bzw. ‚kommunikativer Formate' voraussetzen. Sie sind somit für (i) *sprachdidaktische* Zwecke und deshalb auch als (ii) *sprachwissenschaftlicher* Untersuchungsgegenstand relevant.

(i) In der Fremdsprachdidaktik wird die Relevanz der Sprech- und Alltagssprache für das Fremdsprachenlernen zurecht hervorgehoben (Eschmann 1993, Scotti-Rosin 1993, Meißner 1999 & 2002). So stellt Meißner (2002, 92) fest: „[...] ohne eine erfolgreiche Vermittlung zielsprachlicher Varietäten, insbesondere solcher der Mündlichkeit [kann, C.B.] der Französischunterricht seine kommunikativen Lernziele nur eingeschränkt erreichen."[1] Deshalb muss es überraschen, dass die gängigen Lehr- und Lernmaterialien für den Französischunterricht kaum der Alltags- und Jugendsprache entnommene Wort- und Ausdruckseinheiten anbieten. Das trifft auch auf die kommunikative Teilfertigkeit des emotional-emphatischen Bewertens von Sachverhalten, Personen und Gegenständen zu. Die meisten von den Lehrwerken *Découvertes* und *A plus!* angebotenen Bewertungsmuster wie *c'est beau/gentil* oder *je trouve bon/mauvais que* gehören eher der Standardsprache bzw. der rational gesteuerten Kommunikation an.[2] Mit ihnen können sich Französischlerner jedoch nicht im Sinne jugend- und umgangssprachlicher Kommunikation emotional-expressiv in dialogische Kommunikation einbringen.

(ii) Während in der Varietätenlinguistik eine Reihe von Untersuchungen die Merkmale und Ausdrücke der Sprech-, Nähe- bzw. Jugendsprache herausgearbeitet haben (Koch & Oesterreicher 1990, Boyer 1997, Seux 1997, Sourdot 1997, Androutsopolous & Scholz 1998, Certa 2000), hat die Phraseologie- und Kollokationsforschung mehr oder weniger feste sprachliche Muster bzw. komplexe Wortverbindungen behandelt. (Mel'čuk 1998, Schapira 1999, Scherfer 2001, Hausmann 2004 & 2007, Siepmann 2005).[3] Auffallend ist jedoch, dass kaum solche umgangs- und jugendsprachlichen ‚Prägungen', bei denen das weite und schwierige Feld von Konnektoren, (Diskurs-)Markern und Partikeln relevant wird, in den Blick gekommen sind. Das mag deshalb überraschen, weil die Verwendung von Konnektoren und Partikeln in der Jugend- und Umgangsspra-

---

[1] Das gilt vor allem für das Leitziel des Französischunterrichts – den Aufbau der interkulturellen Handlungsfähigkeit. Um interkulturelle Begegnungssituationen mit Jugendlichen erfolgreich bewältigen zu können, müssen Fremdsprachenlerner jugend- und umgangssprachliche Ausdrucksmuster zumindest verstehen, wenn nicht sogar produktiv verwenden können.

[2] Eine Ausnahme bilden die in *Découvertes 3* angebotenen jugendsprachlichen Ausdrücke der Begeisterung und Verärgerung wie *C'/Il/Elle est hyper//ultra/archi/méga* bzw. *Quelle nouille, Je m'en fous* usw. (Découvertes 3, 50).

[3] In der Sprachdidaktik spiegeln sich diese Forschungsergebnisse in Ansätzen zur Phraseodidaktik (Ettinger 2001, Lorenz-Bourjot & Lüger 2001), zum Kollokationslernen (Hausmann 1984, Lewis 2000, Siepmann 2004) und in kommunikativ ausgerichteten Ansätzen, wie dem Jenaer Reformkonzept (Segermann 1999 & 2006), wider. Kennzeichnend für diese Ansätze ist, dass das Wort als kommunikative Lerneinheit in Frage gestellt wird und an seine Stelle komplexere, auch als *chunks* bezeichnete Lerneinheiten treten.

che gang und gäbe ist, um bestimmte kommunikative Intentionen auszudrücken. Genau das trifft auch auf kommunikative Formate des emotional-emphatischen Bewertens zu, weshalb sie für sprachdidaktische Zwecke eine wichtige Rolle spielen.

Was sind ‚kommunikative Formate'? Als Formate bezeichne ich relativ feste syntaktisch-prosodische Muster, welche die Realisierung spezifisch kommunikativer Basisoperationen ermöglichen, denen immer ein bestimmter kommunikativer Zweck zugeordnet werden kann. Durch ihre Standardisierung in bestimmten Figurationen sind sie situations- und äußerungsunabhängig. Obwohl sie ähnlich wie die von der Phraseologie- und Kollokationsforschung behandelten ‚klassischen' festen Ausdruckseinheiten eine recht hohe Standardisierung aufweisen, unterscheiden sie sich von diesen darin, dass der Sprecher mit Formaten nicht nur eine bestimmte kommunikative Operation wie Beschreiben, Erzählen, Argumentieren, Kommentieren usw. vollzieht, sondern pragmatisch gesehen auch eine bestimmte kommunikative Intention verfolgt: Vergleichen, Hierarchisieren, Sich-Absichern oder – wie im Folgenden gezeigt werden soll – emphatisch-emotionales Bewerten von Sachverhalten, Gegenständen oder Personen. Dabei unterscheide ich sechs jugend- und umgangssprachliche Bewertungsformate:

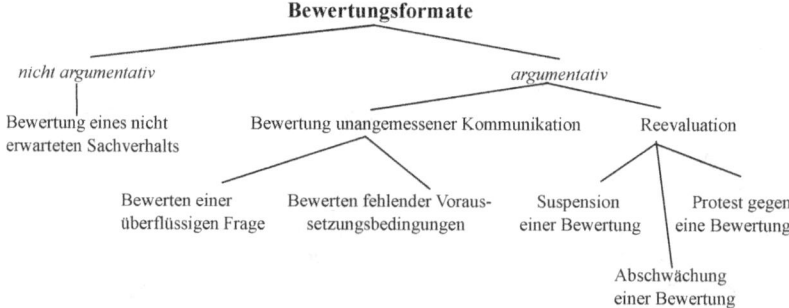

Die Unterscheidung zwischen *nicht-argumentativen* und *argumentativen* Formaten ergibt sich aus dem Einsatz und der spezifischen Verwendungsweise von Konnektoren und Partikeln in dialogischen Kommunikationssituationen. Ohne im Detail auf die breite Forschung zu Konnektoren eingehen zu wollen,[4] unter-

---

[4] Vgl. zu den hier behandelten Konnektoren Schelling (1982), Métrich et al. (1998-2002), Rossari (2004) & Bürgel (2006, 105-159).

scheide ich mit Eggs (2001) zwischen Konnektoren in deskriptiver (d.h. nicht-argumentativer) und argumentativer Funktion. Letztgenannte dienen dazu, eine Proposition als *Argument* (bzw. *Prämisse*) oder als *Folgerung* (bzw. *Konklusion*) zu markieren. Im ersten Fall wird ein Konnektor deduktiv (*car, puisque, de toute façon*) oder adversativ (*mais, pourtant*), im zweiten Fall konklusiv (*enfin, bref, donc*) verwendet. Kennzeichnend für die hier behandelten argumentativen Formate ist, dass der Sprecher seine Äußerung als *Argument* markiert, d.h. als Äußerung aus der etwas anderes erschließbar oder begründbar ist. Diese Argumente können affirmativ oder negierend sein, d.h. sie können konform mit den Erwartungen oder gegen die Erwartungen des Gesprächspartners schließen.

Dagegen ist für nicht-argumentative Formate kennzeichnend, dass entweder keine Konnektoren verwendet oder diese in deskriptiver Funktion gebraucht werden, d.h. sie dienen dazu, Ereignisse, Geschehnisse oder Handlungen und Verhaltensweisen des Gesprächspartners zu kommentieren.

3. Bewertungsformate

3.1 Nicht-argumentative Formate des Bewertens

Ich beginne mit dem Format der Bewertung eines nicht-erwarteten Sachverhalts, wobei in (a) die standardsprachliche und in (b) die jugend- bzw. umgangssprachliche Variante dargestellt ist:

(1) A: Hast du schon gehört: In den USA ist ein Mann schwanger geworden und ist seit heute Mutter.
    B: (a) DAS ist krass! / DAS finde ich krass / Ich finde es krass, dass das passiert.
       (b) WIE krass ist DAS DENN! / WIE krass! / WAS ist das krass! // Das ist SO krass! / Das ist VOLL/ECHT/TOTAL krass!

    A: T'as déjà entendu: Aux Etats-Unis, un homme est tombé enceinte et depuis aujourd'hui il est maman.
    B: (a) C'est fou! / Je trouve ça fou / Je trouve ça fou que ça arrive.
       (b) QU'EST-CE QUE c'est fou! / CE QUE c'est fou! / QUE c'est fou! / COMME c'est fou / C'est TELLEMENT/SI[5] fou! / C'est SUPER/TROP fou!

(2) A: Ich habe meinem Freund einen Heiratsantrag bei einem Candle-light-Dinner während einer Gondel-Fahrt in Venedig gemacht.
    B: (a) Du bist romantisch! Das finde ich romantisch / Ich finde es romantisch, dass

---

[5] Den Unterschied zwischen TELLEMENT und SI kann ich hier nicht behandeln. Wesentlich ist, dass sie in den dargestellten Exklamationen funktional äquivalent sind.

du das gemacht hast.
(b) WIE romantisch bist du DENN! / WIE romantisch du bist! / WAS bist du romantisch! // Du bist SO romantisch! / Du bist VOLL/ECHT/TOTAL romantisch!

A: J'ai proposé à mon petit copain de se marier lors d'un dîner aux chandelles pendant un tour en gondole à Venise.
B: (a) Tu es romantique! / Je trouve ça romantique / Je trouve romantique que tu aies fait ça!
(b) QU'EST-CE QUE tu es romantique! / CE QUE tu es romantique! / QUE tu es romantique! / COMME tu es romantique! // Tu es TELLEMENT/SI romantique! / C'est SUPER/TROP romantique!

Die Äußerungen des Sprechers B in 1(a) und 2(a) bilden den neutralen und ‚normalen' syntaktischen Modus der Bewertung mit normaler Intonation, wobei dieses Bewertungsformat durch bestimmte Qualifizierungsausdrücke wie *dingue, extrême, cool* usw. (im Deutschen ‚krass', ‚heftig', ‚fett', ‚abgefahren', ‚cool' usw.) umgangs- und jugendsprachlich realisiert werden kann. Dieses Format kann zwar auch durch spezifische Techniken der Intonation und Prosodie emotional moduliert werden, aber normalerweise weist es eine gemäßigte Emotionalität auf. Davon zu unterscheiden sind die signifikant-expressiven Abweichungen von diesem Modus in 1(b) und 2(b) – eben die Exklamationen. Mit ihnen nimmt der Sprecher eine emotional-emphatische Bewertung des in Rede stehenden Sachverhalts vor. Obwohl sich Exklamationen in unterschiedlichen Typen des Exklamativsatzes realisieren, sind diese insofern formal identisch, als ihnen die gleiche Intonationsstruktur zugrunde liegt. Auch in kommunikativ-pragmatischer Hinsicht sind sie deshalb identisch, weil ein Sprecher mit ihnen ausdrückt, dass ein außergewöhnlicher, nicht erwarteter Sachverhalt bzw. ein nicht erwarteter Grad an Intensität, Qualität oder Quantität vorliegt. Kennzeichnend für Exklamationen ist deshalb, dass sie einen Auslöser voraussetzen, d.h. einen unmittelbar gegebenen oder repräsentierten Sachverhalt, der beim Sprecher Verwunderung oder Erstaunen auslöst. Worüber genau ist man erstaunt? Zum einen darüber, dass ein bestimmter Sachverhalt vorliegt, zum anderen darüber, *wer, wo, wann, womit* etwas tut und *was* für eine Sache bzw. Person beteiligt ist und *wie* sie daran beteiligt ist, d.h. in welchem Grad, welchem Ausmaß und in welcher Intensität sie eine bestimmte Handlung vollzieht (Eggs 2004, 176-177).

Im Beispiel (1) bringt der Sprecher sein Erstaunen darüber zum Ausdruck, dass seine zugrunde liegende allgemeine Erwartung <*Männer können von Natur aus nicht schwanger werden>* durchbrochen wird. Sprachlich wird der Erwartungsdurchbruch in diesen Beispielen mit den Markern der Intensivierung WIE/WAS bzw. den französischen Äquivalenten angezeigt. Ihnen ist das Merkmal ‚unerwartet' bzw. etwas ist ‚gegen oder über die Erwartung hinaus' geschehen, immanent. Dabei bewirken die exklamativen WIE/WAS bzw. die französischen Äquivalente die Manifestation eines hohen Grades an Erstaunen. Dieser Grad kann zudem durch die Partikel DAS DENN gesteigert werden – nämlich: ‚WIE krass/cool/gemein ist DAS DENN!' – ein gängiges jugendsprachliches Format, mit dem Jugendliche ihr Erstaunen besonders impulsiv und lebendig ausdrükken.

Die mit dem Format verbundene Bewertung hängt wesentlich von der Qualifizierung des Erwartungsdurchbruchs ab. Eine negative Qualifizierung wie in (1) drückt eine Abwertung und Geringschätzung des Sachverhalts bzw. der Person aus, eine positive Qualifizierung wie in (2) dagegen eine Aufwertung und Hochschätzung. Wenn man also emotional-emphatisch signalisieren will, dass ein Sachverhalt in hohem Maße das Normale an Intensität, Quantität oder Qualität positiv bzw. negativ übersteigt, dann verwendet man das Format ‚WIE/WAS bzw. *QU'EST-CE QUE/CE QUE/QUE/COMME* + positive bzw. negative Qualifizierung'. Jedoch kann ein positiv markierter Ausdruck wie z.B. *Qu'est-ce que tu es cool!* in einer ‚Umkehrungstechnik' auch ironisch gemeint sein.

Eine Variante des Formats ist der Gebrauch der aspektuellen Deiktika wie SO[6] (bzw. *SI)*, die auf einen Aspekt oder einen Grad des betreffenden Sachverhalts hinweisen.[7] Eine andere Variante ist die Verwendung der Adverbien VOLL/ECHT/TOTAL bzw. SUPER/TROP. Sie signalisieren, dass die Qualifizierung des in Rede stehenden Sachverhalts in hohem Maße zutrifft.

Durch die positive oder negative Qualifizierung kommuniziert man auch immer seine Emotionen der Bewunderung oder Verachtung. Deshalb dient dieses Format in dialogischer Kommunikation dazu, seine emotionalen Haltungen zu Sachverhalten drastisch und nachdrücklich zu kommunizieren. Dass dieses Be-

---

[6] Vgl. zur Aspektdeixis SO Graefen (1997, 258-260).
[7] Dass dem Format des Erstaunens auch immer ein impliziter Vergleich zugrunde liegt, habe ich in Bürgel (2010) versucht zu zeigen. So wird in (2) das Verhalten der Person *A* in Bezug auf die Erwartung verglichen, wobei der Sprecher zum Ausdruck bringt, dass der vergleichsweise hohe Grad der Qualität so nicht erwartet war.

wertungsformat in umgangssprachlicher Kommunikation gängig ist, zeigen folgende dem Internet entnommene Beispiele:[8]

(3) Mamimimi: Il est très bien ce jeu, on ne s'ennuie pas, j'adore me balader dans les différentes scènes qui changent enfin des cimetières et des fantômes, et qui nous dépaysent totalement, on se croirait en……..Chine!! [...]
evye: je l'ai commencé aussi et aucun regret les commentaires de lily sont toujours aussi bons et l'on peut acheter les jeux pratiquement les yeux fermés. Bon WE à tous
lilypioupiou: Bouh, *qu'est-ce-que tu es gentille*, Evye ! Mais, surtout, ne jamais acheter les yeux fermés. (http://www.casualgames.fr/blog/2010/11/05/shaolin-mystery-le-sceptre-du-dragon, Zugriff am 21.11.2010)

(4) A: De toute façon c'est difficile de prévoir le style qui peut plaire à l'Eurovision. D'une année sur l'autre, la France fait le grand écart. La chanson de Patricia Kaas était incroyablement sobre et tranchait fortement par rapport à l'éxubérance des autres chansons, souvent très kitch. En fait, et ça fait pas mal d'années que ça dure, c'est devenu très politique: les pays de l'Est sont largement majoritaires, et votent entre eux. Dans ce contexte, il y a peu de chances de revoir un pays d'Europe occidentale, dont la France, regagner un jour.
B: Ne vous inquiétez pas on sera premier au classement :) (mais en partant du dernier :p)
A: ahhhhhhhhhh je suis mort de rire, *ce que tu es drôle*, quel esprit !!!! (http://www.chartsinfrance.net/Jessy-Matador/news-69680.html, Zugriff am 26.11.2010)

(5) Solange: Que c'est triste un village mort, mais quelle histoire passionnante tu nous a racontée. Je comprends la peine des villageois c'est comme si on leur enlevait une partie de leur vie. Le tournesol c'était une belle façon de rester avec toi plus longtemps. Merci pour ce beau récit.
Zoreilles: *Comme tu es romantique*... Le tournesol, une manière de rester avec moi plus longtemps... T'es vraiment un amour, toi! ;o) (http://chez-zoreilles.blogspot.com/2009/11/la-fin-de-joutel-racontee-par-pierre-19.html, Zugriff am 24.11.2010)

(6) A: [...] Je l'ai donc invité au restaurant (*super chic*) et j'ai glissé une enveloppe sur son assiette à un moment où il ne regardait pas... [...] mon ours a ouvert l'enveloppe, surpris, et a lu ces petits mots de rien du tout qui ont scellé nos vies à jamais : « et si on se mariait... »
B: *Que tu es romantique*, c'est beau cette demande en mariage... (http://histoireden.blogspot.com/2008/07/avances-4-ans-de-mariage-quelques.html, Zugriff am 30.11.2010)

3.2 Argumentative Formate des Bewertens

Kennzeichnend für argumentative Formate ist, dass man die inferentielle Kom-

---

[8] Die in den Beispielen enthaltenen Tipp- oder Grammatikfehler werden nicht ausdrücklich markiert.

petenz seines Gesprächspartners insofern in einen Dialog einbaut, als dass ihm klar wird, welche kommunikative Intention man verfolgt. So kann man seinem Gesprächspartner mit bestimmten Formaten signalisieren, dass die Art und Weise seiner Kommunikation unangemessen ist. Das sei exemplarisch an zwei Formaten illustriert: Bewertung einer ‚überflüssigen Frage' und ‚fehlender Voraussetzungsbedingungen'.

Will man seinem Gesprächspartner signalisieren, dass seine Frage überflüssig ist, dann kann man das nicht nur standardsprachlich (a), sondern auch umgangssprachlich (b) tun:

(7) A: Wer kommt denn eigentlich zu deiner Party?
   B: (a) Das weißt du doch! / Das ist doch wohl klar! Meine besten Freunde natürlich!
   (b) Ja, WER DENN/SCHON? Meine besten Freunde (natürlich)! / Meine besten Freunde, WER DENN SONST!

   A: Dis donc, qui vient à ta fête?
   B: (a) Tu le sais bien! / C'est clair! Mes meilleurs copains (ENFIN)!
   (b) MAIS, QUI, ENFIN? Mes meilleurs copains (ENFIN)! / Mes meilleurs copains, QUI SINON?

(8) A: Wie bist du denn heute zur Schule gekommen?
   B: (a) Das weißt du doch! / Das ist doch wohl klar! Mit dem Fahrrad (natürlich)!
   (b) Ja, WIE DENN/SCHON? Mit dem Fahrrad (natürlich)!

   A: Comment tu es venu à l'école aujourd'hui?
   B: (a) Tu le sais bien! / C'est clair! A vélo (ENFIN!)
   (b) MAIS, COMMENT ENFIN? A vélo (ENFIN!)

Während das standardsprachliche Format normalerweise mit einem geringen Grad an Emotionalität realisiert wird, ist das umgangssprachliche Format ‚w-Konstruktion + DENN (SCHON)', also WAS DENN, WIE DENN, WER DENN (SCHON) bzw. das Französische ‚*MAIS* + Fragepartikel + *ENFIN*' emotionaler und impulsiver. Mit diesem Format signalisiert man seinem Gesprächspartner recht drastisch, dass die gestellte Frage überflüssig ist, weil der nachgefragte Sachverhalt evident ist, d.h. man bewertet sein Gesprächsverhalten als unangemessen, ja sogar ungerechtfertigt. Somit dient dieses Format nicht nur dazu, sich vom Gesprächspartner zu distanzieren, sondern auch, seine Verstimmung, Verärgerung oder Empörung auszudrücken.

Doch wie genau erklärt sich die kommunikative Intention dieses Formats? Sie ergibt sich daher, dass jede Frage prinzipiell situationsangemessen und berechtigt sein muss. Genau das wird im Akt der Frageäußerung unterstellt. Anders gesagt: Der Akt der Fragestellung ist ein mitgegebener oder argumentationstheoretisch formuliert: adjazenter Sachverhalt (vgl. Eggs 2001, 75), aus dem auf die Berechtigung der Frage geschlossen werden kann. Im gegebenen Beispiel ist es die Partikel DENN bzw. SCHON und im Französischen MAIS, welche die Berechtigung der Frage zurückweist. Diese Zurückweisung lässt sich wie folgt paraphrasieren: ‚Die Folgerung, dass die Frage berechtigt ist, darf nicht gezogen werden, da der erfragte Sachverhalt evident ist.' Aus dieser Analyse folgt, dass die verbreitete Auffassung, dass DENN und SCHON in Fragekontexten als Abtönungspartikel fungieren (vgl. Catalani 2004, 95 & Waltereit 2006, 130), präzisiert werden muss. DENN und SCHON übernehmen in diesem Format einen adjazenten Sinneffekt und signalisieren die Evidenz des nachgefragten Sachverhalts. Für das französische MAIS und ENFIN ergibt sich, dass MAIS neben seiner hinlänglich beschriebenen adversativen Funktion (Bruxelles 1980, Anscombre & Ducrot 1983, 92-94 & 107-109) auch eine adjazente Funktion übernimmt, während ENFIN im gegebenen Format analog zum deutschen DENN bzw. SCHON die Evidenz des nachgefragten Sachverhalts fokussiert und die Sequenz abschließt.

Das folgende Beispiel zeigt, dass das eben behandelte Format eine andere kommunikative Intention übernimmt, wenn sich die Kommunikationssituation ein wenig verändert.

(9) A: Wer kommt denn eigentlich zu Peters Party?
    B: (a) Keine interessanten Leute.
       (b) (Ja) WER (DENN) SCHON! Die üblichen Pappnasen (eben)! / Die üblichen Pappnasen, WER SONST?!

    A: Qui vient à la fête de Pierre?
    B: (a) Personne d'intéressant.
       (b) MAIS QUI ENFIN! Les mêmes imbéciles que d'habitude, QUI SINON?

In dieser Dialogsituation geht es nicht mehr um die Berechtigung der gestellten Frage, sondern um die Abwertung des nachgefragten Sachverhalts bzw. der Personen. Während diese Abwertung in (a) explizit und emotional gemäßigt ausgedrückt wird, realisiert sie sich in (b) durch WER DENN SCHON! bzw. *MAIS QUI ENFIN!* implizit und emotional expressiv. Wesentlich dabei ist, dass dieses Format nicht mehr – wie noch bei der Replik auf eine überflüssige Frage – mit empörender, sondern hier mit despektierlicher und verächtlich machender Intonation vorgebracht wird. Deshalb sind mit dieser Abwertung Emotionen der Verachtung und Geringschätzung verbunden.

Das im Folgenden vorgestellte Format der Bewertung fehlender Voraussetzungsbedingungen einer Äußerung ‚(JA) + WO/WANN/WIE + DENN (BLOSS)?' bzw. im Französischen ‚*(AH OUI,) + ET + OÙ/QUAND/COMMENT (ÇA)?*' mag dem gerade behandelten Format auf einen ersten Blick stark ähneln. Doch der Sprecher verfolgt mit ihm eine völlig andere kommunikative Intention, wie die folgenden Beispiele zeigen:

(10) A: Du hättest die Hausaufgaben machen müssen!
 B: (a) Ich hatte keine Zeit / Ich habe die Aufgabe nicht verstanden.
   (b) (Ja) WANN DENN (BLOß)? (Ja) WIE DENN (BLOß)?
 A: Tu aurais dû faire tes devoirs!
 B: (a) Je n'ai pas eu le temps. / Je ne les ai pas compris.
   (b) (AH OUI) ET QUAND (ÇA)? / (AH OUI) ET COMMENT (ÇA)?

(11) A: Ich brauche den Autoschlüssel.
 B: Ich habe ihn nicht. Er muss aber auf der Kommode sein.
 A: (a) Ich finde ihn nicht.
   (b) (JA WAS), WO DENN (BLOß)?
 A: J'ai besoin de la clé de voiture.
 B: Je ne l'ai pas, mais elle doit être sur la commode.
 A: (a) Je ne la trouve pas.
   (b) (AH OUI) ET OÙ (ÇA)?

(12) A: Peter ist von der Party gegangen, ohne 'Tschüss' zu sagen.
 B: (a) Das verstehe ich nicht / Warum hat er das gemacht? / Aus welchem Grund?
   (b) WARUM DAS DENN?
 A: Pierre est parti de la fête sans dire 'au revoir'.
 B: (a) Je ne comprends pas. / Pourquoi est-ce qu'il a fait ça? / Pour quelle raison?
   (b) (AH OUI) ET POURQUOI (ÇA)?

Es ist wohl kaum strittig, dass das umgangssprachliche Format in (b) normalerweise deutlich emotionaler realisiert wird als die Äußerungen in (a). Doch worin besteht die kommunikative Funktion des Formats ‚(JA) + Fragepartikel + DENN (BLOSS)?' bzw. im Französischen ‚(AH OUI) + ET + Fragepartikel + (ÇA)?' In (10) handelt es sich um die Zurückweisung eines Vorwurfs, indem der Sprecher signalisiert, dass die Voraussetzungsbedingungen für das Anfertigen der Hausaufgaben – nämlich, dass man ausreichend Zeit hat oder weiß, wie die Hausaufgaben anzufertigen sind – nicht gegeben waren. In (11) bringt der Sprecher zum

Ausdruck, dass die aus dem formulierten Wunsch erwartete Information zur Ortsangabe des Autoschlüssels nicht hinreichend ist, so dass eine gezielte Suche nicht möglich ist. In (12) schließlich teilt der Sprecher B mit, dass die Aussage des Gesprächspartners nicht hinreichend informativ ist, um sie nachvollziehen zu können. Zusammengefasst: Mit diesem Format kommuniziert man, dass eine Voraussetzungsbedingung (im Sinne der Sprechakttheorie Searles 1977, 22-26) der in Rede stehenden Handlung bzw. eines Sachverhalts in bestimmter Weise nicht erfüllt ist. Diese kommunikative Intention erklärt sich daher, dass die Voraussetzungsbedingungen eines Vorwurfs oder einer Frage, Bitte oder Aufforderung – kurz: eines Sprechaktes – prinzipiell gegeben sein müssen. Genau das wird im Sprechakt unterstellt. Anders gesagt: Die Voraussetzungsbedingungen sind mitgegebene bzw. adjazente Sachverhalte, aus denen auf die Berechtigung des Sprechaktes geschlossen werden kann. In den gegebenen Beispielen wird mit dem Format die Legitimität des Sprechaktes zurückgewiesen. Diese Zurückweisung lässt sich wie folgt paraphrasieren: ‚Die Folgerung, dass der Sprechakt berechtigt ist, darf nicht gezogen werden, da die Voraussetzungsbedingungen nicht erfüllt sind.' Dadurch, dass man mit diesem Format den Sprechakt als ungerechtfertigt qualifiziert, bringt man gleichsam seine Empörung zum Ausdruck. Doch dieses Format dient Jugendlichen auch dazu, als selbstverständlich unterstellte Sachverhalte zu hinterfragen, um sich durch ihre Gesprächspartner nicht unterdrücken zu lassen – kurz: sie bringen sich als selbstbewusste und authentische Subjekte in dialogische Kommunikation ein. Das zeigen auch folgende dem Internet entnommene Beispiele:

(14) Andorra1: Moi j'ai eu le pack complet P3 pour 452€ pendant les soldes.
Bibou26: *Ah oui, et ou ça?* Moi j'ai cherché et je cherche tjs et pas de soldes sur la pegperego... (http://forum.doctissimo.fr/grossesse-bebe/grossesse-libre/prametto-p3-completo-sujet_151876_1.htm, Zugriff am 30.11.2010)

(15) A: Un compresseur engendrerait moins de modif?
Bigjim: bah tu gardes la culasse 16 soupapes et tu gardes tout l'embiellage, alors qu'avec un turbo faut jeter et remplacer. mais ça serait pas gratuit non plus !
Aurelien951: tu peut aussi sortir 330 cv avec moins de modif d'un bloc 2.5 turbo 8S.
Christophe_aut: *Ah oui, et comment* Aurel? (http://www.autotitre.com/forum/Devinette-pour-les-pros-de-Por-87976p2.htm, Zugriff am 30.11.2010)

(16) A: Comme vous le savez certainement tous, le 21 Janvier est une date importante...
B: *Ah oui? Et pourquoi??*
A: Tout simplement parce que c'est l' Anniversaire de Kevin!
(http://www.facebook.com/group.php?gid=42240192741, Zugriff am 30.11.2010)

Ich komme zu den Reevaluationsformaten und unterscheide hier zwischen dem *Protest-* und *Suspensionsformat*. Letztgenanntes sei an zwei Beispielen illustriert, wobei (17) in einem Raum mit geöffnetem Fenster und (18) zur Frage nach der Belegung eines Französischkurses geäußert wird.

(17) A: Es zieht hier.
     B: (a) Das ist egal / Das macht nichts.
        (b) NA UND?

     A: Il y a un courant d'air.
     B: (a) Peu importe. / Ça fait rien.
        (b) ET ALORS?

(18) A: Herr Martin kann gar nicht richtig Französisch.
     B: (a) Das ist doch nicht schlimm. / Das macht nichts.
        (b) NA UND?

     A: M. Martin ne sait vraiment pas parler français.
     B: (a) C'est pas grave / Ça fait rien.
        (b) ET ALORS?

In (17) wird der Gesprächspartner *B* im Sinne von Grice (1979) konversationell zur Folgerung ‚Schließe das Fenster' und in (18) zu ‚Er ist ein schlechter Französischlehrer' *und* (was oft übersehen wird) zur entsprechenden *Handlung* aufgefordert. So soll *B* in (18) nicht nur folgern: ‚Er ist ein schlechter Französischlehrer', sondern auch (etwa) die Handlung: ‚Den Französischkurs bei Herrn Martin nicht belegen' durchführen.[9] Zwar ist die Relevanz konversationeller Implikaturen für Kommunikation hinlänglich beschrieben worden (Kemmerling 1991, 321-327; Klein 1997, 185; Rolf 1997; Baum 2010), doch ist nicht in den Blick gekommen, mit welchen Sprachmustern bzw. Formaten die erwartete Handlung in Frage gestellt werden kann. Dass man sich gegen solche erwarteten Handlungen mit dem umgangssprachlichen Format ‚NA UND?' bzw. ‚ET ALORS?' wendet bzw. sie nicht ausführt, zeigen die Beispiele (17) und (18). Dieses Format impliziert damit folgende zwei Schritte:

---

[9] Genau gesehen handelt es sich hier um eine Interpretationsregel: Wenn jemand in einer bestimmten Situation *x* sagt, 'Es zieht', dann fordert er den Hörer aufgrund des gemeinsam zu unterstellenden topischen Wissens <*Wenn es in einem Raum zieht, dann soll das Fenster geschlossen werden*> dazu auf, die Konsequenz dieses Topos als die gemeinte Äußerung zu verstehen *und* entsprechend zu handeln. Beim Suspensionsformat geht es somit *nicht* darum, die intendierte Folgerung (die man sehr wohl versteht) zurückzuweisen, sondern vielmehr darum, sich gleichsam hinsichtlich ihrer erwarteten Durchführung 'taub' zu stellen.

A: Es zieht!
B: 1. Schritt: Verstehen der Interpretationsregel:
Der Sprecher A will, dass die Konsequenz des Topos <*Wenn es in einem Raum zieht, dann soll das Fenster geschlossen werden*> als die gemeinte Äußerung zu verstehen ist und entsprechend gehandelt werden soll
2. Schritt: Suspension der erwarteten Handlung →
NA UND?

Diese Zurückweisungen sind zum einen mit Bewertungen verbunden, da dem Gesprächspartner signalisiert wird, dass seine Aussage irrelevant ist und eine Neubewertung vorgenommen wird.[10] Zum anderen ist die umgangssprachliche und schroffe Form der Zurückweisung ET ALORS? mit Affekten der Geringschätzung bis hin zur Verachtung verbunden, d.h. der Sprecher bringt sich distanzierend in den Dialog ein.

Wie kann man gegen unangemessene ‚Angriffs-‘ und ‚Rückzugsbewertungen‘ des Gesprächspartners protestieren? Dazu bietet sich entweder das normale und neutrale Protestformat ‚DAS GEHT ZU WEIT‘ bzw. ‚*ÇA VA TROP LOIN*‘ oder dessen umgangssprachliche und emotionale Variante ‚ALSO JETZT, DAS GEHT ECHT ZU WEIT‘ bzw. ‚*ALORS LÀ, TU VAS VRAIMENT TROP LOIN!*‘ an. Als Beispiel sei eine familiäre Konfliktsituation genommen, in der die Tochter folgenden Vorwurf gegenüber ihren Eltern erhebt:

(19) Tochter: Ihr habt bei Jan alles durchgehen lassen. Das ist ungerecht, ja sogar ein Skandal!
Mutter: (a) Das geht zu weit.
(b) ALSO JETZT, DAS GEHT ECHT ZU WEIT!
La fille: Vous avez tout accepté avec Jean. C'est injuste, c'est même un scandale!
La mère: (a) Tu vas trop loin.
(b) ALORS LÀ, TU VAS VRAIMENT TROP LOIN!

Da die Tochter hier eine Steigerung der Bewertung (ungerecht → skandalös) vornimmt, spreche ich hier von einer ‚Angriffsbewertung‘. Gegen solche Angriffsbewertungen kann man emotional mit dem Format ‚ALSO JETZT, DAS GEHT ECHT ZU WEIT‘ bzw. ‚ALORS LA, TU VAS VRAIMENT TROP LOIN!‘ protestieren, da man mit ihm signalisiert, dass der Schritt von einer geringeren zur höheren Bewertung völlig unangebracht ist. Diese Replik ist frei-

---

[10] So könnte Sprecher B in (17) mit der positiven Bewertung *Ça rafraîche* und in (18) *Il est un bon prof* fortfahren.

lich nur bei einer Öffnung nach ‚rechts', d.h. zur stärkeren Bewertung möglich.

(20) La fille: Vous avez tout accepté avec Jean. C'est un scandale ou *du moins* c'est injuste!
La mère: *ALORS LÀ, TU VAS VRAIMENT TROP LOIN!

Der Sprecher *A* tritt mit *DU MOINS* eine ‚Rückzugsbewertung' an, indem er von der stärkeren Bewertung (*c'est un scandale*) zurück zur schwächeren Bewertung (*c'est injuste*) geht.[11] Deshalb ist die Replik „*ALORS LÀ, TU VAS VRAIMENT TROP LOIN!*' widersinnig.

Das Beispiel zeigt, dass sich diese Replik nur auf die letztgenannte Bewertung beziehen kann, d.h. hier gilt offenbar das pragmatische Prinzip der Dominanz des letzten Arguments (vgl. Eggs 1994, 21). Um diese Bewertung zurückzuweisen, muss man im genannten Format QUAND MÊME verwenden:

(21) La fille: Vous avez tout accepté avec Jean. C'est un scandale ou du moins c'est injuste!
La mère: ALORS LÀ, TU VAS QUAND MÊME TROP LOIN!

Doch man kann auch einfacher und kürzer gegen eine ‚Rückzugsbewertung' protestieren:

(22) Tochter: Ihr habt bei Jan alles durchgehen lassen. Das ist ein Skandal, naja zumindest ungerecht.
Mutter: (a) Auch das trifft nicht zu.
(b) (NOCH) NICHT MAL DAS!

La fille: Vous avez tout accepté avec Jean. C'est un scandale ou du moins c'est injuste!
La mère: (a) Ce n'est pas vrai!
(b) MÊME ÇA, C'EST N'IMPORTE QUOI.

Mit dem Protestformat *MÊME ÇA, C'EST N'IMPORTE QUOI!* bzw. im deutschen ‚NICHT MAL DAS!' signalisiert der Sprecher mit emotionaler Emphase, dass selbst der geringere Grad von Bewertung nicht zutrifft.

Wenn man in Dialogsituationen einen Einwand gegen das Argument seines Gesprächspartners vorbringen will, dann wird standardsprachlich häufig der Konnektor *MAIS* verwendet:

(23) A: Ton boulot n'est pas vraiment bien payé!
B: Mais il est stable.

---

[11] Vgl. zu einer ausführlichen Analyse von *DU MOINS* bzw. des deutschen ZUMINDEST Eggs (2010).

Bei diesem Einwand wird die negative Bewertung des Gesprächspartners durch den Gegenwert derart kompensiert, dass die Gesamteinschätzung der Arbeitsstelle positiv ist bzw. die gegenteilige Schlussfolgerung des von Sprecher *A* vorgebrachten Sachverhalts zu ziehen ist – etwa: *Je ne vais pas changer de boulot!* Von dieser Kompensationsstruktur ist streng die Minderungsstruktur mit *AU MOINS* zu unterscheiden (vgl. Eggs' Ausführungen (2010) zu den deutschen ‚immerhin' und ‚zumindest'):

> (24) A: Chris a déclaré sur Twitter il y a quelques jours qu'il annule sa tournée en Europe car il n'a pas réussi à obtenir de visa (à cause de son passé).
> B: Trop facile. Disons plutôt que son nouvel album est un échec.
> C: Enfin, AU MOINS il s'est excusé.
> (www.miss-people.fr/general/commentaires.php?id =7872; Zugriff am 30.11.2010)

Hier wird die negative Bewertung des Verhaltens Chris' nicht kompensiert, sondern durch *AU MOINS* nur abgeschwächt bzw. gemindert, d.h. der Sprecher *C* stimmt seinem Gesprächspartner tendenziell zu.

In solchen Dialogsituationen kann man auch das saliente und emotionalere Format der Abschwächung *C'EST DÉJÀ ÇA (ENFIN)!* – im Deutschen ‚DAS IST DOCH SCHON MAL WAS!' – als Nachschub verwenden.

> (25) Déçu de ne pas avoir été titularisé dimanche soir lors du match contre le PSG, Hatem Ben Arfa a refusé d'entrer en jeu en deuxième période.
> Lolis: Au moins, il s'est excusé. C'EST DÉJÀ ÇA. (www.jde.fr/articles/show/id/1106, Zugriff am 30.10.2011)

Der Sprecher signalisiert nicht nur mit *AU MOINS*, sondern auch mit dem Nachschub *C'EST DÉJÀ ÇA!*, dass das zuvor beschriebene Verhalten des Spielers aufgrund seiner Entschuldigung nicht ganz so negativ zu bewerten ist, wobei diese Minderung durch den Nachschub besonders hervorgehoben wird.

4. Schlussfolgerungen

Die Ausführungen mögen deutlich gemacht haben, dass Bewertungen von Sachverhalten, Gegenständen oder Personen nicht nur standardsprachlich und rational vorgenommen werden. Vielmehr richtet die Jugend- und Umgangssprache mehr oder weniger standardisierte sprachliche Formate ein, die zur Realisierung emotional-emphatischer Bewertungen dienen. Diese expressiven Bewertungen sind zugleich ein Mittel der Verlebendigung und emotionalen Steuerung von Dialogen. So besteht die spezifische Leistung der behandelten Bewertungsformate zum einen darin, dass der Sprecher durch die drastische und emotionale Form der Bewertung seine Äußerungen anschaulich gestaltet und ihnen besonderen Nachdruck verleiht. Das erlaubt ihm zugleich, die kommunikative Kooperation oder Distanznahme deutlich hervorzuheben, d.h. den Äußerungen und Haltungen seines Gesprächspartners entschieden zuzustimmen oder sie abzulehnen. Zum anderen kommuniziert er mit diesen Formaten auch immer seine affektiven Einstellungen zum jeweiligen Gesprächspartner bzw. den gegebenen Sachverhalten. Seine Affekte zeigen sich nicht nur im sprachlichen Ausdruck des Formats, sondern auch durch den Körper, d.h. gestisch, mimisch und insbesondere durch eine markierte Intonation. Somit manifestiert der Sprecher über Sprache, Stimme und Körper seine Emotionalität in einem untrennbaren Ganzen, mit dem sich jeder Sprecher als unverwechselbares und authentisches Subjekt kommunikativ einbringen kann. Diese kommunikative Verlebendigung und Emotionalisierung des Dialogs ist für Jugendliche auch immer eine Form der diskursiven Selbstdarstellung sowie ein Mittel der Unterscheidung und Abgrenzung zur Erwachsenenwelt.

Für das Verstehen der kommunikativen Intention und der gezeigten Emotion bedeutet dies, dass man eine detaillierte Kenntnis der konkreten Kommunikationssituation haben muss. Dieses Situationswissen ermöglicht es, ein Bewertungsformat als diskursive Zustimmung oder Distanznahme zu verstehen sowie die sprachliche und körperliche Manifestation als Indiz für eine bestimmte Emotion zu interpretieren.[12] Es sind diese genannten Aspekte, die es sinnvoll und notwendig erscheinen lassen, emphatisch-emotionale Bewertungsformate der Jugend- und Umgangssprache zu entnehmen und sie für sprachdidaktische Zwecke zu nutzen.

---

[12] Die Zuschreibung einer Emotion setzt dabei mehr oder weniger unbewusst vollzogene deduktive und abduktive Inferenzen voraus, die auf eine Theorie der Emotionen – genauer: eine *Topik der Emotionen* und *Semiologie der Emotionen* zurückgreifen (vgl. Bürgel 2008).

5. Didaktisch-methodische Integration von Bewertungsformaten in die Dialogschulung

Im Folgenden beschränke ich mich auf einen kurzen unterrichtspraktischen Vorschlag, wie diese Formate in dialogische Sprechhandlungskontexte integriert werden können. Kennzeichnend für den Anfangsunterricht Französisch ist, dass sich die Dialogschulung als Methode zur Schulung kommunikativer Kompetenz weitgehend durchgesetzt hat. Sie befähigt Lerner zu einer begrenzten Kommunikationsfähigkeit, die sich im Wesentlichen auf einfache Alltagsdialoge nach dem Frage-Antwort-Schema beschränkt. Auffallend ist jedoch, dass die Dialogschulung im fortgeschrittenen Fremdsprachenunterricht selten eingesetzt wird. Das mag auch daran liegen, dass die von der Fachdidaktik angebotenen Dialogkonzepte (Bludau 1975, Gedicke 2000, Kieweg 2000, Ahrendt 2004) kaum komplexe Redesituationen bereithalten, bei denen das weite und schwierige Feld von Konnektoren, (Diskurs-)Markern, Partikeln und sprachlichen Formeln berücksichtigt wird.[13] Dass man einfache Frage-Antwort-Dialoge durch emotional-emphatische Formate bewertender Stellungnahmen erweitern kann, soll im Folgenden an einem kurzen Dialogbeispiel illustriert werden.

Dazu greife ich das von Sendzik (2005) vorgeschlagenen Konzept des *Basisdialogs* auf. Kennzeichnend für dieses Konzept ist, dass die Lerner schon im Anfangsunterricht prozedurales Wissen über den typischen Ablauf von Alltagsdialogen erwerben. So besteht der Basisdialog aus den Bausteinen *Begrüßung, Frage nach Befinden, Alltagsunterhaltung* (zu Themen wie *école, famille, amis, loisirs* usw.), *Aushandeln einer Aktion/Verabredung* und *Ausstieg* (Übergang zur Aktion oder Verabschiedung). Diese ‚infrastrukturelle' Basisausstattung des Dialogs ermöglicht es Lernern, einen Dialog zu verschiedenen Themen selbstständig auszugestalten. Wie können mit diesem Konzept kommunikative Formate im fortgeschrittenen Fremdsprachenunterricht geschult werden?

Das Lernziel des folgenden Unterrichtsvorschlags besteht darin, dass die Lerner ihre sprachliche Kompetenz bei der Bewältigung der kommunikativen All-

---

[13] Für den Fremdsprachenunterricht Deutsch bietet das von Lüger (1995) herausgegebene Sonderheft *Gesprächsanalyse und Gesprächsschulung* einen guten Überblick zur Didaktisierung von Gesprächsstrukturen und -prozeduren, bei denen auch (Diskurs-)Marker und komplexe sprachliche Formeln berücksichtigt werden.

tagssituation *Problèmes à l'école* erweitern. Sie wenden dabei kommunikative Bewertungsformate an, indem sie Äußerungen ihres Gesprächspartners explizit oder implizit bewerten. In der Einstiegsphase – und damit zu Beginn des Lernprozesses – wird den Lerner folgender Dialog szenisch dargeboten.

Beispiel für einen präsentierten Einstiegsdialog

Situation
Qui: Sandrine (3ème), Philippe (Seconde)
Où: dans la cour de l'école (Lille)
Quand: mercredi, après l'école 13h45
Objectif: parler des problèmes à l'école

Begrüßung	Sandrine: Salut!
	Philippe: Salut!
Frage nach Befinden	Sandrine: Ça va?
	Philippe: Oui, ça va. Et toi?
Alltagsunterhaltung: Schule	Sandrine: Bof, le cours de maths, c'est vraiment l'horreur ...
	Philippe: *Et alors?*
Format: Suspension einer negativen Bewertung	Sandrine: La semaine prochaine on écrit une interro! Je ne sais pas quoi faire.
	Philippe: Bah, c'est simple: il faut réviser! Fais des exercices tous les jours.
Format: fehlende Voraussetzungsbedingung	Sandrine: *Ah oui, et comment ça?!* Si je ne comprends rien, je ne peux pas réviser.
	Philippe: Bon, tu pourrais faire des efforts, *ce serait déjà ça!*
Format: Abschwächung	Sandrine: Tu parles ... Si tu savais ... mais dis donc, tu pourrais m'aider un peu, non?
	Philippe: Mouais ... si tu veux. Dis donc, tu as entendu que Marie a raté son bac?
Formate: nicht erwarteter Sachverhalt	Sandrine: Quoi?! *Qu'est-ce que c'est con!*
	Philippe: Oui, c'est fou!
	Sandrine: On va prendre un café et tu me racontes?
	Philippe: Désolé, j'ai pas le temps.
	Sandrine: Ah, *que c'est bête.* Tu as un rendez-vous?
	Philippe: Non, euh ... j'ai un cours de soutien, il faut que j'y aille. Alors, à demain.
Verabschiedung	Sandrine: Bon bah, à plus.

Durch die szenische Dialogpräsentation wird zum einen das den Lernern bekannte Schema des Basisdialogs ‚gehoben' und ‚aktiviert' und zum anderen werden die neuen Bewertungsformate präsentiert. Die Herausforderung für die Lerner besteht darin, neben der zu erbringenden Verstehensleistung, das ihnen bekannte Dialogschema mit dem präsentierten Dialog abzugleichen, um die neuen Elemente – die Bewertungsformate – zu identifizieren. In der Sammelphase benennen die Lerner ausgehend vom Bekannten – und gewissermaßen in einem ersten semantischen Zugriff – das Thema und die Inhalte des präsentierten Dialogs, um dann im linguistischen Zugriff die neuen Elemente mehr oder weniger tentativ zu benennen bzw. sprachlich zu reproduzieren.

Im anschließenden Kognitivierungsgespräch wird die kommunikativ-dialogische Funktion der Formate herausgearbeitet bzw. ‚entdeckt'. Wesentlich für die angemessene Verwendung eines Formats ist ja nicht nur die Kenntnis des syntaktisch-prosodischen Musters, sondern auch der Kommunikationssituation, in der es realisiert wird. Dabei könnte als Verwendungsregel für das Bewertungsformat des Erstaunens festgehalten werden: ‚Wenn du etwas besonders emotional und lebendig bewerten willst, dann verwende *QUE/CE QUE/QU'EST-CE QUE/COMME* + Qualifizierung' oder für das Bewertungsformat der überflüssigen Frage: ‚Wenn du eine vom Gesprächspartner gestellte Frage völlig überflüssig findest, dann verwende ‚ *MAIS* + Fragepartikel + *ENFIN*'.

Von dieser Plattform aus, ergibt sich der Einstieg in das sprach- und kommunikationsbezogene Training als dynamisch-progressives Üben und Festigen der Verwendungsweisen. Dabei ist diese Phase in ihrer Progression inhaltlich und sprechintentional auf den im Transfer zu entwerfenden Dialog ausgerichtet. Im Kern zielt sie darauf ab, die Formate sprachlich-kognitiv zu interiorisieren. Dabei empfiehlt es sich, in einem ersten Schritt im Sinne des imitativen Lernens die angemessene und richtige Intonation und Prosodie des Formats durch chorisches bzw. individuelles Nachsprechen zu üben. In einem zweiten Schritt üben die Lerner die Formate in kommunikativen Minimalsituationen ein. Methodisch bietet sich dazu die *conversation promenade* an. Begegnen sich zwei Lerner, so berichtet Sprecher *A* von einem besonders positiven oder negativen Ereignis und Sprecher *B* muss die Äußerung von *A* situativ und kommunikativ angemessen bewerten, bevor dann die Rollen getauscht werden.

(1) A: T'as entendu que la France a perdu le match de foot contre la Nouvelle Zélande par un but contre son camp à la 93ème minute ?
B: Qu'est-ce que c'est con !
(2) B: Imagine, Pierre n'a ni ordi ni portable !
A: *Et alors ?*

Die kommunikative Herausforderung liegt in der richtigen Wahl des Bewertungsformats, während die sprachlich-kognitive Herausforderung in der lexiko-grammatisch und intonatorisch richtigen Realisierung des Formats sowie in der angemessenen Manifestation der betreffenden Emotion besteht. Dieser letzte Übungsschritt dient gleichzeitig der gezielten Überleitung zum Transfer der Bewertungsformate in eine kommunikativ-dialogische Maximalsituation. In dieser Lernphase entwickeln die Lerner unter Aktivierung ihrer Vorkenntnisse zum Basisdialog ein logisch stringentes Dialoggerüst, das im zweiten Schritt durch Redeintentionen erweitert wird, die u.a. mit den Bewertungsformaten realisiert werden. Bei der abschließenden Dialogpräsentation geht es vor allem um angemessenes Reagieren auf den Gesprächspartner sowie um prosodisch-intonatorische Aspekte emphatischer und authentischer Kommunikation.

Die systematische Integration dieser Formate in die Dialogschulung befähigt Lerner nicht nur, emphatisch-emotionale Bewertungen von Sachverhalten, Gegenständen oder Personen vorzunehmen, sondern auch sich emotional als authentisches Subjekt in einen Dialog einzubringen. Somit bieten diese kommunikativ-dialogischen Formate die Möglichkeit, Lerner zu einer alltagspraktischen und realitätsnahen Dialogkompetenz zu befähigen.

Bibliographie

ALAMARGOT, Gérard et al. 2006. *Découvertes 3*. Stuttgart: Klett.
ABEL, Fritz. 1992. „Sprachprüfungen im Fremdsprachenunterricht", in: Anschütz, Susanne R. ed. *Texte, Sätze, Wörter und Moneme*. Heidelberg: Heidelberger Orientverlag, 1-15.
ABEL, Fritz. 2002. „Eine wichtige Etappe auf dem Weg zur transparenten Zertifizierung von Fremdsprachenkenntnissen, – nicht mehr.", in: Bausch, Karl Richard. ed. *Der Gemeinsame europäische Referenzrahmen für Sprachen in der Diskussion. Arbeitspapiere der 22. Frühjahrskonferenz zur Erforschung des Fremdsprachenunterrichts*. Tübingen: Narr, 9-21.
ALTENBERG, Bengt. 1998. „On the phraseology of spoken English: the evidence of recurrent word combinations", in: Cowie, Anthony P. ed. *Phraseology: Theory, Analysis and Applications*. Oxford: Oxford University Press, 101-122.

ANDROUTSOPOLOUS, Jannis K. & SCHOLZ, Arno. edd. 1998. *Jugendsprache. Langues des jeunes. Youth language. Linguistische und soziolinguistische Perspektiven.* Frankfurt/M. [u.a.]: Lang.
ANSCOMBRE, Jean-Claude & DUCROT, Oswald. 1983. *Argumentation dans la langue.* Bruxelles: Mardaga.
ARENDT, Manfred. 2004. „Aktives Sprachenlernen durch den Einsatz erprobter Unterrichtsverfahren (3) – Das Verfahren Musterdialog", in: *Praxis Fremdsprachenunterricht* 2, 96-102.
BLUDAU, Michael. 1975. „Didaktische Dialoge", in: *Praxis* 3, 251-263.
BOYER, Henri. 1997. „« Nouveau Français », « Parler jeune » ou « Langue des cités »"", in: *Les mots des jeunes. Observations et hypothèses. Langue française* 114, 6-15.
BRUXELLES, Sylvie. 1980. „« Mais occupe-toi d'Amélie »", in: Ducrot, Oswald ed. *Les mots du discours.* Paris: Minuit, 93-130.
BÜRGEL, Christoph. 2006. *Verallgemeinerungen in Sprache und Texten. Generalisierung, Globalisierung und Konzeptualisierung im Französischen.* Frankfurt/M. [u.a.]: Lang.
BÜRGEL, Christoph. 2008. „Konstruktion und Rekonstruktion von Emotionen und Dispositionen in Erzähltexten", in: Eggs, Ekkehard & Sanders, Hans. edd. *Text- und Sinnstrukturen in Erzählungen. Von Boccaccio bis Echenoz.* Frankfurt/M. [u.a.]: Lang, 81-104.
BÜRGEL, Christoph. 2010. „Vergleichen: Muster und Techniken für dialogische Kommunikation im Fremdsprachenerwerb", in: Veldre-Gerner, Georgia & Thiele, Sylvia. edd. *Sprachvergleich und Sprachdidaktik. Akten des gleichnamigen Kolloquiums vom 25.-27.03.2009 an der WWU Münster.* Stuttgart: ibidem, 145-165.
BÜRGEL, Christoph. 2011. „Qu'est-ce que c'est génial! – Formate des kommunikativ-dialogischen Engagements.", in: *Zeitschrift für Romanische Sprachen und ihre Didaktik* 5/1, 27-45.
CERTA, Pascale. 2001. *Le Français d'aujourd'hui. Une langue qui bouge.* Paris: Éditions Balland/Jacob-Duvernet.
DUCROT, Oswald. ed. 1980. *Les mots du discours.* Paris: Minuit.
DOSTIE, Gaétane & PUSCH, Claus D. 2007. *Les marqueurs discursifs. Langue française* 154.
EGGS, Ekkehard. 1994. *La grammaire du discours argumentatif. Paris*: Kimé.
EGGS, Ekkehard. 2001. „Argumentative Konnektoren und Textkonstitution am Beispiel von deduktiven und adversativen Strukturen", in: Cambourian, Alain. ed. *Textkonnektoren und andere textstrukturierende* Einheiten. Tübingen: Stauffenburg, 62-90.
EGGS, Ekkehard. 2004. „Potzblitz! – Hört! Hört! Exklamationen zwischen Staunen und Widerlegung", in: Krause, Maxi & Ruge, Nikolaus. edd. *Das war echt spitze! Zur Exklamation im heutigen Deutsch.* Tübingen: Stauffenburg, 167-190.
EGGS, Ekkehard. 2010. Zur Logik und Syntax des Vergleichens, Hierarchisierens und Bewertens. Arbeitspapier. Leibniz-Universität Hannover (unveröffentlicht).
ESCHMANN, Jürgen. 1993. „Welches Französisch lehren wir?", in: *französisch heute* 24, 215-228.
ETTINGER, Stefan. 2001. „Vom Lehrbuch zum autonomen Lernen. Skizze eines phraseologischen Grundkurses für Französisch", in: Lorenz-Bourjot, Martine & Lüger, Heinz-Helmut. edd. *Phraseologie und Phraseodidaktik.* Wien: Edition Praesens (= Beiträge zur Fremdsprachenvermittlung, Sonderheft 4), 87-104.

GEDICKE, Monika. 2000. Rollenspiele im Fremdsprachenunterricht – eine Möglichkeit zur Förderung realitätsbezogener Kommunikation?, in: *Fremdsprachenunterricht* (FSU) 44/53, 22-24.
GRAEFEN, Gabriele. 1997. *Der Wissenschaftliche Artikel – Textart und Textorganisation*. Frankfurt a.M. et al.: Lang.
GRICE, H. Paul. 1979. „Logique et conversation", in: *Communications* 30, 31-56.
GRIEVE, James. 1996. *Dictionary of contemporary French Connectors*. London: Routledge.
HAUSMANN, Franz Josef. 1984. „Wortschatzlernen ist Kollokationslernen. Zum Lehren und Lernen französischer Wortverbindungen", in: *Praxis des neusprachlichen Unterrichts* 31, 385-406.
HAUSMANN, Franz Josef. 2004. „Was sind eigentlich Kollokationen? Oder: Wie pervers ist der wissenschaftliche Diskurs?", in: Steyer, Kathrin. ed. *Wortverbindungen – mehr oder weniger fest, Jahrbuch 2003*. Berlin: de Gruyter, 309-334.
HAUSMANN, Franz Josef. 2007. „Lexicographie française et phraséologie", in: Haag, Elke & Hausmann, Franz Josef. edd. *Collocations, phraséologie, lexicographie. Études 1977-2007 et Bibliographie*. Aachen: Shaker, 1984/2007, 49-61.
KEMMERLING, Andreas. 1991. „Implikatur", in: Stechow, Arnim von et al. edd. *Semantik. Ein internationales Handbuch der zeitgenössischen Forschung*. Berlin: de Gruyter, 319-333.
KIEWEG, Maria & KIEWEG, Werner. 2000. „Praxiserprobte Dialogtechniken. Zur Erhöhung der mündlichen Sprachkompetenz in den Grenzen der unterrichtlichen Möglichkeiten", in: *Der Fremdsprachliche Unterricht Englisch* 47, 17-23.
KLEIN, Josef. 1997. „Kategorien der Unterhaltsamkeit. Grundlagen einer Theorie der Unterhaltung mit kritischem Rückgriff auf Grice", in: Rolf, Eckard. edd. *Pragmatik: Implikaturen und Sprechakte*. Opladen: Westdeutscher Verlag, 176-188.
KOCH, Peter & OESTERREICHER, Wulf. 1990. *Gesprochene Sprache in der Romania: Französisch, Italienisch, Spanisch*. Tübingen: Niemeyer.
LEWIS, Michael. 2000. *Teaching collocation: further developments in the lexical approach*. Hove: Language Teaching Publications.
LÜGER, Heinz-Helmut. ed. ²1995. *Gesprächsanalyse und Gesprächsschulung, Beiträge zur Fremdsprachenvermittlung*, Sonderheft 2. Sprachlehrinstitut Universität Konstanz.
MEIßNER, Franz-Joseph. 1999. „Vers l´intégration de la langue parlée dans l´enseignement du FLE", in: *französisch heute* 2, 155-165.
MEIßNER, Franz-Joseph. 2002. „Diastratische und diaphasische Varietäten des Französischen", in: Kolboom, Ingo & Kotschi, Thomas & Reichel, Edward. edd. *Handbuch Französisch*, Berlin: Schmidt, 87-92.
MEL'CUK, Igor. 1998. „Collocations and lexical functions", in: Cowie, Anthony P. ed. *Phraseology: Theory, Analysis and Applications*. Oxford: Clarendon Press, 23-53.
MÉTRICH, René & FAUCHER, Eugène & COURDIER, Gilbert. 1998-2002. *Les invariables difficiles: dictionnaire allemand-français des particules, connecteurs, interjections et autres «mots de la communication»*, Band 1-4. Nancy: Bibliothèque des nouveaux cahiers d'allemand.
ROLF, Eckard. 1997. „Der ‚Gricesche Konversationszirkel'", in: idem. ed. *Pragmatik: Implikaturen und Sprechakte*. Opladen: Westdeutscher Verlag, 296-311.
ROSSARI, Corinne. 2000. *Connecteurs et relations de discours: des liens entre cognition et signification*. Nancy: Presse Universitaire de Nancy.

ROSSARI, Corinne. 2004. *Autour des connecteurs: réflexions sur l'énonciation et la portée.* Bern: Lang.
ROULET, Eddy et al. 1985. *L'articulation du discours en français contemporain.* Bern u.a.: Lang.
SCHAPIRA, Charlotte. 1999. *Les stéréotypes en français: proverbes et autres formules.* Paris: Ophrys.
SCHELLING, Marianne. 1982. „Quelques modalités de clôture: Les conclusifs *finalement, en somme, au fond, de toute façon*", in: *Cahiers de linguistique française* 4, 63-166.
SCHERFER, Peter. 2001. „Zu einigen wesentlichen Merkmalen lexikalischer Kollokationen", in: Lorenz-Bourjot, Martine & Lüger, Heinz-Helmut. edd. *Phraseologie und Phraseodidaktik.* Wien: Edition Praesens, 3-20.
SCOTTI-ROSIN, Michael. 1993. „Gesprochene Sprache im Französischunterricht", in: *Neusprachliche Mitteilungen aus Wissenschaft und Praxis* 2, 111-118.
SEARLE, John R. 1977. *Speech Acts. An Essay in The Philosophy of Language.* Cambridge: Cambridge University Press.
SEGERMANN, Krista. 1999. „Schülerorientierter Französischunterricht: ein Konzept zur Verwirklichung einer dringlichen Forderung", in: *französisch heute* 3, 281-293.
SEGERMANN, Krista. 2006. „Ein fremdsprachenunterrichtliches Reformkonzept auf lexikogrammatischer Grundlage", in: Siepmann, Dirk. ed. *Wortschatz und Fremdsprachenlernen* (Beiträge zur Fremdsprachenvermittlung Sonderheft 9 / 2006). Landau: Verlag Empirische Pädagogik, 97-144.
SENDZIK, Joachim. 2005. *Dialogschulung im Anfangsunterricht – mit und ohne Lehrbuch. Erfahrungen und Anregungen aus der Praxis. Landestagung Niedersachsen des Fachverbandes Moderne Fremdsprachen.* Langenhagen, Hannover. (http://www.josen-seminar.de)
SEUX, Bernard. 1997. „Une parlure des jeunes", in: *Les mots de jeunes. Observations et hypothèses, Langue française* 114, 82-103.
SIEPMANN, Dirk. 2004. „Kollokationen und Fremdsprachenlernen: Imitation und Kreation, Figur und Hintergrund", in: *Praxis Fremdsprachenunterricht* 2, 107-113.
SIEPMANN, Dirk. 2005. „Collocation, colligation and encoding dictionaries. Part I: Lexicological Aspects", in: *International Journal of Lexicography*, 18, 409-444.
SOURDOT, Marc. 1997. „La dynamique du français des jeunes: sept ans de mouvements à travers deux enquêtes (1987-1994)", in: *Les mots de jeunes. Observations et hypothèses, Langue française* 114, 56-81.
WALTEREIT, Richard. 2006. *Abtönung. Zur Pragmatik und historischen Semantik von Modalpartikeln und ihren funktionalen Äquivalenten in romanischen Sprachen.* Tübingen: Niemeyer.

Normsprache, *français familier* und Jugendsprache im Französischunterricht

Christine Michler (Bamberg)

I. Einleitung

Die Auswahl der zu vermittelnden Inhalte ist in Bezug auf alle Gegenstandsbereiche des Fremdsprachenunterrichts eine Aufgabe von erheblichen Auswirkungen. Die sprachlichen Kompetenzen der Schüler, die Französisch lernen, werden beispielsweise wesentlich von der Antwort auf die Frage *Quel français enseigner?* bestimmt. Die Entscheidung darüber treffen weitgehend die Lehrwerke, die oft jahrelang Grundlage des Französischunterrichts sind und dadurch einen enormen Einfluss auf Umfang und Art der sprachlichen Fähigkeiten der Lernenden haben. Da moderne Lehrwerke im Einklang mit den Vorgaben von Lehrplänen die mündliche Kommunikation besonders vorantreiben wollen,[1] liegt es nahe, die in den Lehrwerken enthaltenen phonetischen und grammatischen, vor allem aber die pragmatischen und lexikalischen Inhalte daraufhin zu untersuchen, inwieweit sie die Schüler in die Lage versetzen, mündlich zu kommunizieren. Lebensweltlich interessant ist es in diesem Rahmen, ob sie die Schüler zu Kontakten mit Gleichaltrigen befähigen, die normalerweise in einem speziellen, schnellen Wandlungen unterworfenen Code ablaufen.

II. Norm, Varietäten und Register im Französischunterricht

Leitlinie der Lehrwerke und damit des im Schulunterricht gelehrten Französischen ist gemeinhin die weithin akzeptierte Norm des *français standard*.[2] Diese

---

[1] Zur Wertigkeit der Mündlichkeit vgl. GeR 2001, 103-130; www.isb-gym8-lehrplan.de/contentserv/3.1.neu/g8.de/index.php?StoryID=26366 und u.a. die Änderung in der Leistungsbewertung von mündlichen und schriftlichen Noten im bayerischen Gymnasium hin zum Verhältnis 1:1.

[2] Über dem *français standard* ist das *français cultivé* (*français soigné, français choisi, langue tenu* oder *langage soutenu*) als ‚Übernorm' angesiedelt (vgl. Müller 1975, 209). Unterhalb des *français standard* steht das *français familier* als „Register der zwanglosen Unterhaltung in Familie, Beruf, Alltag, unter Bekannnten und Nahestehenden […]"

zunächst einleuchtende Basis der sprachlichen Unterrichtsinhalte ist spätestens dann zu hinterfragen, wenn der Begriff ‚Norm' auf seine Konnotationen hin überprüft wird. Hebt beispielsweise Gadet für die Norm die Bedeutung der Schriftlichkeit hervor und spricht von einem „*effet de la standardisation qui incite à sacraliser la forme de langue préconisée comme la meilleure façon de parler et **surtout** d'écrire*" (Gadet 2007, 175; Herv. d. V.), erweist sich die so definierte Sprachebene als Grundlage eines Unterrichts, in dem die Mündlichkeit immer mehr Gewicht bekommt, als problematisch.

Müller hingegen versteht die Norm als ein „Subregister neben den anderen Subregistern" (Müller 1975, 220 & 224) und betont die Koexistenz von individuellen, sozialen, statistischen und präskriptiven Normen (vgl. Müller 1975, 223). Wenn auch diaphasische Unterschiede im Unterricht v.a. in Bezug auf die schriftliche Kommunikation, etwa bei der Abfassung eines offiziellen oder privaten Briefes, zwar durchaus besprochen werden, kann Müllers Unterteilung nicht in vollem Umfang als Leitlinie des Französischunterrichts gelten, denn auf individuelle Varietäten und regionale Unterschiede muss wegen der begreiflicherweise meist begrenzten entsprechenden Kompetenzen der Lehrkräfte und nicht zuletzt aus Zeitgründen in der Regel verzichtet werden.

Mit dem *français standard* orientiert sich das in der Schule gelehrte Französisch an den Sprech- und Schreibgewohnheiten des überwiegenden Teils der Frankophonen und an dem stilistischen Register, das z.B. auf Reisen im Allgemeinen mit Erfolg eingesetzt werden kann, so dass das Ziel des Fremdsprachenunterrichts, die Schüler auf schriftliche und mündliche Kommunikationsmöglichkeiten mit einer breiten Schicht der frankophonen Bevölkerung vorzubereiten, grundsätzlich erreicht wird.

Die Schüler mit dem für sie attraktiven Register der französischen Jugendsprache,[3] die zahlreiche Elemente des *français familier* enthält,[4] in seiner

---

(Müller 1975, 204). Das *français populaire* genügt als „kein «gutes» Französisch [...] nicht den Maßstäben der präskriptiven Norm [...]" (Müller 1975, 194).

[3] Der Begriff ‚Jugendsprache' ist umstritten. Definitorische Schwierigkeiten ergeben sich u.a. bei der altersbedingten Eingrenzung. Zudem erscheint es problematisch, das Phänomen allein oder hauptsächlich an das Alter zu binden und Faktoren wie soziale Herkunft und Bildungsgrad zu vernachlässigen (vgl. Gadet 2007, 120).

[4] Im Folgenden wird aus Platzgründen keine Abgrenzung zwischen Jugendsprache und *français familier* versucht.

aktuellen Form zu konfrontieren, unterlässt man im Unterricht allerdings häufig. Die Gründe decken sich mit den oben in Bezug auf individuelle und regionale Differenzierungen genannten, denn einerseits müssen wegen der knappen Unterrichtszeit Prioritäten gesetzt werden, andererseits haben viele Unterrichtende nur geringe bzw. veraltete Kenntnisse über die oft sehr kurzlebigen und einem schnellen Wandel unterworfenen Wendungen dieser Sprachform, die nicht eindeutig einer Varietät zuzuordnen ist.

Jugendsprache, deren Sprecher sich durch ihre Ausdrucksweise von den Erwachsenen abgrenzen und ihre Gruppenzugehörigkeit akzentuieren, verfügt nämlich über ein sich ständig erneuerndes lexikalisches Potential, das verschiedenen Registern – z.B. *argot*[5] und *verlan*[6] – und anderen Sprachen entnommen wird. Die Kreativität der Sprecher (vgl. Gadet 2007, 125) zeigt sich in Neuschöpfungen aus existierenden und erfundenen, aus veralteten, teilweise auch falsch verstandenen Wörtern (vgl. Fagyal 2004, 60), in der Verwendung von Entlehnungen (z.B. *bled* aus dem Arabischen), von Verkürzungen (Apokopen wie *biz* für *business*; Aphäresen wie *blème* für *problème*), von Doppelungen von Silben (z.B. *zonzon* für *prison*), von Metonymien (z.B. *casquette* für *contrôleur*) (vgl. Nicolas 2005, 51) und einem häufigen Gebrauch von superlativischen Suffixen (*-issime*) und Präfixen (z.B. *hyper-, super-, ultra-, giga-, mega-*).

(Basis-)Kenntnisse über solche Strukturelemente erleichtern nicht nur die mündliche Kommunikation unter Gleichaltrigen. Sie sind Voraussetzung für das Verstehen von vielen modernen Songs und so mancher Filmdialoge. Elemente der Jugendsprache und des *français familier* haben aber auch Eingang in die

---

[5] Kennzeichnend für den *Argot*, der als Geheimsprache von Gaunern entstand, ist eine Fülle an drastischen, in anderen Registern tabuisierten Ausdrücken und Schimpfwörtern (vgl. Müller 1975, 174).

[6] Das sogenannte *Verlan* unterscheidet sich vom Standardfranzösisch primär durch die Lexik. Ein Wort wird in seine einzelnen Silben zerlegt, die dann umgestellt und zu einem neuen Wort zusammengesetzt werden. Bezugspunkt ist dabei die Aussprache des Wortes und nicht seine Orthographie. Einige Begriffe (z.B. *beur* für *arabe*, *meuf* statt *femme*, *keuf* statt *flic*) haben inzwischen sogar Eingang in die Umgangssprache von gebildeten Franzosen gefunden.

Schriftlichkeit gefunden, denn sie tauchen in der Gegenwartsliteratur,[7] in Werbeslogans, besonders häufig aber in Emails, im Chat oder in SMS auf. Diese starke Präsenz der Jugendsprache bzw. des *français familier* in vielen schriftlichen und mündlichen Kommunikationsbereichen französischer Muttersprachler rechtfertigt es, ihr im Fremdsprachenunterricht, und das heißt auch in den Lehrwerken, einen Platz neben dem *français standard* einzuräumen (vgl. Nicolas 2005, 52), wenigstens was rezeptive Fertigkeiten wie das hörende Verstehen betrifft (vgl. Meißner 1995, 5; Krämer 1996, 166 & Abel 1981, 11). Selbst wenn es ein untergeordneter Platz sein wird, kann man davon ausgehen, dass der Unterricht von der Anziehungskraft der Sprachebene für die jugendlichen Schüler profitiert.

III. *Français familier* und Jugendsprache in Lehrwerken für Französisch

Inwieweit die den Unterricht dominierenden Lehrwerke dieses Motivationspotential aufgreifen und die sogenannte Jugendsprache und das *français familier* repräsentieren, zeigt die Überprüfung von zwei häufig benutzten Lehrwerken für den Französischunterricht an Gymnasien – *Découvertes* (= *Déc*) und *À plus!* (= *Ap*) – auf Vokabular, das entsprechend zugeordnet werden kann.[8] Die Untersuchung beschränkt sich auf den stark verbreiteten Lehrgang für Französisch als zweite Fremdsprache[9] und basiert auf der Durchsicht der *liste (alphabétique) des mots* im jeweils vierten Band (Schülerbände), da dort auch der Wortschatz aus den vorhergegangenen Bänden aufgeführt ist. Außerdem werden sporadisch die Rubriken *Qu'est-ce qu'on dit* (*Ap*) und *On dit...* (*Déc*), die Redewendungen systematisiert darbieten, einbezogen.

---

[7] Beispielsweise passim in Justine Lévy: *Mauvaise fille*. Éditions Stock: Paris 2009; Delphine de Vigan: *No et moi*. Editons Jean-Claude Lattès: Paris 2007; Anna Gavalda: *Je voudrais que quelqu'un m'attende quelque part*. Le Dilettante: Paris 1999; Anna Gavalda: *Ensemble, c'est tout*. Le Dilettante: Paris 2004.

[8] In *Découvertes* ist die Auswahl des Wortschatzes in den Lehrerhandbüchern kommentiert. „Sprachlich orientiert sich das Lehrwerk am *français standard*. Gelegentlich werden Registerunterschiede zum *français familier* und zur Jugendsprache thematisiert." (*Déc* 2 LB 2006, 5). Im Lehrerbuch von *À plus!* werden zur Registerwahl keine Angaben gemacht.

[9] In Lehrwerken für Französisch als dritte Fremdsprache konnten keine wesentlichen Abweichungen festgestellt werden.

Eine Erhebung der in den alphabetischen Wörterlisten in den vierten Bänden aufgeführten Wörter erbringt unterschiedliche Zahlen.[10] In *À plus !* sind von ca. 2300 nur 54 und in *Découvertes* 56 von ca. 1800 Einträgen mit dem Hinweis (*fam.*) ausgewiesen und können also mit der Jugendsprache in Verbindung gebracht werden. Dem Register *familier* ordnen die Lehrwerke zahlreiche Abkürzungen zu (z.B. *ado, Ap,* 149; *la bédé, Ap,* 151), umgangssprachlich frequente Wörter wie *bof* (*Déc,* 139) oder *bisou* (*Déc,* 139), aber auch längst akzeptierte Ausdrücke wie *copain, copine* (*Déc,* 142), *drôlement* (*Ap,* 156), *Dis donc* (*Déc,* 144), *rigoler* (*Ap,* 169). In *À plus!* sind dagegen nicht als *fam.* gekennzeichnet *ben* (*Ap,* 151) und *zut* (*Ap,* 173), das wiederum in *Découvertes* (*Déc,* 159) den Vermerk *fam.* hat (vgl. Anhang 1 + 2). Das Beispiel *zut* ist nicht das einzige, das illustriert, dass die Lehrwerkautoren bei der Einschätzung von *familier* unterschiedliche Auffassungen haben.[11]

Sieht man von einem Beispiel in *Découvertes* 2 (S. 84, ex. 9) ab, wird Chat- und SMS-Sprache[12] mit ihren Kürzeln und Symbolen in den Lehrwerken nicht berücksichtigt, obwohl sie für die Kommunikationsgewohnheiten der französischen Jugendlichen von großer Bedeutung sind.

In Bezug auf diaphasische Differenzen sind zwei Rubriken hervorzuheben. Zum einen die *Qu'est-ce qu'on dit?*-Einheit in *À plus* 4, die typische Merkmale des *code oral* bzw. des *français familier* zusammenstellt (*Ap* 4, 68; vgl. Anhang 3). Zum anderen ein *Révisions*-Kasten in *Découvertes,* in dem darauf hingewiesen wird, dass bestimmte Wörter „[...] fast nur von Jugendlichen benutzt werden, während Erwachsene dafür andere Begriffe verwenden [...]" (*Déc* 4, 135; vgl. Anhang 4). Diese Kontrastierung von stilistisch unterschiedlichen Ausdrücken für einen Inhalt verstärkt das Bewusstsein der Schüler für diaphasische Va-

---

[10] Gezählt wurden jeweils die fettgedruckten Einträge. Die Unterschiede in der Anzahl erklären sich aus den Lemmatisierungsverfahren der Lehrwerke, die hier nicht näher erläutert werden können.

[11] So wird in *Découvertes* z.B. sowohl *Salut!* als auch *Je m'en fous!* mit *fam.* versehen, obwohl zweiteres eher *vulgaire* als *familier* ist (*Déc* 4, 155 bzw. 146).

[12] Das optisch nicht sehr auffällige Beispiel für SMS-Sprache, das sich auf dem Display eines abgebildeten Handys befindet (A KL EUR TU VIENS CHE MOI? JE T'M. BIZ. MA.), hat nur illustrierenden Charakter, da es in der Themenstellung der Übung nicht direkt aufgegriffen wird.

rietäten und den in unterschiedlichen Sprechsituationen und bei unterschiedlichen Sprechern angemessenen Sprachgebrauch.

IV. Fazit der Lehrwerkuntersuchung

Beide Lehrwerke sehen sich der mündlichen Kommunikation verpflichtet [13] und erheben Anspruch auf Authentizität (vgl. *Déc* LB 4, 4). Dieser wird ansatzweise dadurch eingelöst, dass sie nicht nur auf lexikalische Einheiten und andere sprachliche Besonderheiten eingehen, die der präskriptiven, oftmals im schriftlichen Bereich verankerten Norm angehören. Allerdings sind die Beispiele der Lehrwerke in Bezug auf die Stilebenen ‚Jugendsprache' bzw. *français familier* zu sporadisch und inkohärent, um den Schülern ein realistisches Bild der aktuellen französischen Sprache jenseits der Norm zu vermitteln, denn letztendlich bieten die Lehrwerke nur einige willkürlich ausgewählte Elemente des *français familier*. Will man den Schülern jedoch zumindest rezeptiv die Tür zu authentischen Kommunikationssituationen mit Gleichaltrigen öffnen und ihnen außerdem sprachliche *gaffes* ersparen, d.h. den Gebrauch einer Wendung in einer nicht angemessener Umgebung, darf sich Schulunterricht nicht auf das von den Lehrwerken vermittelte *français standard* beschränken, sondern sollte das Bewusstsein für stilistische Unterschiede ausdrücklich schulen.

V. Vorschläge für Ergänzungen zum Lehrwerk in Hinblick auf Jugendsprache

Dazu muss sich die Lehrkraft mit Sprachebenen und Textsorten auseinandersetzen, die eventuell nicht unmittelbar zu ihrem Erfahrungsbereich und sprachlichem Repertoire gehören. Fundstellen sind vereinzelt die *Slam-Poetry*, sicher aber Rap-Songs, Kleinanzeigen in (Jugend-)Zeitschriften (z.B. die Mädchenzeitschriften *20 Ans* und *Jeune & Jolie* oder die Musikzeitschrift *Star Club*), *textos*, BDs (z.B. Brétécher: *Agrippine*), Gegenwartsliteratur oder gezielte Auseinandersetzungen mit Tendenzen der Gegenwartssprache wie beispielsweise *Les*

---

[13] So sollen Schüler z.B. mit *Découvertes* schnell zum Sprechen gebracht werden (vgl. http://www.klett.de/sixcms/list.php?page=titelfamilie&titelfamilie=D%E9couvertes&modul=konzeption; 26.9.2010).

Contes du miroir von Yak Rivais (L'École des loisirs: Paris 1988) und die Veröffentlichungen von Phil Marso (www.profsms.fr/traduc18.htm; 28.10.2010). Als Übungen bieten sich neben Hörübungen auf der Basis ausgewählter Filmsequenzen oder Songs zahlreiche andere Möglichkeiten an, die v.a. stilistische Unterschiede verdeutlichen.

1. Multiple-Choice-Übungen wie z.B.

   un keuf – un **flic**, une femme, un coffre
   dingue – joli, vieux, **fou**
   la caisse – la **voiture**, le sac, la boîte
   un leur – un type, une affaire, un **contrôleur**
   un mec – un **petit ami**, une mèche, une maison
   une meul – une moule, une **moto**, un magasin

2. Übertragung von Kleinanzeigen ins Standardfranzösische, u.a. mit Hilfe eines online-Wörterbuchs (z.B. *Dictionnaire de la Zone*)

   a) Nana cherche keum trip skin keupon psycho 24-28
   (jeune femme cherche jeune homme (mec) type/genre skinhead ou punk aimant la musique psycho et âgé de 24 à 28 ans)
   b) Je suis out, y a ma reum qui se rima
   (Je ne peux pas venir parce que ma mère se marie)

3. Gegenüberstellung von Standardausdrücken und Ausdrücken aus dem *français familier*/der Jugendsprache

3.1 Ergänzungen zu *Découvertes* 4, 135 (*un pote – un copain, les fringues – les vêtements, dingue – fou, un boulot – un travail*) durch beispielsweise *j'en ai marre – en avoir assez, les gamins – les enfants, causer – parler, pas mal de temps – beaucoup de temps, un truc – une chose, bosser – travailler dur*

3.2 Belege für lexikalische und syntagmatische Eigenheiten des *français familier* bzw. der Jugendsprache in Passagen aus der Gegenwartsliteratur

   a. Justine Lévy: *Mauvaise fille* (Éditions Stock: Paris 2009)

... *je vous préviens, hein,* ... *que s'il arrive ne serait-ce qu'un bobo à ma fifille adorée, je vous pète les dents à tous* ... (S. 167).
   b. Delphine de Vigan: *No et moi* (Editons Jean-Claude Lattès: Paris 2007)
T'as pas une clope? (S. 16)
Mouais ...*ça me dit vaguement quelque chose* ... *écoute, moi j'veux pas d'emmerdes. Et puis là j'ai des trucs à faire, faut que je range.* (S. 89)
   c. Anna Gavalda: Petites pratiques germanopratines. In : *Je voudrais que quelqu'un m'attende quelque part* (Le Dilettante: Paris 1999)
Ça n'a pas loupé, arrivé à ma hauteur, je le vois me regarder. Je lui décoche un sourire mutin ... (S. 8)
   d. Anna Gavalda: Cet homme et cette femme. In : *Je voudrais que quelqu'un m'attende quelque part* (Le Dilettante: Paris 1999)
Il déteste sentir qu'on se fout de sa gueule. (S. 32)

4. Vergleich von französischen und deutschen SMS-Kürzeln
Auswahl von gängigen französischen Kürzeln: 6né (ciné), A+ (À plus), a2m1 (À demain), ALP (À la prochaine), a tt (à tout à l'heure), BCP (beaucoup), bi1to (bientôt), biz (bisous), bjr (Bonjour), C, Cé (C'est), d'ac (d'accord), G (j'ai), je vé (je vais), keske (qu'est-ce que), Lut (Salut), mr6 (Merci), parske (parce que), ri1 (rien), tjs (toujours), ya (il y a)

5. Beispiele aus Texten, die sich mit Tendenzen des gegenwärtigen Französisch auseinandersetzen
   a. übermäßiger Gebrauch von Anglizismen
Yak Rivais: *Barbe bleue* (L'École des loisirs: Paris 1988, 17)
Il était une fois un play-boy à la barbe bleue qui épousa une jeune pin-up. Cette pin-up avait un peu peur de son mari car il avait un look généralement sombre et mystérieux. Dans les garden-parties et cocktails mondains, les mauvaises langues disaient qu'il avait été marié déjà six fois, mais qu'on ne savait pas ce que ses femmes étaient devenues.
   b. Phil Marso : *Le petit Poucet de Charles Perrault* (1628-1703)
il été 1 foa 1 bucheron É 1 bucheronn ki avè 7 enfan, tous mek, lèné n'avè ke 10z'an, É le plu j'En' n'en avè ke 7.

(*Il était une fois un bûcheron et une bûcheronne qui avaient sept enfants, tous garçons; l'aîné n'avait que dix ans, et le plus jeune n'en avait que sept.*)

on C'tona ke le bucheron è U tan d'enfan en 6 p'E 2 tem ; mè c'es ke sa femm alè vit' en bezoÑe, É n'en avè pa – 2 d'2 a la foa.

(*On s'étonnera que le bûcheron ait eu tant d'enfants en si peu de temps ; mais c'est que sa femme allait vite en besogne, et n'en avait pas moins de deux à la fois.*)

VI. Schluss

Die Bedeutung der Oralität als „grundlegende Form des Sprachgebrauchs" (Schoenthal 2000, 460) der meisten Menschen belegen Untersuchungen, nach denen der mündliche Sprachgebrauch im privaten und beruflichen Umfeld 95% ausmacht (vgl. ISB 2005, 9). Mündlichkeit bedeutet jedoch nicht, die Schriftsprache mündlich wiederzugeben, sondern unterliegt eigenen Gesetzen.

Die Schüler sollen im Rahmen der Orientierung des Unterrichts auf Mündlichkeit dazu angeleitet werden, in authentischen Situationen mit anderen Jugendlichen in Interaktion zu treten (vgl. Vázquez 2006, 4ff.). Dazu brauchen sie Kenntnisse in dieser speziellen Sprachform, die bei ihnen als Nähesprache sicher ein besonderes Interesse auslöst. Ermöglicht man den jungen Deutschen eine Teilhabe an dem von Spontaneität, Flexibilität und Kreativität geprägten Register, gelingt es mit hoher Wahrscheinlichkeit, sie für das Fach Französisch einzunehmen – ein Anliegen, das bei der sinkenden Zahl der Schüler, die sich für das Französische entscheiden (vgl. u.a. Bittner 2003), unterstützt werden muss.

Die intrinsische Motivation, die der Französischunterricht so dringend nötig hat, wächst nicht nur durch die lebensweltliche Nähe. Da jugendsprachliche Formulierungen unmittelbar die Lebenswelt der Schüler berühren, gewinnen sie, anders als durch die normalerweise übliche Lehrwerkarbeit, den Eindruck, mit den Inhalten des Unterrichts wirklich ‚etwas anfangen zu können', indem sie Einblicke in authentisches und situationsadäquates Sprachhandeln, z.B. bei Kontakten während eines Schüleraustauschs, erhalten. Um für die Schüler attraktiv zu sein, muss sich kommunikativ orientierter Unterricht dieser Mündlichkeit öffnen.

Aber auch über die affektive Komponente hinaus ist das Einbeziehen von *français familier* bzw. Jugendsprache relevant, denn die Schüler erhalten so das Bewusstsein für kulturelle Differenzen, die sich in Sprache manifestieren (z.B. der Trend zum *verlan*, den es im deutschen Sprachraum nicht gibt). Sie erkennen außerdem, dass die Sprache, die in der Schule vermittelt wird, nur einen Teilaspekt der französischen Sprachrealität abbildet und lernen ansatzweise das Ausmaß kennen, in dem sie von dieser abweicht. Speziell die *texto*-Kürzel liefern Erkenntnisse über phonetische Strukturen und Vereinfachungen – eine Entwicklung, die möglicherweise einmal Einfluss auf die Orthographie des Französischen haben wird, so wie sich bestimmte, früher eindeutig dem *français familier* zugeordnete Einheiten mittlerweile im *français standard* etabliert haben.

Dennoch sollte Schulunterricht keinesfalls versuchen, sich völlig an der Alltags- und Umgangssprache Jugendlicher zu orientieren. Nicht nur, dass viele Lehrkräfte damit überfordert wären und sich möglicherweise lächerlich machten.[14] Dagegen spricht auch die Kurzlebigkeit von jugendsprachlichen Trends. Ein gewichtiges Gegenargument ist überdies die Tatsache, dass Jugendsprache nicht nur durch die dort zweifelsfrei präsenten Schimpfwörter und tabuisierten Ausdrücke mit Subkultur in Verbindung gebracht wird und der Gebrauch von jugendsprachlichen Wendungen gerade im normbewussten französischen Sprachraum dem Sprecher nachteilig ausgelegt werden kann. Die Eignung dieses Registers für den Französischunterricht, der längerfristige Perspektiven haben und die Jugendlichen auch auf die Zeit nach der Schule vorbereiten muss, bleibt punktuell.

---

[14] Jugendliche scheinen es im Übrigen nicht zu schätzen, wenn sich Erwachsene ihrer Ausdrucksweise bedienen.

Anhang

1: Beispiele für mit *fam.* gekennzeichnete Einträge in die *liste des mots* (*Déc.* 4, S. 137-159)

Tu es un amour !	dis donc
Arrête ton cinéma !	ne pas être dans son assiette
avoir un poil dans la main	un exo
baraqué	filer qc
un baratineur	flasher sur qn
une bise	36 fois
bosser	je m'en fous
un boulot	des fringues
branché	un froid de canard
canon	génial
casser la figure à qn	halluciner
casser les pieds à qn	Hein?
un charabia	mamie
un copain	un mec
crade	qc est nul
dingue	papi
C'est trop !	Quelle horreur !
ringard	

2: Beispiele für mit *fam.* gekennzeichnete Einträge in die *liste alphabétique des mots* (*Ap* 4, S. 149-173)

À plus !	en avoir marre
l'ado	le flic
Allez !	le fric
l'arnaque	les fringues
avoir la trouille	Laisse tomber !
avoir le cafard	louche
le bac	Machinchose
la bédé	moche

se bouger	être nul en qc
la cata	pas mal de
chouette	la patate
le ciné	C'est pas le pied !
cool	donner un coup de pouce à qn
le copain	pourri
crevé	pro
dingue	rigoler
Ça tombe bien !	

3: Beispiele für typische Merkmale des *code oral* im Gegensatz zum *français standard* (Auswahl; vgl. *Ap* 4, 68)
- Wegfall der Verneinungspartikel *ne* : *Elle trouve pas.* – *Elle ne trouve pas.*
- Verkürzung von *tu es* zu *t'es*: *T'es arabe.* – *Tu es arabe.*
- Verkürzung von *il y a* zu *y a*: *Y a des gens.* – *Il y a des gens.*
- Grammatische Inkongruenz *c'est* + Substantiv im Plural: *C'est des malades.* – *Ce sont des malades.*
- Segmentierter Satz mit Auslagerung von Subjekt und Objekt: *Moi, je les ai déjà oubliés, mes rêves.* – *J'ai déjà oublié mes rêves.*
- Ersetzen von *nous* durch *on*: *On est d'abord de Marseille.* – *Nous sommes d'abord de Marseille.*

4: Kontrastierung von Ausdrücken des *français standard* und des *français familier* (Auszug; vgl. *Déc* 4, 135)
un pote – un copain, les fringues – les vêtements, dingue – fou, un boulot – un travail

Literaturverzeichnis

Primärliteratur

À plus 4: GREGOR, Gertraud & JORIßEN, Catherine & SCHENK, Sylvie: *À plus! 4 cycle long Französisch für Gymnasien.* Berlin: Cornelsen 2007.
Découvertes 2:: ALAMARGOT, Gérard & BRUCKMAYER, Birgit & DARRAS, Isabelle & KOESTEN, Léo & KUNERT, Dieter & MÜHLMANN, Inge & NIEWELER, Andreas & PRUDENT, Sabine: *Découvertes 2 für den schulischen Französischunterricht.* Stuttgart et al.: Klett 2006.
Découvertes 4: ALAMARGOT, Gérard & BRUCKMAYER, Birgit & DARRAS, Isabelle & KOESTEN, Léo & KUNERT, Dieter & MÜHLMANN, Inge & NIEWELER, Andreas & PRUDENT, Sabine: *Découvertes 4 für den schulischen Französischunterricht.* Stuttgart et al.: Klett 2007.
Découvertes 2 LB: MÜHLMANN, Inge & NIEWELER, Andreas & RELLECKE, Ute & SCHMIDT, Antje & SPENGLER, Wolfgang: *Découvertes 2. Lehrerbuch.* Stuttgart et al.: Klett 2006.
Découvertes 4 LB: EBERTZ, Mirja & GÜNTHER, Britta & HEDDRICH, Corinna & RELLECKE, Ute: *Découvertes 4. Lehrerbuch.* Stuttgart et al. : Klett 2007.

Wörterbücher

Le Dictionnaire de la Zone © Cobra le Cynique (15.9.2010) ; www.dictionnairedelazone.fr

Sekundärliteratur

ABEL, Fritz. 1981. „Die Zielsprache des Fremdsprachenunterrichts", in: Geckeler, Horst et al. edd. *Logos semantikos. Studia linguistica in honorem Eugenio Coseriu 1921-1981. Vol. V. Geschichte und Architektur der Sprachen.* Berlin et al.: Walter de Gruyter, 7-18.
BITTNER, Christoph. 2003. „Der Teilnehmerschwund im Französischunterricht. Eine unabwendbare Entwicklung? Eine empirische Studie am Beispiel der gymnasialen Oberstufe", in: *französisch heute* 4, 338-353.
FAGYAL, Zsuzsanna. 2004. „Action des médias et interactions entre jeunes dans une banlieue ouvrière de Paris. Remarques sur l'innovation lexicale", in: Bulot, Thierry (sous la direction de). ed. *Les parlers jeunes. Pratiques urbaines et sociales.* Presses universitaires de Rennes et Cahiers de Sociolinguistique, 41-60.
GADET, Françoise. 2007. *La variation sociale en français.* Paris: Ophrys.
GeR: EUROPARAT. ed. 2001. *Gemeinsamer europäischer Referenzrahmen für Sprachen: lernen, lehren, beurteilen.* Berlin et al.: Langenscheidt.
ISB: STAATSINSTITUT FÜR SCHULQUALITÄT UND BILDUNGSFORSCHUNG. ed. 2005. *Time to talk! Parlons! Parliamo! ¡Tiempo para hablar! Пора поговорить! Eine Handreichung zur Mündlichkeit im Unterricht der modernen Fremdsprachen.* Berlin: Cornelsen.
KRÄMER, Martine. 1996. „Français standard, français populaire, français familier et français parlé: Quel français enseigner?", in: *französisch heute* 3, 159-167.
MEIßNER, Franz-Joseph. 1995. „Sprachliche Varietäten im Französischunterricht", in: *Der fremdsprachliche Unterricht Französisch* 18, 4-8.
MÜLLER, Bodo. 1975. *Das Französische der Gegenwart. Varietäten, Strukturen, Tendenzen.* Heidelberg: Carl Winter Universitätsverlag.

NICOLAS, Isabelle. 2005. „La tchatche des banlieues, reflet de la fracture sociale", in: *PRAXIS Fremdsprachenunterricht* 5, 51-52.
SCHOENTHAL, Gisela. 2000. „Mündlichkeit", in: Glück, Helmut. ed. *Metzler Lexikon Sprache. Zweite, überarbeitete und erweiterte Auflage.* Stuttgart et al.: J.B. Metzler, 459-460.
VÁZQUEZ, Graciela. 2006. „Expresión oral", in: *Der fremdsprachliche Unterricht Spanisch* 14, 4-11.

Le langage des jeunes = le langage des cités = le verlan!? – Jugendsprache als Lerngegenstand des Französischunterrichts

Katharina Wieland (Berlin)

1. Einleitung

Wenn Jugendsprache im Französischunterricht thematisiert wird, dann geschieht dies häufig im Sinne dieser die Realität stark vereinfachenden Gleichung. Die Folgen sind zum einen eine Konzentration auf die Rezeption einzelner Vokabeln und Wendungen, die in den meisten Fällen allerdings längst ihren jugendsprachlichen Charakter verloren haben und Teil einer umgangssprachlichen Mündlichkeit sind. Zum anderen führt die starke Zuordnung von Jugendsprache zu einem bestimmten gesellschaftlichen Milieu, nämlich Jugendlichen aus Einwandererfamilien in der *banlieue*, dazu, dass die *langage des jeunes* häufig als eher zu vernachlässigender Lerngegenstand eines relativ stark standard-orientierten Französischunterrichts wahrgenommen wird.

Anhand einiger soziolinguistischer Parameter möchte dieser Beitrag zunächst die Klassifizierung von Jugendsprache als diastratischer vs. diaphasischer Varietät reflektieren. Hierbei soll unter Einbeziehung des Sprechstilkonzepts (Neuland 2003a & 2003b, Dürscheid & Neuland 2006) veranschaulicht werden, dass Jugendsprache in ihrer Funktion als Gruppensprache auch für jugendliche Fremdsprachenlerner interessant, aufschlussreich und motivierend für ihren Spracherwerb im Französischen sein kann. Interessant ist es diesbezüglich auch, die Fragestellung zu beleuchten, ob Jugendsprache auch im Bereich der produktiven Sprachkompetenzen eine Rolle spielen kann oder es aus verschiedenen Gründen besser nicht sollte.

Als problematisch für die Thematisierung und den rezeptiven wie produktiven Umgang mit Jugendsprache im Unterricht erweist sich meist die schnelle Veränderlichkeit jugendlicher Sprechstile, der gerade in Lehrwerken nicht Rechnung getragen werden kann. In einem zweiten Teil des Beitrags werden daher mögliche Ansätze für eine stärkere Einbettung von Jugendsprache in den schulischen Französischunterricht anhand moderner Kommunikationsmedien wie Chats, Videoclips, Blogs aufgezeigt. Die Einbettung derart authentischer Lernsituationen kann neben der sprachlichen Förderung auch einen Beitrag zur Entwicklung von interkultureller Kompetenz bei den Schülerinnen und Schülern leisten. Gleichzeitig stellen diese authentischen Materialien zur Jugendsprache eine große Herausforderung an die Lehrer, sind sie doch nicht immer ganz „jugendfrei" (vgl. Keller 2007).

2. „Jugendsprache" in Lehrwerken

Die folgenden Beispiele liefern einen kleinen Überblick, in welcher Form Umgangs- und Jugendsprache in aktuellen Französischlehrwerken vermittelt werden.

a) „Je zone depuis toujours dans ma cité et j'en ai marre parce qu'on dit toujours des trucs nuls sur les banlieues comme quoi y a que des blèmes. (...) C'est zarbi, on dirait qu'on a la peste." (Découvertes 5, 21)

b) „D'abord, y a les potes, on se connaît tous, on écoute de la zique branchée et on flippe pas devant les flics, nous. On s'en fout." (Découvertes 5, 21)

c) „Est-ce qu'on a cours quand les corres sont là?" (A plus 2, 12)

d) „Ce portable, c'est la cata. Je n'ai plus de fric pour le ciné" (A plus 2, 87)

e) „Surtout le mec avec le t-shirt blanc. C'est le plus fort du groupe et en plus, il est canon." (Découvertes 3, 11)

f) „Zut! Les garçons qui me plaisent flashent toujours sur Charlotte! Est-ce que je suis moins belle qu'elle?" (Découvertes 3, 12)

g) „Tu parles! Ils vont halluciner! Tu imagines, on pourra bientôt vivre de notre zique." (Découvertes 3, 47)

h) „Pourquoi t'arrêtes pas d'écouter de la zique au casque? T'es ouf!" (Découvertes 3, 51)

i) „C'est la barbe!" (Découvertes 4, 73)

j) „Avoir le droit de faire la grass' mat'!" (Horizons Basisdossier Les Jeunes, 13)

k) „Certains disent que les parents, ça saoule grave." (Horizons Basisdossier Les jeunes, 16)

Der Kontext, in dem diese Beispiele in den Lehrwerken präsentiert werden, ist durch entsprechende Fotos von Jugendlichen und die vorgegebenen Gesprächssituationen implizit jugendsprachlich.[1]

---

[1] Als Beispiel sei an dieser Stelle nur das Lehrwerk Découvertes 3 angeführt, das jugendsprachliche Wendungen mit Themen wie z.B. Flirten und Liebe (12ff.) oder Musik (51) in Zusammenhang bringt.

Sind es aber auch die in den Beispielen aufgeführten Vokabeln und Wendungen? Diese werden, wie aus den Bildern ersichtlich wird, in Themen- und somit Wortfelder eingebettet, die traditionelle Bereiche für die Generierung von jugendsprachlichen Ausdrücken darstellen (z.B. Freizeit, Musik, Liebe/Beziehungen).[2] Mit großer Wahrscheinlichkeit wird die Mehrzahl der Lehrer und Lehrerinnen richtig erkennen, dass die Beispiele c) und i) nicht eindeutig nur jugendlichen Sprechern zuzuordnen sind, sondern dem allgemeinen *français familier* angehören. Und auch Beispiel d) wird sicherlich nicht nur aus jugendlichem Munde zu hören sein, sondern durchaus auch von Personen jenseits der 30. Beispiel f) mutet durch den Anglizismus jugendsprachlich an, aber welcher Jugendliche würde zum Ausdruck der Verärgerung *zut!* benutzen? *Putain* wäre hier wahrscheinlicher.

Deklariert werden all diese Wörter und Wendungen in den Vokabelverzeichnissen der Lehrwerke auch nicht als jugendsprachlich, sondern allgemein als *français familier*, und sie sind als Teil einer umgangssprachlichen Mündlichkeit als solche auch in Standardwörterbüchern wie *Le Petit Robert* nachschlagbar (z.B. *fric, ciné*). Dass umgangssprachliche Mündlichkeit im Französischunterricht thematisiert und im Sinne der interkulturellen fremdsprachlichen Handlungsfähigkeit auch aktiv erlernt werden sollte, steht außer Zweifel. Wie verhält es sich aber nun mit der Jugendsprache?

Jugendsprache existiert unter dieser Bezeichnung zunächst nicht in deutschen Französischlehrwerken, sondern wird unter der allgemeinen französischen Umgangssprache subsumiert. Dies soll nicht heißen, dass überhaupt keine jugendsprachlichen Ausdrücke in Französischlehrwerken ihren Platz finden sollten, oder bereits finden, sondern ist vielmehr ein Hinweis darauf, wie schwierig die Abgrenzung dessen, was allgemein als Jugendsprache bezeichnet wird, ist. Diese Problematik stellt sich nicht nur den Lehrwerkautoren und Lehrern, sie ist genauso präsent bei den Sprechern selbst, wie folgendes Beispiel zu einem zentralen Element der französischen Jugendsprache, dem Verlan, zeigt. Dies wird z.B. deutlich auf den Seiten des Internetforums „Bonjour Frankreich", in

---

[2] Durch Medien wie Internet und Mobiltelefone (SMS) ist heutzutage auch der Aspekt der Schriftlichkeit von Jugendsprache immer stärker ausgeprägt (vgl. Kundegraber 2008, 160ff., Wieland 2005, Bildheim et al. 2005 & 2007).

dem junge Sprecher Anfang 20 über die Verbreitung des Verlan sowie die Aktualität verlanisierter Wörter diskutieren und dabei eine höchst unterschiedliche Wahrnehmung zeigen.[3] Nach Einschätzung eines der Forumnutzer wäre das Beispiel a) (siehe oben) mit *zarbi* schon längst überholt. Wie kommt es zu diesen unterschiedlichen Einschätzungen?

Teilweise liegen sie, wie in dem Beispiel aus dem Internetforum deutlich wird, an unterschiedlichen Regionen, an der Nähe oder Entfernung zu sogenannten „quartiers chauds". Sie haben aber gleichfalls ihren Ursprung in der extremen Wandelbarkeit von Jugendsprache und ihrer mehr oder weniger ständigen Erneuerung und Veränderung. Aber die Tatsache, dass verschiedene sprechsprachliche oder umgangssprachliche Elemente als jugendsprachlich bewertet werden oder nicht, hängt auch eng damit zusammen, welche Bezeichnung Jugendsprache im soziolinguistischen Sinne erfährt.

3. Was ist Jugendsprache?

Vielfach wird Jugendsprache unter den Varietäten des Französischen subsumiert. Diese Zuordnung ist nicht unproblematisch. Zunächst: Was für eine Varietät ist Jugendsprache? Geht man vom Varietätensystem nach Coseriu (1974, 14ff.) aus, kämen vor allem die diastratische und die diaphasische Varietät zum Tragen, d.h. Jugendsprache als Soziolekt bzw. als situativ-stilistische Variation. Natürlich trägt die französische Jugendsprache auch Züge eines Soziolekts und wird mit Migranten und sozial schwächeren Jugendlichen in der *banlieue* gleichgesetzt. Hierbei wird Jugendsprache häufig auf eine ihrer Erscheinungsformen, nämlich den Verlan, reduziert (siehe Kapitel 4).

Zimmermann (2008, 206) äußert sich dazu wie folgt:

> Die Einordnung der jugendsprachlichen Varietäten in das Spektrum der Varietäten ist nicht einheitlich. Einige Autoren weisen sie den diastratischen, andere den diaphasischen Varietäten zu (...). [Sie können] durchaus beiden, den diastratischen und den diaphasischen Varietäten zugerechnet werden. Insofern sie von Jugendlichen nur in bestimmten Situationen und nicht allgemein verwendet werden, sind sie diaphasisch markiert (im Sinne subkultureller Stile und einhergehend mit Stilbastelei; Neuland (2003, 140)). Insofern sie aber ihrerseits nicht homogen sind, sondern sozial differenziert, sind sie eindeutig diastratisch markiert. Die derzeit vorwiegend erforschte Jugendsprache der

---

[3] www.bonjour-frankreich.com/forum/nachricht-885.html, letzter Aufruf am 6.1.2011.

Pariser *banlieues* ist jedenfalls eindeutig niederen sozialen Schichten zuzuschreiben. Diese Betrachtung ist allerdings recht kurzsichtig, da Jugendsprache in Frankreich weit mehr ist als nur die Sprache der Jugendlichen in der Pariser *banlieue* – gleichwohl ist die Sprechweise der Jugendlichen aus der Pariser *banlieue* die am besten untersuchte jugendsprachliche Variante (vgl. Zimmermann 2008, 206). Viele Lehrbücher (z.B. Découvertes 3) greifen jedoch in ihrer Darstellung von Jugendsprache gerne auf diese eine Ausprägung zurück.

Eine Beschreibung von Jugendsprache als diaphasische Varietät, also als situative Varietät, wird der Jugendsprache und ihrem tatsächlichen Gebrauch auch nicht gerecht, denn von einer Varietät zu sprechen hieße, von einer komplexen Organisation sprachlicher Elemente auf allen sprachlichen Ebenen auszugehen (vgl. Wieland 2003 & 2008). Jugendsprache betrifft aber in vielen Fällen verstärkt Bereiche der Lexik und der Morphologie, andere linguistische Teilbereiche werden hingegen wenig bis gar nicht tangiert. Dazu kommt, dass jugendsprachliche Elemente von Situation zu Situation anders verwendet werden, man kann also nicht von einer, sondern von vielen verschiedenen situativen Varietäten sprechen. Dieser Problematik, Jugendsprache nicht als soziale Sondersprache darstellen zu wollen und sie eigentlich auch nicht als diaphasische Varietät bezeichnen zu können, wird von Neuland (2003a und b) mit dem Begriff der subkulturellen Stile entgegengewirkt. Sie betrachtet Jugendsprache zwar auch auf diaphasischer Ebene, aber unter Einbeziehung des charakteristischen expressiven Verhaltens eines Individuums. Subkulturelle Sprechstile Jugendlicher sind somit Ausdrucksformen jugendlicher Lebenswelten mit der besonderen Funktion der sozialen Distinktion gegenüber der Außenwelt der Erwachsenen und der Identifikation in den Innenräumen jugendlicher Lebenswelten. Das Sprechstilkonzept bezieht sich auf die sprechsprachliche Performanz, bei der jedes Sprachelement ein potentielles Stilelement darstellt und nicht unbedingt an die Intentionen des Sprechers/Schreibers gebunden ist. Das Sprechstilkonzept siedelt sich auf der Ebene der *parole* an, der Sprache in ihrer kommunikativen Realisierung; die Jugendlichen wählen sprachliche und visuelle/nonverbale Mittel gezielt aus und kombinieren sie, um eine bestimmte soziale Identität in ihrer *peergroup* zu konstituieren (vgl. hierzu auch Gerdes 2006, 35).

Die Jugendsprachforschung geht also nicht von einer einheitlichen Jugendsprache aus, sondern von besonderen Sprechstilen einzelner Gruppen. Diese werden stets erneuert und sind sehr wandelbar, denn sie sind für die Jugendlichen *passé*, sobald sie von anderen Gruppen genutzt werden und sich damit der Standardsprache wieder annäheren.[4] Dies geschieht z.B. durch die Verwendung von jugendsprachlichen Ausdrücken in der Werbung oder automatisch in Folge des Älterwerdens der Jugendlichen selbst, die ihre Sprechgewohnheiten nur teilweise ablegen.

Vor diesem Hintergrund stellt sich natürlich die Frage, ob ein derartig komplexes und wandelbares Gefüge überhaupt im Französischunterricht sinnvoll wiedergeben und genutzt werden kann. Bevor diese Frage beantwortet werden soll, wird zunächst jedoch beleuchtet, welche Elemente in Wortschatz und Grammatik überhaupt betroffen sind, wenn allgemein von französischer Jugendsprache die Rede ist.

4. Elemente der französischen Jugendsprache

Die französische Jugendsprache in allen ihren Ausprägungen kann an dieser Stelle nicht ausführlich typologisierend dargestellt werden; daher werden lediglich ihre zentralsten und typischsten Elemente benannt, wie sie teilweise schon in den Eingangsbeispielen dargestellt wurden.

Keller nennt als einen wichtigen Faktor für die Zuordnung von Elementen zur Jugendsprache, dass diese zwingend dem *code parlé* angehören müssen (vgl. Keller 2007). Hierzu gehören z.B.

- Aussprache (*ça, ouais*, Kontraktion der Personalpronomen, z.B. *t'es, y a* statt *il y a, t'* statt *te*)
- Grammatik (Auslassung von *ne* in der Negation, *on* statt *nous*)
- Syntax (Intonationsfragen, Interrogativpronomen am Satzende, z.B. *tu sais quoi?*)

Weiterhin typisch jugendsprachlich sind vor allem Elemente aus der Lexik und der Morphologie (hier vor allem die Wortbildung):[5]

- Entlehnungen aus dem Englischen (*flasher, look*), dem Argot (*clope*), dem

---

[4] Zum Restandardisierungsprozess von Jugendsprache vgl. Augenstein (1998).
[5] Die hier genannten Beispiele beziehen sich auf folgende Quellen: Bernhard (2002), Keller (2007), Kundegraber (2008) & Zimmermann (2008).

Arabischen, dem Romani (v. a. invariable Verben auf -ave wie *moutrave, pénave, dicave, chourave* und Nomen wie *gadjo/gadji*)
- Abkürzungen (Apokopen und Aphäresen wie *ciné, blème, zique*)
- Suffigierungen auf -os (*craignos, coolos*). Weitere Suffixe zur Markierung von Jugendlichkeit sind zudem: -ette, -tude, -erie, -eux, -ard, -asse, z.B. *punkette, feminitude, punkitude, folkleux*
- Metaphorisierung oder Metonymisierungsprozesse (*il est canon*)
- Bedeutungsneuzuordnungen (semantische Erweiterungen) bei gleichzeitigen Innovationen im Bereich der syntaktischen Regeln dieser Lexeme (z.B. *craindre* in intransitiver statt transitiver Funktion, *ça craint*; *il assure*)
- Gebrauch von nicht-reflexiven Verben mit Reflexivpronomen (z.B. *se planter, s'éclater*)
- Adverbien als Adjektive (*il est trop*) bzw. umgekehrt (*ça saoule grave*)

Dass diese Elemente nicht erst heute und nicht nur von Jugendlichen genutzt werden, wird schnell klar: „Mit wenigen Ausnahmen handelt es sich bei den strukturellen Merkmalen um Verfahren, die im Französischen (...) allgegenwärtig sind" (Zimmermann 2008, 208). Was ist also das Jugendsprachliche daran? Laut Zimmermann sind nicht „die Verfahren an sich ‚spezifisch jugendlich‘, sondern die Anwendung [i.S. der Gesprächssituation oder der Frequenz, Anm. der Autorin] und die Ergebnisse" (Zimmermann 2008, 208).

Der Aufzählung hinzuzufügen ist der Verlan.[6] Bernhard (2002, 288) beschreibt Verlan als „valeur sûre dans leur mode d'expression [des jeunes, Anm. der Autorin]". Verlan macht max. 10% der Jugensprache aus, dabei handelt es sich aber um zentrale Schlüsselwörter (vgl. Kundegraber 2008, 18). Verlan als typisches Mittel, dessen sich Jugendliche bedienen, ist ein Beispiel für einen Sprechstil, der teilweise gruppenübergreifend funktioniert. Hierbei gilt, dass das Prinzip gruppenübegreifend anzutreffen ist, die einzelnen Wörter aber variieren. Verlan ist ein Stilkonzept, das Jugendliche ständig kreativ weiterentwickeln. Gewisse Vokabeln wurden schließlich ins *français familier* aufgenommen, bzw. werden sie von verschiedenen Gruppen Jugendlicher – auch unabhängig von

---

[6] Vgl. hierzu ausführlich Kundegraber (2008), zur Bildung auch Bernhard (2002) sowie Zimmermann (2008).

ihrem regionalen Standort – genutzt.

Der Verlan verliert so peu à peu seine soziale Stigmatisierung und tritt z.B. auch in Lehrbüchern auf. Dort behält er allerdings seine starke Zuordnung zur Jugendsprache, die zu einem bestimmten gesellschaftlichen Milieu gehört, nämlich zu Jugendlichen aus Einwandererfamilien in der *banlieue*. In vielen Lehrbüchern gilt dementsprechend auch noch relativ oft die Gleichung (*langage des jeunes = langage des cités = le verlan*). Dies führt dazu, dass die *langage des jeunes* häufig als eher zu vernachlässigender Lerngegenstand eines relativ stark standardorientierten Französischunterrichts wahrgenommen wird. Verlan wird zwar als Erscheinungsform, meist als Phänomen der *banlieues* präsentiert, aber es wird nicht näher darauf eingegangen, bzw. erfolgt bei den Schülerinnen und Schülern automatisch die Gleichsetzung mit entsprechenden Milieus, denen sie selbst nicht unbedingt angehören möchten.

5. Jugendsprache als Gegenstand des schulischen Französischunterrichts

Kann Jugendsprache in ihrer beschriebenen Komplexität und Veränderlichkeit überhaupt ein sinnvoller Lerngegenstand des Französischunterrichts sein? Verschiedene Gründe sprechen m.E. dafür, wenn auch nicht ohne Einschränkung.

Rein linguistisch gesehen, bestehen trotz der Heterogenität verschiedener jugendlicher Sprechstile natürlich hervorhebenswerte Gemeinsamkeiten (siehe die in Kapitel drei behandelten Elemente der Jugendsprache), die man zusammenfassend unter dem Begriff der Jugendsprache betrachten kann. In diesem Sinne ist Jugendsprache immerhin auch ansatzweise in einigen Lehrwerken vertreten. Ob mit oder ohne Lehrbuch, festzuhalten ist, dass man als Lehrer nie die „eine" Jugendsprache thematisieren kann, sondern nur Ausdrucksformen des umgangssprachlichen Französisch, wie sie besonders bei Jugendlichen Anwendung finden. Als Erwachsener stellt sich dem Lehrer natürlich die Problematik, dass er nur Zugang zu den bekannteren, „etablierteren" Ausdrucksformen findet. Die Beschäftigung mit Jugendsprache im Unterricht ist somit auch vielmehr als Denkanstoß zu verstehen, da die Lerner einen intensiveren Einstieg in das Thema häufig nur über den Kontakt zu gleichaltrigen Frankophonen erreichen. Keller (2007, 42) meint dazu:

Lehrende können als Erwachsene immer nur einen Grundstock jugendsprachlichen Vokabulars vermitteln, der im direkten Kontakt in der Kommunikation mit der französischen Peergroup erweitert werden kann.

Aus didaktischer Perspektive sprechen dennoch einige Gründe für die Vermittlung von Jugendsprache im Französischunterricht. Hier sei zunächst der hohe motivationale Aspekt genannt (vgl. Neuland 2008), da Jugendsprache durch Aspekte wie die Abgrenzung zur Erwachsenensprache, durch die Identifikation mit gleichaltrigen Jugendlichen, durch Spaß am teilweise kryptischen Charakter vor allem verschrifteter jugendsprachlicher Äußerungen für die jugendlichen Lerner interessant wird.

Wie schon angedeutet, stellt die Beschäftigung mit jugendsprachlichen Äußerungen im Französischunterricht auch einen Beitrag zur interkulturellen sprachlichen Handlungsfähigkeit der Lerner dar, da hier sowohl sprachlich-kommunikative Kompetenzen rezeptiver und evtl. auch produktiver Art trainiert werden können, als auch in Aufgaben mit jugendsprachlichen Elementen methodische Kompetenzen (z.B. die Erarbeitung von Kompensationsstrategien bei Nicht-Verstehen) geschult werden. Des weiteren bieten jugendsprachliche Elemente zahlreiche interkulturelle Anknüpfungspunkte, angefangen beim Vergleich der eigenen, deutschen Jugendsprache der Schülerinnen und Schüler mit französischer Jugendsprache hinsichtlich des Vokabulars aber auch hinsichtlich der situativen Anwendung.

Im Zuge der Ausbildung interkultureller Kompetenz bei den Schülerinnen und Schülern kann mit der Vermittlung von Jugendsprache auch der pragmatische Aspekt der situativen Sprachverwendung trainiert werden. Hierbei sollte es vor allem darum gehen, dass die Jugendlichen einzuschätzen lernen, ob bestimmte Wörter und Wendungen situativ angemessen sind oder nicht. Nicht zuletzt schließlich eröffnet die Erweiterung des Unterrichts um jugendsprachliche Themen und Elemente die Möglichkeit zu einer stärkeren authentischen Prägung der Unterrichtsinhalte.

Neben dem bereits genannten zentralen Problem des Zugangs als Erwachsener zu aktuellen jugendsprachlichen Ausdrücken, stellt vor allem die schnelle Veränderlichkeit jugendlicher Sprechstile, der in Lehrwerken kaum Rechnung getragen werden kann, eine große Schwierigkeit dar. Hier besteht natürlich der Anspruch an die Lehrerinnen und Lehrer, Texte und sonstige Materialien stets auf Aktualität zu überprüfen. Dies kann selbstverständlich nur in einem begrenzten Rahmen der Möglichkeiten geschehen. Denkbar wäre z.B. die Fragestellung, ob ein Ausdruck bereits Eingang in ein einsprachiges französisches Wörterbuch gefunden hat und wie er dort klassifiziert ist; weiterhin möglich wäre das Aufsuchen von Internetforen zu jugendlichen Themen. Ein weiterer Punkt, der Lehrerinnen und Lehrer durchaus von der Behandlung von Jugendsprache im Unterricht abhält, ist die scheinbar unvermeidliche Vulgarität jugendsprachlicher Äußerungen (vgl. Keller 2007, 42). Hier liegt eine große Verantwortung bei den Unterrichtenden, eine für alle akzeptable Auswahl zu treffen und dabei die Authentizität des Materials nicht zu sehr zu beschneiden.

Ein weiterer Aspekt, der der Beachtung der Lehrerinnen und Lehrer bedarf, ist die Frage der Relevanz von Jugendsprache bezogen auf die konkrete Lerngruppe. Hier gilt es, zwischen erhofften positiven Aspekten wie Lernermotivation und Überlegungen bezüglich eines effizienten Spracherwerbs abzuwägen. Besonders in Bezug auf den produktiven Einsatz von Jugendsprache im Französischunterricht darf darüber nachgedacht werden, ob dies für die Lerner relevant ist und welche Grenzen man – auch hinsichtlich des sonst nicht geringen Lernpensums und zahlreicher interessanter Unterrichtsaspekte – hier setzen sollte.

6. Beispiele für den Unterricht

Nachstehend seien einige Beispiele für eine Beschäftigung mit Jugendsprache im Französischunterricht genannt, geordnet nach Rezeption von Jugendsprache und produktivem Umgang damit. Die Beispiele enthalten keinen Hinweis auf ein Lehrjahr, da m.E. der Einsatz und die Analyse von jugendsprachlichen Elementen sowohl im Anfängerunterricht in der Sekundarstufe I, als auch bei den fortgeschrittenen Lernenden in der Oberstufe interessant und durchführbar ist, je nach Auswahl der konkreten Beispiele und Tiefe der Beschäftigung. Aufgrund der schnellen Veränderlichkeit von Jugendsprache und der ebenso rapiden Veralterung von Materialien wird auf eine Nennung von Internetseiten verzichtet und es werden weniger konkrete Texte als allgemeine Quellen benannt.

Als audiovisuelle aber auch schriftsprachliche Quellen für eine rezeptive Analyse von französischer Jugendsprache können Filme bzw. Filmausschnitte (vgl. Laackmann 2004, 60), Videoclips (u.a. von Youtube), Comics, Blogeinträge im

Internet, Jugend- oder Mädchen-/Frauenzeitschriften (z.B. die frz. Cosmopolitan), aber auch die Lektüre von Romanen mit jugendsprachlichen Elementen (z.B. Faïza Guène: *Kiffe kiffe demain*) dienen.

Denkbare Aufgabenformate sind u.a.
- Wortschatz- und Wörterbucharbeit: Recherche der jugendsprachlichen Begriffe (Nachschlagen, Wortfelder erstellen/erschließen, Wortschatzliste/ Wortschatzkartei zum Thema Jugendsprache anlegen, z.b. Wörterbucharbeit mit *http://www.dictionnairedelazone.fr*);
- Sonderthema Verlan: selbständiges Erarbeiten der „Grundregeln" der Verlanisierung, eigenes Entschlüsseln der Wörter (ebenfalls geeignet zur Sensibilisierung für einzelne Aspekte der frz. Phonetik);
- inhaltliche Erarbeitungen zum Kontext von Jugendsprache, z.B. Reflexionen über Situation/soziales Umfeld, in dem in den Beispielen Jugendsprache verwendet wird;
- interkultureller Vergleich: Die Einbettung authentischer Beispiele von Jugendsprache kann neben der sprachlichen Förderung auch einen Beitrag zur Entwicklung von interkultureller Kompetenz bei den Schülerinnen und Schülern leisten. Sprachliche Norm, Varietäten und Gruppensprachen sind gleichfalls Thema des Lehrplans Deutsch Sekundarstufe I. Eine Vergleichsmöglichkeit der französischen Jugendsprache mit dem eigenen Sprechen bietet sich somit an. Beispielsweise könnte im Bereich der Anglizismen anhand von Beispieltexten (z.B. aus Jugendzeitschriften oder Blogs zu ähnlichen Themen) sprachübergreifend überlegt werden, an welcher Stelle in welcher Sprache Anglizismen auftreten, welche Gründe für ihr Auftreten vorliegen mögen, ob ein Ersatz durch andere Begriffe möglich ist und welche Nuancierung evtl. damit verbunden ist.

Bezüglich des produktiven Umgangs mit Jugendsprache im Französischunterricht stellt sich zunächst die Frage, ob eine Produktion französischer Jugendsprache durch deutsche Schülerinnen und Schüler überhaupt wünschenswert ist und im Unterricht geübt werden sollte. Dieses Thema ist ambivalent, da es zum einen für die Schülerinnen und Schüler zwar eine spannende Herausforderung darstellt, zum anderen aber durchaus zahlreiche Negativ-Beispiele existieren, in denen nicht-muttersprachliche Sprecher gleich welcher Sprache, denen die

Standardsprache noch schwer fällt, mitunter sehr umgangssprachliche und derbe Ausdrucksweisen nutzen. Dies wird von Zuhörern nicht unbedingt positiv aufgenommen, da sich hier eine unerwartete Diskrepanz zwischen Sprach-Handeln und Sprach-Können eröffnet. Von einem Nicht-Muttersprachler, der eine Fremdsprache im schulischen Kontext erlernt, wäre eher zu erwarten, dass sein Sprach-Handeln am Standard orientiert ist und sprachliche Varietäten erst zu einem Zeitpunkt auftreten, wenn auch ein relativ hohes Niveau im Standard erreicht ist. Hinzu kommt die Problematik der schnellen Veränderbarkeit von Jugendsprache. Ein produktives Erlernen von Jugendsprache im Französischunterricht kann sehr schnell kontraproduktiv werden, stellen die Schülerinnen und Schüler fest, dass die erlernten Wörter und Wendungen überhaupt nicht mehr *en vogue* sind.

Für einen produktiven Umgang mit Jugendsprache im Französischunterricht spricht hingegen der sprachpragmatische Aspekt einer sicheren, situativ angemessenen Sprachverwendung durch die Schülerinnen und Schüler. Als Ausgangspunkt ist eine rezeptive Aufgabe denkbar, bei der verschiedene jugendsprachliche Ausdrücke in ihren Kontexten analysiert werden. Im Folgenden kann dann anhand mehrerer grob skizzierter Kontexte in selbst erarbeiteten Rollenspielen dargestellt werden, wie ein oder mehrere jugendsprachliche Ausdrücke situativ passend oder unpassend angewendet werden. Eine nachgestellte Szene im Klassenzimmer, bei der ein Lernender immer nur von *-zique* spricht, bestimmte Musiker mit *il est canon* bezeichnet und alles mit *c'est ouf* bewertet und der Lehrer recht konsterniert reagiert, dürfte den Schülerinnen und Schülern noch dazu Spaß machen.

Als rezeptiver Ausgangspunkt bietet sich auch die vom Lehrer erzählte oder als (Hör)text aufbereitete Darstellung eines pragmatischen Fehlers an, bei dem die Schülerinnen und Schüler zunächst der dargestellten Problematik auf den Grund gehen müssen.

Jugendsprache eignet sich weiterhin sehr gut dazu, den Schülerinnen und Schülern in der Fremdsprache die Möglichkeit zu geben, sprachlich kreativ tätig zu werden, ohne zu sehr durch Regelwerk und mögliche Fehlerquellen eingeengt zu werden. Hier bieten sich vor allem Aufgaben zur schriftlichen Nutzung von Jugendsprache an, bei denen die Schüler – mit dem nötigen Grundwissen ausgestattet, z.b. phonetische Schreibung, Auslassung von Vokalen, Abkürzungen – sich im Verfassen von jugendsprachlichen Texten üben dürfen. Dies könnte z.b. beim Verfassen eines eigenen Comics bzw. beim Abwandeln vorhandener Comics durch das Ausfüllen leerer Sprechblasen geschehen. Genauso denkbar ist das Verfassen von SMS, Chatmitteilungen, etc.

Gerade die produktive Nutzung moderne Kommunikationsformen, allen voran internetbasierter Formen wie Chats, Messenger, Skype, Facebook etc., eignet sich auch hervorragend für die Vorbereitung einer ersten echten Begegnung mit französischen Jugendlichen im Rahmen eines Schüleraustausches, wäre aber auch mit einer Partnerklasse denkbar, die nicht unbedingt besucht wird. Als Vorbereitung für einen echten Austausch ist der Umgang mit Jugendsprache im Chat und all seinen Varianten natürlich insbesondere im Hinblick auf die Formen des *code parlé*, welche die Schülerinnen und Schüler dann erwarten, sehr hilfreich. Dadurch dass Chat-Kommunikation schnell, unkompliziert und direkt ist und den besonderen Schriftcode bei Jugendlichen mit sich bringt, ist hier ein Grundstein dafür gelegt, dass die deutschen Schülerinnen und Schüler mit authentischen jugendsprachlichen Ausdrücken in Kontakt treten. Gleichzeitig sinkt die Hemmschwelle, sich auch selbst einmal produktiv darin zu versuchen. Als Vorteile sind hier die sprachspielerisch einladende Orientierung am Lautbild zu nennen – mit hoher Fehlertoleranz, obwohl es hier aber natürlich auch gewisse Gebrauchsnormen gibt. Allgemein ist aber die Hemmschwelle der Schülerinnen und Schüler, sich im Medium Internet einmal sprachproduktiv und auch jugendsprachlich auszuprobieren, häufig geringer als sonst. Weitere Vorteile der Schriftlichkeit sind die Zeit zum (Re-)Formulieren der eigenen Äußerung und die Unsichtbarkeit des Gegenübers. Keller (2007) zeigt, dass derartige Chat-Kommunikationen auch für den metasprachlichen Austausch gut sind, da in ihrem Beispiel die jugendlichen Teilnehmer sich konkret zu jugendsprachlichen Äußerungen befragen.

7. Abschließende Überlegungen

Zusammenfassend lässt sich sagen, dass der Umgang mit Jugendsprache – trotz ihrer Schnelllebigkeit und ihren vielzähligen Ausprägungen – im Französischunterricht sowohl auf rezeptiver als auch auf produktiver Ebene zum Kompetenzziel der interkulturellen fremdsprachlichen Handlungsfähigkeit beiträgt. Auf sprachlicher Ebene geht es bei der unterrichtlichen Auseinandersetzung mit Jugendsprache um das korrekte Verstehen und Anwenden von nicht-standardsprachlichen Äußerungen. Auf der Ebene der Methodenkompetenz können hier unterschiedliche Strategien trainiert werden, z.b. direkte Vokabelstrategien der Worterschließung über Wörterbucharbeit, Wortfelderstellung oder Sprachgebrauchstrategien: Wie geht man mit dem Nicht-Verstehen einzelner Ausdrücke um? Wie fragt man nach, ohne dass der Sprecher sich verletzt fühlt, weil sein Sprechstil bzw. seine Varietät dabei als minderwertig empfunden wird, aber auch ohne das Risiko einzugehen, dass man wesentliche Teile der Kommunikation nicht versteht (vgl. Baßler & Spiekermann 2001, 33)?

Schlussendlich wird auch die interkulturelle Kompetenz trainiert, indem die Schülerinnen und Schüler lernen, Äußerungen als jugendsprachlich einzustufen, ihre situative Angemessenheit zu prüfen und Vergleiche mit der eigenen Verwendung von Jugendsprache anzustellen.

Bibliographie

ALAMARGOT, Gérard et al. 2006. *Découvertes 3. Schülerbuch*. Stuttgart: Klett.
ALAMARGOT, Gérard et al. 2007. *Découvertes 4. Schülerbuch*. Stuttgart: Klett.
ALAMARGOT, Gérard et al. 2008. *Découvertes 5. Schülerbuch*. Stuttgart: Klett.
AUGENSTEIN, Susanne. 1998. *Funktionen von Jugendsprache*. Tübingen: Niemeyer.
BÄCHLE, Hans et al. 2008. *A plus 2. Méthode intensive*. Berlin: Cornelsen.
BAßLER, Harald & Spiekermann, Helmut. 2001. „Regionale Varietäten des Deutschen im Unterricht Deutsch als Fremdsprache (II)", in: *Deutsch als Fremdsprache*, 35-38.
BERNHARD, Gerald. 2002. „Französische Jugendsprache in den achtziger und neunziger Jahren", in: *französisch heute* 3, 288-297.
BILDHEIM, Rainer et al. edd. 2005. *Horizons. Basisdossier Les jeunes*. Stuttgart: Klett.
BILDHEIM, Rainer et al. edd. 2007. *Horizons. Basisdossier Les jeunes. Cahier d'activités*. Stuttgart: Klett
COSERIU, Eugenio. 1974. *Synchronie, Diachronie und Geschichte. Probleme des Sprachwandels*. München: Fink.
DÜRSCHEID, Christa & NEULAND, Eva. 2006. „Spricht die Jugend eine andere Sprache? Neue Antworten auf alte Fragen" in: Dürscheid, Christa & Spitzmüller, Jürgen. edd. *Perspektiven der Jugendsprachforschung/Trends and Developments in Youth Language Research*. Frankfurt a.M.: Peter Lang, 19-32.
GERDES, Joachim. 2006. „Jugendsprache im DaF-Unterricht. Reflexion zu Struktur, Authentizität und didaktischer Eignung des jugendsprachlichen Modephänomens „Türkendeutsch/Kanakisch", in: *Zielsprache Deutsch* 33, 19-44.
GUÈNE, Faïza. 2004. *Kiffe kiffe demain*. Paris: Hachette.

KELLER, Almut. 2007. „Ein Plädoyer für die langage des jeunes. Ki veu kozer? Tchatcher avec une classe française", in: *PRAXIS Fremdsprachenunterricht* 5, 41-45.
KUNDEGRABER, Angela. 2008. *Verlan 2007. Untersuchungen zur französischen Jugendsprache.* Hamburg: Verlag Dr. Kovac.
LAACKMANN, Saskia. 2004. „¡Estoy flipando, tía!: Jugendsprache im Spanischunterricht", in: *Hispanorama* 105, 58-61.
MEIßNER, Franz-Joseph. 1995. „Sprachlichen Varietäten im Französischunterricht", in: *Der fremdsprachliche Unterricht Französisch* 2, 4-7.
NEULAND, Eva. ed. 2003a. *Jugendsprache – Jugendliteratur – Jugendkultur.* Frankfurt a.M.: Peter Lang.
NEULAND, Eva. ed. 2003b. *Jugendsprachen – Spiegel der Zeit.* Frankfurt a.M.: Peter Lang.
NEULAND, Eva. 2008. *Jugendsprache. Eine Einführung.* Tübingen & Basel: A. Francke.
WIELAND, Katharina. 2005. „Bidirektionale Grenzüberschreitungen – Jugendsprache in modernen Kommunikationsmedien zwischen Katalanisch und Spanisch", in: König, Thorsten et al. edd. *Rand-Betrachtungen. Beiträge zum 21. Forum Junge Romanistik Dresden 2005.* Bonn: Romanistischer Verlag, 133-147.
WIELAND, Katharina. 2008. *Jugendsprache in Barcelona und ihre Darstellung in den Kommunikationsmedien.* Tübingen: Niemeyer.
ZIMMERMANN, Klaus. 1991a. „Identitätskonstitution und Gestaltungsorientierung", in: Dausendschön-Gay, Ulrich et al. edd. *Linguistische Interaktionsanalysen. Beiträge zum 20. Romanistentag 1987.* Tübingen: Niemeyer, 185-192.
ZIMMERMANN, Klaus. 1991b. „Die französische Jugendsprache und ihr Verhältnis zu anderen Sprachvarietäten", in: Schlieben-Lange, Brigitte & Schönberger, Axel. edd. *Polyglotte Romania. Homenatge a Tilbert Dídac Stegmann 2.* Frankfurt a.M.: Domus Editoria Europaea, 905-935.
ZIMMERMANN, Klaus. 1993a. „Einige Gemeinsamkeiten und Differenzen der spanischen, französischen und deutschen jugendsprachlichen Varietäten", in: Wotjak, Gerd & Rovere, Giovanni. edd. *Studien zum romanisch-deutschen Sprachvergleich.* Tübingen: Niemeyer, 121-130.
ZIMMERMANN, Klaus. 1993b. „Cultura juveni y variedad juvenil. Perspectivas en la enseñanza de idiomas", in: *Estudios de Lingüística Aplicada* 17, 123-132.
ZIMMERMANN, Klaus. 2008. „*Argot, verlan,* Jugendsprache und Verwandtes", in: Kolboom, Ingo & Kotschi, Thomas & Reichel, Edward. edd. *Handbuch Französisch. Spache, Literatur, Kultur, Gesellschaft.* Berlin: Erich Schmidt Verlag, 204-211.

Kanadisches Französisch im Unterricht – Lynda Lemay: Les maudits Français
Sylvia Thiele (Münster)

1. Einleitung

Die Varietäten des Französischen spielen im Unterricht eher eine untergeordnete Rolle; in den Lehrwerken werden allenfalls nur Schlaglichter gesetzt. Man mag dies damit begründen, dass im Zeitalter der G8-Struktur an Gymnasien kaum Zeit bleibt, über das Standardfranzösische hinaus Varietäten zu erarbeiten. Möchte man sich trotzdem mit Varietäten im Unterricht beschäftigen, könnten dies diatopische sein, die aus regionalen oder räumlichen Differenzierungen resultieren. Schichtenspezifisches Sprachverhalten, diastratische Aspekte, aber auch diaphasische Merkmale oder situative Faktoren wie formelle und informelle Sprache sind ebenfalls denkbar.

Den Schwerpunkt dieses Beitrags bildet eine diatopische Varietät außerhalb Frankreichs, das kanadische Französisch, welches nicht nur auf Grund der vielen greifbaren Materialien[1] von großem Interesse ist, sondern insbesondere auch, da Québec ein beliebter thematischer Schwerpunkt im Abitur ist (vgl. Abitur 2012 in Niedersachsen: www.nibis.de). Man wird überlegen, was genau vermittelt werden soll: Wortschatz, grammatische Strukturen oder phonetisch-phonologische Merkmale? Informationen über « *Le Québec* », seine Geographie, seine Geschichte, seine Literatur oder Kultur?

Möglicherweise helfen Überlegungen bei der Entscheidung, die das Ziel der Vermittlung einer Varietät mit anderen wichtigen Aspekten verbinden: Welche weiteren zentralen Kompetenzen können mit den gewählten Medien erworben werden?

---

[1] Manfred Overmann hat in seinem Buch *Histoire et abécédaire pédagogique du Québec avec des modules multimédia prêts à l'emploi* (2009) eine Fülle an Informationen und Materialien – ergänzt durch zahlreiche Verweise im Netz – zusammengestellt, so dass für eine Aufarbeitung des Französischen in Kanada keinesfalls zu wenige Zugriffsmöglichkeiten im Unterricht bestehen, sondern die Lehrenden vielmehr die ‚Qual der Wahl' haben. Gleiches gilt für Helga Bories-Sawalas « Découvrir le Québec – Une Amérique qui parle français » (2010).

Es soll deshalb ein Unterrichtsvorschlag zu Lynda Lemays Chanson « *Les maudits Français* » vorgestellt werden, der verschiedene Facetten des Französischunterrichts vereint: Hörverstehenstraining, die Erarbeitung ausgewählter lexikalischer Elemente des « *québécois* » sowie die Interpretation des lyrischen Songtexts und somit die Förderung der interkulturellen Kompetenz: Wie sehen die *Québécois* die Franzosen und umgekehrt? Wie positionieren sich die Schüler in dieser Hinsicht? Kennen sie vergleichbare Situationen z.b. im deutschsprachigen Raum?

Das Internet hält außerdem interessante methodische Zugriffsmöglichkeiten auf diese kanadische Musikproduktion bereit, so dass zusätzlich die Medienkompetenz in diesem Bereich geschult werden kann. Musik und Internet als wesentliche Komponenten des Schüleralltags können bei der Beschäftigung mit frankophoner Kultur außerhalb des « *hexagone* » im Französischunterricht motivierend wirken.

2. Hörverstehen

Das Sprechen, Schreiben, Lesen, Hören und die Sprachmittlung werden als zu erlangende kommunikative Kompetenzen beim Fremdsprachenerwerb ausgewiesen.[2] Sie sollen ausgewogen trainiert und beherrscht werden. Dieses Lehr- und Lernziel wird in der Regel erreicht, Untersuchungen belegen jedoch, dass Hörverstehensübungen in der Frequenz im modernen FSU trotz einer deutlichen Aufwertung in den letzten Jahren immer noch ein wenig hinter anderen Übungen oder Trainingsgegenständen zurückstehen. „Aufgrund der hohen Komplexität der kognitiven Vorgänge beim Hörverstehen ist [jedoch] mehr Übung unumgänglich" (Bächle 2007, 14), denn in der Alltagskommunikation haben Hören und Sprechen den größten Anteil, nämlich 45% bzw. 30%.

Dieser komplexe Vorgang des Hörverstehens umfasst nach Werner Kieweg (2003) u.a. die Segmentierung von Lauten und Geräuschen in Einheiten (so genannte chunks), die Diskriminierung der Phoneme und Morpheme, die Antizipation der weiteren Rede aufgrund bereits gehörter Satzanfänge, die Wahrnehmung und Interpretation prosodischer Elemente und emotionaler Färbungen.

---

[2] Vgl. http://db2.nibis.de/1db/cuvo/datei/kc_franz_gym_i.pdf, S. 11, im Folgenden als ‚Kc NDS' (Kerncurriculum Niedersachsen) abgekürzt.

Darüber hinaus wird beim Hören ein Erkennen und Verstehen sprachlicher Varietäten oder phonologisch-syntaktischer Merkmale der gesprochenen Sprache verlangt, ebenso wie die Aktivierung des Weltwissens und der bisherigen Lernerfahrung mit dem Ziel, nicht dekodierbare akustische Signale wahrzunehmen, herauszulösen und sich fehlendes Kontextwissen jeglicher Art zu erarbeiten. Auch die Frequenz der unbekannten grammatischen und lexikalischen Strukturen stellt eine Herausforderung dar. Dies alles geschieht bei vorgegebenem Sprechtempo, das nicht wie beim Lesen selbst bestimmt werden kann. Es entsteht, gekoppelt mit dem Wunsch nach umfassendem Verständnis des gehörten fremdsprachlichen Texts, häufig der subjektive Eindruck auf Lernerseite, es sei alles viel zu schnell gesprochen. Dieser mag im Verhältnis zur üblichen Interaktion im FSU zwar zutreffen (vgl. Nieweler 2006, 111), nicht aber im Vergleich zur Muttersprache, in der – dies sei zur Beruhigung der Schüler erwähnt – auch nicht alles verstanden wird: „Im Alltag genügt oft ein globales oder selektives und stets interessengeleitetes Verstehen, was eben nicht auf Memorisieren einer Vielzahl von Teilaspekten angelegt ist" (ebd). Ein vollständiges Detailverstehen ist also nicht zwangsläufig erforderlich. Diese Erkenntnis und eine daraus resultierende Gelassenheit während des Hörens müssen bewusst gemacht bzw. intensiv geübt werden.

„Ziel des Fremdsprachenunterrichts sollte es also sein, die Lernenden von dem Versuch, Wort für Wort verstehen zu wollen, wegzuführen und zur Konzentration auf das Wesentliche sowie zum ganzheitlichen Verstehen zu führen" (Solmecke 2003, 8). Dies ist eine Grundvoraussetzung für Antizipation und Inferieren, für das Erschließen eines Wortes aus seiner Umgebung.

Hörverstehen findet bei jedem Schüler- oder Lehrervortrag sowie bei Präsentationen von Hörtexten mittels geeigneter Medien statt. Es gilt, diese Situationen zu nutzen und sie mit geeigneten Maßnahmen zu unterstützen, um die Hörfertigkeit intensiv zu schulen. Dazu benötigt man motivierende Medien, zu denen *Musikproduktionen* zweifellos gehören. Dieser Terminus Eynar Leupolds (2004, 336ff) kann zur Vermeidung der semantisch zu stark polarisierenden Begriffe « chanson » oder ‚Lied' verwendet werden. Die Texte zu den Produktionen sind in der Regel ohne Schwierigkeiten im Internet zu finden.

Die Schüler beschäftigen sich in ihrer Freizeit mit Musik, sie sind in der Regel unterschiedlichen Musikrichtungen gegenüber aufgeschlossen, um anschließend im Hinblick auf den eigenen Musikgeschmack Position zu beziehen, zu bewerten. Sie werden Texten und Übungen Interesse entgegenbringen.

Es ist sinnvoll, die Trainingsgegenstände zum Hörverstehen in drei Kategorien zusammenzufassen, nämlich in solche **vor**, **während** bzw. **nach** dem Hören. Vor der Präsentation des Hörbeispiels ist es möglich, die Schüler hinsichtlich ihres Vorwissens zu befragen: Spielen sie ein Instrument? Welche Musikrichtung, welche Sänger oder Gruppen gefallen ihnen besonders gut? Haben sie bereits ein Konzert besucht? Auf diese Weise können bereits wesentliche Vokabeln zum Thema Musik gesammelt werden.

Um einen direkten Bezug zum Hörtext herzustellen und das Hörverstehen zu lenken bzw. vorzuentlasten, könnten zum Titel oder zu Schlüsselwörtern Hypothesen hinsichtlich des Inhalts seitens der Lerngruppe aufgestellt und mittels Cluster oder Wörternetz an der Tafel fixiert werden. Bilder, die entweder auf den Inhalt verweisen, oder aber in deutlichem Gegensatz dazu stehen, können zunächst beschrieben und in einer späteren Phase mit dem Text verglichen werden.

Von diesen im Unterricht häufig zu beobachtenden Zugriffen soll bei der Erarbeitung von « *Les maudits Français* » abgewichen und eine Alternative vorgehalten werden.

3. Die Erarbeitung von « *Les maudits Français* »

In der Sekundarstufe II spielen nach der Lehrwerkarbeit Literatur und Sachtexte eine zentrale Rolle. In einem Grund- oder Leistungskurs sollen zunächst Auszüge[3] aus dem Sachtext « *Pas de français unique !* », aus der Lernzeitschrift *Revue de la Presse* (4/2002) analysiert werden. In Vorbereitung auf eine Doppelstunde lesen die Schüler zu Hause den Text, markieren wichtige Informationen und machen sich Notizen dazu.

Zu Beginn der Folgestunde werden die Notizen und somit wesentliche Textaussagen zur *francophonie* und zu den Charakteristika der Varietäten mündlich

---

[3] Ein Vorschlag für einen gekürzten Text findet sich im Materialanhang dieses Beitrags.

vorgetragen. Das kanadische Französisch als ein Schwerpunkt des Texts wird eine wichtige Rolle spielen.

Es ist denkbar, eine Lerngruppe nach dieser ersten Erarbeitungs- bzw. Sicherungsphase gewissermaßen ins kalte Wasser zu werfen und Lynda Lemays Lied ohne direkte Vorentlastung in Bezug auf den Text bzw. den Inhalt ggf. zweimal zu präsentieren, um anschließend zu fragen, was verstanden wurde.

Die Schüler können allerdings nach der Sensibilisierung für das Thema *francophonie* durch die Hausaufgabe vermuten, dass es sich um eine Varietät des Französischen handelt. Sie könnten auch aufgrund von Schlüsselwörtern (*igloo, caribou, ski-doo, traîneau à chiens*) erschließen, dass es sich um Kanada handeln könnte.

Nach diesem Brainstorming soll das Textverständnis erweitert und gesichert werden. Hierzu kann ein methodischer Zugriff im Bereich Einsatz neuer Medien ermöglicht werden, sofern mindestens zwei Schüler an ihrem Platz über einen Internetzugang verfügen.

Der Link *http://platea.pntic.mec.es/~cevera/hotpot/les_maudits_francais.htm* wird dann mit dem Arbeitsauftrag aufgerufen, den Text bei erneutem Hören zu lesen. Danach sollen Lücken gefüllt werden: Verbformen im Präsens sind anzuklicken und zuzuordnen. Die Schüler können selbständig Ergebnisse kontrollieren, indem sie ‚*vérifier*' anklicken.

Zum Verständnis des kanadischen Wortschatzes bzw. der noch unbekannten Wörter ist eine zusätzlich ausgeteilte Vokabelliste zu konsultieren, da es sich um eine spanische Internetseite handelt und nicht alle unterstrichenen Wörter auf Französisch erklärt werden, sondern oft auch spanische Synonyme zu finden sind.

Die Komplementationsübung scheint sehr oder vielleicht zu einfach zu sein. Sie bewirkt allerdings, dass der Text nochmals gelesen werden muss, um eine lexikalisch korrekte Auswahl unter den Verbformen zu treffen. In dieser Phase ist es meiner Ansicht nach nicht sinnvoll, Lücken anstelle komplexer Strukturen oder solche, die das kanadische Französisch betreffen, zu setzen, damit zunächst beim Lesen und ggf. mehrfachen Hören noch mehr Inhalt des Texts erfasst werden kann.

Die Schüler sollen in einem nächsten Schritt die musikalische Interpretation beschreiben sowie lexikalische Besonderheiten herausarbeiten. Die spezifische Aussprache kann erörtert werden, indem lautliche Realisierungen vergleichend gegenübergestellt werden. Es bietet sich jedoch nicht an, linguistische Phänomene wie die Diphthongierung von langen Vokalen (père [pɛ:R] → [paiR], [paɛR]) oder die Assibilierung (*tu* → [t^{s}y] oder *dire* → [d^{z}ir]) in der Zielsprache zu benennen und zu besprechen (vgl. Neumann-Holzschuh 2008, 111-112). Grundsätzlich ist also festzuhalten, dass rezeptive Kenntnisse diatopischer Varietäten im Vordergrund stehen sollten, oder das hörende Verstehen (vgl. Meißner 1995, 5) eine zentrale Rolle in diesem Kontext spielen soll.

Im Anschluss wird die Textstruktur im Unterrichtsgespräch z.B. über den möglichen Impuls *Les maudits Français?* an der Tafel erarbeitet. Der erste Teil stellt Vorurteile der *Québécois* gegenüber den Franzosen vor, es folgen Vorurteile der Franzosen über die *Québécois*. Sobald die Franzosen jedoch nach Kanada reisen (*Et quand ils arrivent chez nous ...*), lernen sie Land und Leute genauer kennen, umgekehrt erfahren und erleben die *Québécois* viele Ähnlichkeiten und Berührungspunkte mit den Franzosen. Man lernt sich also gegenseitig kennen und sehr schätzen (*Y a comme un trou dans le Québec quand partent les maudits Français.*). In diesem Zusammenhang wird auch über die Bedeutung von *maudits* zu sprechen sein.

Es geht für die Schüler darum, die von Lynda Lemay vorgetragenen kulinarischen Besonderheiten, bestimmte Verhaltensweisen oder Traditionen der Franzosen und der *Québécois* zu ermitteln und die Unterschiedlichkeit, aber auch Gemeinsamkeiten der Kulturen zu entdecken [*savoir*] (vgl. Kc NDS, 13). Dabei hinterfragen sie ihre Werthaltungen hinsichtlich der eigenen und der zielsprachlichen Kultur, bewerten sie und positionieren sich ggf. gegenüber bestimmten Werten neu [*savoir être*].

Sie sollen verstehen, dass nur die im dritten Teil besungenen Strategien – nämlich die Kommunikation miteinander, die Bereitschaft, sich gegenseitig aufeinander einzulassen, Offenheit und Toleranz gegenüber Neuem, Anderem – weitere Horizonte erschließt, kulturellen Austausch fördert und die gegenseitige Verständigung und Wertschätzung ermöglicht [*savoir comprendre*].

Das Ziel ist also dabei, die aus dem Text erarbeiteten Fremdwahrnehmungsmuster bzw. Grundmuster von Stereotypen (vgl. Schumann 2008, 119ff) zu durchschauen und kritisch zu beleuchten, da sie auf „der Übergeneralisierung und Instrumentalisierung von Kulturstandards" (Schumann 2008, 125) beruhen. Stereotype ermöglichen zwar eine schnelle Identifikation und kulturelle Zuordnung, schränken aber gleichzeitig die Wahrnehmung ein und verstellen „den Blick auf die Wirklichkeit" (Schumann 2008, 125). Schüler sollen diese beiden Seiten von Stereotypen erkennen und ihre Funktion einschätzen können, um zu lernen, interkulturell kompetent zu kommunizieren und zu agieren [*savoir faire*].

Im Anschluss bieten sich viele weitere Aufgaben an: Die Musikproduktion kann in ein Drehbuch verwandelt werden, die Schüler drehen anschließend einen Videoclip; alternativ verfassen sie einen fiktiven Eintrag in ein Reisetagebuch eines Franzosen, bzw. einer Französin in Kanada. Weitere kanadische Musikproduktionen, wie zum Beispiel « *L'incompétence* » von Lynda Lemay über inkompetente Dienstleistende (vgl. Gouvernec 2006, 78-81, 95) oder « *Heureux d'un printemps* » von Paul Piché über „den ‚romantischen' Winter und Sommer in ihren Zwiespältigkeiten, je nach finanzieller Situation des einzelnen" (Winkelhagen 2002, 5), können in den Unterricht integriert werden. Die Schüler können sich auch zum Thema in einem Chatroom mit einer kanadischen Schulklasse treffen oder Recherchen über die Interpretin im Netz betreiben, um nur einige Möglichkeiten hier zu nennen.

Fächerübergreifend wäre für das Fach Musik ggf. sogar die Komposition von Variationen der Melodie mit neuen Texten in abweichenden kulturellen Kontexten möglich.

4. Fazit

Interkulturelle Lernprozesse entwickeln sich, wenn Schüler einer als fremd bzw. einer als zum Teil fremd empfundenen Wirklichkeit begegnen. Diese nehmen sie aus der eigenen Perspektive wahr, sie setzen sich mit frankophonen Gegebenheiten, Denkweisen, Werten und Haltungen auseinander (vgl. Kc NDS, 13). Sie vergleichen ihre Werthaltungen mit denen der Angehörigen der zielsprachlichen Kultur, beziehen Position, sehen sich in Werthaltungen bestärkt, relativieren sie ggf. oder nehmen gar neue an.

Es werden ihnen Wege eröffnet, Fremdkulturelles nachzuvollziehen, zu verstehen und zu akzeptieren, um so mögliche Missverständnisse auszuräumen und Vorurteile und Klischees abzubauen (*savoir comprendre*) (Kc NDS, 13).

Zusammenfassend ist festzuhalten, dass sich « *Les maudits Français* » von Lynda Lemay in vielfältiger Weise in den Französischunterricht integrieren lässt. Für fortgeschrittene Schüler in der Sekundarstufe II bereichert dieses Chanson mit den zusätzlichen Medien die Literatur-, aber auch Sachtextarbeit durch die vorgeschaltete Hausaufgabe, auf allen Ebenen des Spracherwerbs ist also Sach- und Spracharbeit möglich. Der Umgang mit elektronischen Medien und dort bereitgestelltem Unterrichtsmaterial wird ebenfalls geschult.

Als motivierendes Medium unterstützt « *Les maudits Français* » – gezielt eingesetzt und methodisch sinnvoll aufgearbeitet – neben einer Erweiterung des Weltwissens entscheidend die Schulung der kommunikativen und interkulturellen Kompetenzen.

Durch die plurikulturelle Dimension der frankophonen Welt eröffnet der Französischunterricht zudem Zugang zu weiteren kulturspezifischen Denkweisen, sodass die Schülerinnen und Schüler eine Erweiterung ihres kulturellen Lernfeldes erfahren (Kc NDS, 12).

Man kann auf der Grundlage dieser Überlegungen der Integration französischer Varietäten in den Unterricht durchaus zustimmen.

5. Materialien

Pas de français unique![4]

[...] Le français [est] la deuxième langue internationale étudiée après l'anglais, et la seule avec ce dernier à être enseignée et parlée sur les cinq continents. Langue dominante ou exclusive en France, au Québec ou en Wallonie, il est langue officielle dans l'outre-mer français et 17 pays de l'Afrique de l'Ouest, même si là seule une minorité en fait usage au quotidien. [...]

À l'image des populations qui le parlent, le français est arc-en-ciel. Ouvert à d'innombrables variations de vocabulaire, il est plus libre qu'on croit. [...] Il renferme de véritables trésors d'invention et de drôlerie, et s'enrichit tous les jours, sans rien perdre de sa musicalité. [...]

Pour ce qui est des trouvailles lexicales, les quelques 6 millions de francophones du Québec, du Nouveau-Brunswick et de la Nouvelle-Écosse sont les plus forts. Si vous vous « mettez en beau fusil » dans la belle Province, c'est que vous êtes en colère. Et si vous vous endormez au théâtre, dites « c'est plat à mort » pour « ennuyeux ». Au ciné, achetez du « maïs éclaté », si vous voulez des pop-corn. Et à la sortie, pour calmer votre faim, commandez un « chien chaud », sans trop vous demander si c'est plus appétissant qu'un hot-dog. Matin et soir, utilisez une « pâte à dents » (dentifrice). Et prenez le « traversier » au lieu du ferry pour partir en « fin de semaine » (week-end). En tout cas, évitez à tout prix d'être « comme un deux de trèfle », c'est-à-dire un minable! Au Québec surtout, dont la lutte pour la survie du français face à l'anglo-américain est exemplaire, on trouve d'étonnants particularismes linguistiques. Mais certain intellectuels québécois veulent revenir à un français plus rigoureux, critiquant les « T'as-tu faim? », les « T'as-tu lavé ce matin? » ou les « Chui allé » (Je suis allé) très répandus. [...]

Les visages de la langue de Molière sont multiples comme les cultures qu'il habite. Il n'y a pas de français unique. [...]

---

[4] Vgl. den gleichnamigen Artikel der *Revue de la Presse* (4/2002, 6).

Les maudits Français

Y parlent avec des mots précis
Puis y prononcent toutes leurs syllabes   ils
À tout bout d'champ, y s'donnent des bis   à tout instant, tout le temps
Y passent leurs grandes journées à table

Y ont des menus qu'on comprend pas
Y boivent du vin comme si c'était de l'eau
Y mangent du pain pis du fois gras   puis
En trouvant l'moyen d'pas être gros

Y font des manifs aux quart d'heure
À tous les maudits coins d'rue
Tous les taxis ont des chauffeurs
Qui roulent en fous, qui collent au cul

Et quand y parlent de venir chez nous
C'est pour l'hiver ou les indiens
Les longues promenades en Ski-doo   en motoneige
Ou encore en traîneau à chiens

Ils ont des tasses minuscules
Et des immenses cendriers
Y font du vrai café d'adulte
Ils avalent ça en deux gorgées

On trouve leurs gros bergers allemands   Schäferhunde
Et leurs petits caniches chéris   Pudel
Sur les planchers des restaurants
Des épiceries, des pharmacies

Y disent qu'y dînent quand y soupent
Et y est deux heures quand y déjeunent   il
Au petit matin, ça sent l'yaourt
Y connaissent pas les œufs-bacon

En fin d'soirée, c'est plus choucroute
Magret d'canard ou escargots   Entenbrustfilet
Tout s'déroule bien jusqu'à ce qu'on goûte
À leur putain de tête de veau   putain (vulg.) = maudit

Un bout de paupière, un bout d'gencive   Augenlid bzw. Zahnfleisch
Un bout d'oreille, un bout d'museau   Schnauze
Pour des papilles gustatives   Geschmacksnerven
De Québécois, c'est un peu trop

Puis, y nous prennent pour un martien
Quand on commande un verre de lait
Ou quand on demande: La salle de bain
Est à quelle place, s'il vous plaît?   Où est…?

Et quand ils arrivent chez nous
Y s'prennent une tuque et un Kanuk[5]   un bonnet chaud
Se mettent à chercher des igloos
Finissent dans une cabane à sucre[6]

Y tombent en amour sur le coup
Avec nos forêts et nos lacs
Et y s'mettent à parler comme nous
Apprennent à dire: Tabarnak   kanad. Schimpfwort bei Wutanfällen

---

[5] Kanuk: un atelier-magasin à Montreal, les manteaux chauds Kanuk sont dessinés et confectionnés au Québec depuis 30 ans.
[6] Bories-Sawala (2010, 9): **La cabane à sucre** à l'origine: une petite maison (en bois) dans la forêt, pour produire le sirop d'érable – transformée aujourd'hui souvent en restaurant servant des repas traditionnels québécois.

Et bien saoulés au caribou.⁷ soûlés (fam.) = ivres
À la Molson et au gros gin une bière québécoise
Y s'extasient sur nos ragoûts
D'pattes de cochons et nos plats d'binnes.⁸

Vu qu'on n'a pas d'fromages qui puent
Y s'accommodent d'un vieux cheddar
Et y se plaignent pas trop non plus
De notre petit café bâtard

Quand leur séjour tire à sa fin
Ils ont compris qu'ils ont plus l'droit
De nous appeler des Canadiens
Alors que l'on est québécois

Y disent au revoir, les yeux tout trempés
L'sirop d'érable plein les bagages Ahornsirup
On réalise qu'on leur ressemble
On leur souhaite bon voyage

On est rendu qu'on donne des becs des bisous
Comme si on l'avait toujours fait
Y a comme un trou dans le Québec
Quand partent les maudits Français

---

[7] Caribous = rennes sauvages au Canada; hier bezeichnet *caribou* einen alkoholischen Punsch.

[8] Plat populaire composé de fèves (binnes ↔ *beans* en anglais) mijotées avec de petits morceaux de lard salé.

6. Literaturverzeichnis

Literatur

BÄCHLE, Hans. 2007. „Écoutez! Standardorientierte Überprüfung und Schulung des Hörverstehens", in: *Der fremdsprachliche Unterricht Französisch* 88, 14-23.

BERTOCCHINI, Paola & COSTANZO, Edwige & PUREN, Christian. 1998. *Se former en didactique des langues.* Paris: ellipses.

BORIES-SAWALA, Helga. 2010. *Découvrir le Québec. Une Amérique qui parle français.* Braunschweig & Paderborn & Darmstadt: Bildungshaus Schulbuchverlage.

CÔTÉ, Louis. 1995. „La langue française au Canada", in: *Der fremdsprachliche Unterricht Französisch* 2, 9-10.

Der fremdsprachliche Unterricht Französisch 60 (2002): *Le Québec.*

Der fremdsprachliche Unterricht Französisch 81/82 (2006): *La nouvelle chanson française.*

GOUVERNEC, Ludovic. 2006. „Mais il n'a rien compris à ce que j'ai dit, celui-là! La chanson L'incompétence de Lynda Lemay", in: *Der fremdsprachliche Unterricht Französisch* 81/82, 78-81 & 95.

KIEWEG Werner. 2003. „Mentale Prozesse beim Hörverstehen", in: *Der fremdsprachliche Unterricht Englisch* 64-65, 18-22.

LEUPOLD, Eynar. ³2004. *Französisch unterrichten. Grundlagen, Methoden, Anregungen.* Seelze-Velber: Klett-Kallmeyer.

MEIßNER, Franz-Joseph. 1995. „Sprachliche Varietäten im Französischunterricht", in: *Der fremdsprachliche Unterricht Französisch* 2, 4-8.

NEUMANN-HOLZSCHUH, Ingrid. 2008. „Das Französische in Nordamerika", in: KOLBOOM Ingo & KOTSCHI, Thomas & REICHEL, Edward. edd. *Handbuch Französisch.* Berlin: Schmidt, 109-119.

NIEWELER, Andreas. ed. 2006. *Fachdidaktik Französisch. Tradition, Innovation, Praxis.* Stuttgart: Klett.

OVERMANN, Manfred. 2009. *Histoire et abécédaire pédagogique du Québec avec des modules multimédia prêts à l'emploi.* Stuttgart: ibidem.

SCHUMANN, Adelheid. 2008. „Stereotype im Französischunterricht. Kulturwissenschaftliche und fachdidaktische Grundlagen", in: SCHUMANN, Adelheid & STEINBRÜGGE, Lieselotte. edd. *Didaktische Transformation und Konstruktion. Zum Verhältnis von Fachwissenschaft und Fremdsprachendidaktik.* Frankfurt a.M.: Lang, 113-127.

SOLMECKE, Gert. 2003. „Das Hörverstehen und seine Schulung im Fremdsprachenunterricht", in: *Der fremdsprachliche Unterricht Englisch* 64-65, 4-10.

WINKELHAGEN, Jan. 2002. „Le Québec, je me souviens bien", in: *Der fremdsprachliche Unterricht Französisch* 60, 4-10.

Links [letzter Zugriff: 4.1.2011)

http://db2.nibis.de/1db/cuvo/datei/kc_franz_gym_i.pdf
http://platea.pntic.mec.es/~cevera/hotpot/les_maudits_francais.htm
http://www.ph-ludwigsburg.de/html/2b-frnz-s-01/overmann/baf3/

Konzeptionelle Mündlichkeit im Französischunterricht – où en est-on?

Frank Schöpp (Marburg)

L'un des objectifs majeurs du FLE, et l'un de ses paradoxes, est en effet d'enseigner en classe le français tel qu'il se parle en dehors de la classe (Delahaie 2010, 183).

In diesem Zitat spielt Delahaie auf das große Dilemma des Unterrichts einer jeden modernen Fremdsprache an: Schülerinnen und Schüler[1] sollen auf zielsprachliches Handeln in realen Kommunikationssituationen außerhalb des Klassenraums vorbereitet werden, im Rahmen des schulischen Unterrichts jedoch können solche Situationen in der Regel nur als Inszenierungen oder als Simulationen angeboten werden (cf. De Florio-Hansen 2010, 265). Damit erhält die Frage nach dem sprachlichen Input, der Gegenstand des Lehr- und Lernprozesses ist und Schüler auch tatsächlich auf lebensechte Kontaktsituationen in der Zielsprache vorbereitet, den Status einer Schlüsselfrage. Eine besondere Rolle spielt dabei die Konzeption sprachlicher Äußerungen. Während nämlich eine Äußerung im prototypischen Fall nur in zwei Realisationsformen vorliegt, medial mündlich oder medial schriftlich, variiert ihre Konzeption in einem Kontinuum, das zahlreiche Zwischenstufen zulässt (cf. Dürscheid 2006, 44). Koch & Oesterreicher (1994, 587; im Folgenden als ‚K/Oe' abgekürzt) erläutern den Unterschied wie folgt:

> Beim Medium sind die Begriffe ‚mündlich/schriftlich' dichotomisch zu verstehen (unbeschadet der Tatsache, dass jederzeit ein Medienwechsel, sei es beim Vorlesen, sei es beim Diktieren, stattfinden kann). Bei der Konzeption bezeichnen die Begriffe ‚mündlich/schriftlich' demgegenüber die Endpunkte eines Kontinuums.

Folglich sollten sich Unterrichtende aller modernen Fremdsprachen um die Berücksichtigung des Nähe-Distanz-Kontinuums in seiner ganzen Breite bemühen. Werden den Lernern ausschließlich Äußerungsformen präsentiert, die sich nur einer Seite des Kontinuums zuordnen lassen, so steht dies der Ausbildung einer

---

[1] Die nachfolgend verwendeten männlichen Formen beziehen selbstverständlich die weiblichen Formen mit ein. Auf die Verwendung beider Geschlechtsformen wird lediglich mit Blick auf die bessere Lesbarkeit des Textes verzichtet.

umfassenden kommunikativen Sprachkompetenz im Sinne des *Gemeinsamen europäischen Referenzrahmens für Sprachen* im Weg. Eine solche einseitige Ausrichtung an nur einem Extrempol des Kontinuums wurde jedoch im Französischunterricht lange Zeit favorisiert: Die Kritik an seiner starren Orientierung am schriftsprachlichen *Bon usage* gilt inzwischen als Topos der Fachdidaktik.[2] Die Folge der Nicht-Berücksichtigung konzeptionell nähesprachlicher Äußerungen führte (und führt) in der Praxis zu Erfahrungen wie der von Willwer (2010, 95) geschilderten:

> Allerdings kehren selbst gute Schülerinnen und Schüler häufig ernüchtert [von einem Schüleraustausch in Frankreich; FS] zurück: Sie haben die Erfahrung gemacht, dass sie Alltägliches in der Fremdsprache nicht sagen konnten, weil sie das angemessene Wort oder die passende Aussage nicht fanden – oder schlichtweg nicht verstanden, was von ihren Austauschpartnern gefragt oder gesagt wurde.[3]

Im Fall des Französischen sind die Folgen einer einseitigen Ausrichtung des Unterrichts an der schriftsprachlichen Norm besonders schwerwiegend, da in keiner anderen Schulfremdsprache die Unterschiede zwischen Nähe- und Distanzsprache bzw. zwischen gesprochener und geschriebener Sprache ähnlich groß sind.[4] Dabei liegt der Schwerpunkt der Besonderheiten des *français parlé* im morphosyntaktischen Bereich. Ein Beispiel ist das Fehlen der Negationspartikel *ne* in der Verneinung: Zwar weisen auch nähesprachliche Äußerungen noch die zweiteilige Negation *ne ... pas* auf, zahlreiche statistische Untersuchungen ergeben jedoch eine klare Dominanz der Negation mit *pas* als alleinigem Negationsmorphem beim Prädikat (cf. Krassin 1994). Völlig unabhängig von Registerunter-

---

[2] Cf. Weber (2006, o.S.): „Mais on imprime avant tout dans l'élève le parler standard, institutionnel, la variation linguistique apparaissant aussi dangereuse que le diable. [...] Les formes orales ordinaires verbalisées par les Français sont pour les apprenants étrangers très éloignées du français qu'ils ont appris, [...]."

[3] Cf. den vielsagenden Titel des Beitrags von Weber (2006): „Pourquoi les Français ne parlent-ils pas comme je l'ai appris?"

[4] Polzin-Haumann (2008, 158) weist zu Recht darauf hin, dass in Frankreich „eine besonders distanzsprachliche Varietät zur Standardsprache erhoben wurde und die sprachliche Norm mit bisweilen recht puristischen Mitteln verteidigt wird". In der Tat sind Nachrichtenmeldungen wie die folgende ein recht französisches Phänomen: „Le ministre de l'Education nationale, Luc Chatel, a défendu mercredi le style oral de Nicolas Sarkozy qui, selon lui, 'parle clair et vrai' en réponse à un député PS dénonçant les 'fautes de langage' du chef de l'Etat qui 's'apparente au populisme'" (*www.lepoint.fr* vom 06.01.2011).

schieden⁵ besteht hier also zwischen dem *français parlé* und dem *français écrit* eine Diskrepanz, d.h. die Grammatik des Gesprochenen unterscheidet sich von der des Geschriebenen. Cf. Ball (2000, 5):

> [...] the points on which standard and colloquial French grammar diverge are many and varied. Undoubtedly, there are more of them than in the case of standard and colloquial English. And some very central areas of grammar are affected.

Neuere fachdidaktische Arbeiten betonen in der Regel einhellig die Notwendigkeit der Integration der grammatischen und lexikalischen Merkmale der französischen Nähesprache in den Unterricht (cf. Rössler 2010, Willwer 2010). So hebt beispielsweise Schäfer (2009, 185) hervor, dass es in einem auf die Förderung mündlicher Kompetenzen abzielenden Französischunterricht auch darum gehen muss,

> den Schülern die lexikalischen und grammatischen Spezifika der ‚Sprache des Alltags' – und das ist eben nun einmal das konzeptionell mündliche bzw. nähesprachliche Französisch – zu vermitteln. Ein Französischunterricht, der die Lernenden zum Sprechen befähigen will, hat nicht nur mediale Mündlichkeit zu fördern, sondern immer auch konzeptionelle Mündlichkeit – und gerade hier besteht noch dringender Handlungsbedarf.

Es besteht größtenteils Konsens darüber, dass die Lerner in einem ersten Schritt dazu befähigt werden müssen, die gesprochene Sprache des Alltags zu verstehen. Zu einem späteren Zeitpunkt des Französischunterrichts sollten sie jedoch auch aktiv von einigen der wesentlichen lexikalischen und morphosyntaktischen Charakteristika der Nähesprache Gebrauch machen können.⁶ Was genau unter „konzeptioneller Mündlichkeit" bzw. „Nähesprache" zu verstehen ist, ist Gegenstand des folgenden Abschnitts.

---

[5] Im Rahmen des vorliegenden Beitrags wird davon ausgegangen, dass gesprochene Sprache ebenso wie geschriebene Sprache Register hat, wobei die Zuordnung eines bestimmten Phänomens zu einem Register davon abhängt, ob es sich um eine Beschreibung gesprochener oder geschriebener Sprache handelt. Bestimmte morphosyntaktische oder lexikalische Phänomene können schriftsprachlich beispielsweise als ‚familiär' markiert werden, während sie in der gesprochenen Sprache als neutral, ohne Registermarkierung interpretiert werden (cf. auch Söll 1985, 192).

[6] Cf. Wieland (2011, 51): „Dass umgangssprachliche Mündlichkeit im Französischunterricht thematisiert und im Sinne der interkulturellen fremdsprachlichen Handlungsfähigkeit auch aktiv erlernt werden sollte, steht außer Zweifel."

Nähesprache – Distanzsprache

K/Oe (1990) behandeln Fragen der Konzeption als ein Problem der sprachlichen Varietät. Sie arbeiten mit einem Nähe-Distanz-Kontinuum, das sie als die zentrale Varietätendimension betrachten (cf. 1990, 14f.).[7]

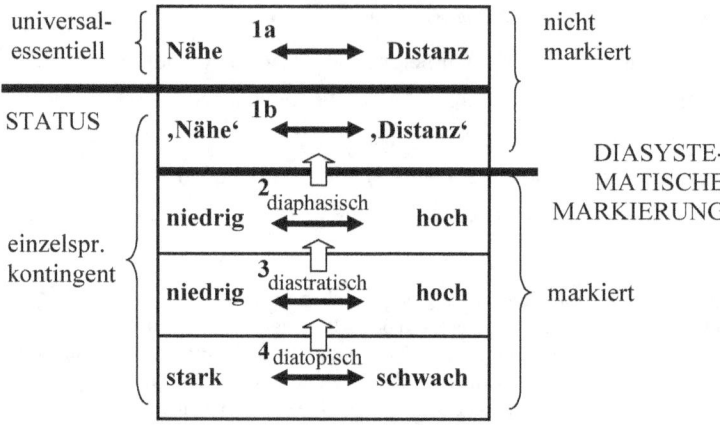

Abbildung 1: Der einzelsprachliche Varietätenraum zwischen Nähe und Distanz

Das Besondere an diesem Modell ist, dass für ‚gesprochen' und ‚geschrieben' bzw. für ‚Nähe' und ‚Distanz' eine eigene Dimension von Sprachvarietät reserviert wird. Das coserianische Modell, in dem drei Dimensionen der sprachlichen Variation unterschieden werden, erfährt somit eine grundlegende Erweiterung: Es wird in eine Vierdimensionalität des einzelsprachlichen Varietätenraums überführt. Das Kontinuum ‚Nähesprache-Distanzsprache', das sowohl universell als auch einzelsprachlich relevant ist, steht in direktem hierarchischem Zusammenhang mit den anderen Varietätenebenen (diaphasisch, diastratisch und diatopisch). Äußerungen, die diatopisch schwach bis gar nicht sowie diastratisch und diaphasisch hoch markiert sind, sind insgesamt dem distanzsprachlichen Pol zuzuordnen und finden unter Kommunikationsbedingungen der Nähe keine Anwendung. Typisch für den nähesprachlichen Pol bzw. für konzeptionelle Mündlichkeit sind hingegen diatopisch stark bzw. diastratisch und diaphasisch niedrig

---

[7] Cf. Ágel & Hennig (2010, 1): „Die von Peter Koch und Wulf Oesterreicher etablierte Unterscheidung zwischen ‚Nähe' und ‚Distanz' ist inzwischen zu einer etablierten Varietätendimension avanciert."

markierte Äußerungen. Alle diasystematisch stark bzw. niedrig markierten Äußerungsformen einer Sprache bilden deren nähesprachlichen Pol im *weiteren* Sinne (linke Teilbereiche der Dimensionen 1, 2, 3 und 4 in Abb. 1). Darüber hinaus gibt es jedoch auch einzelsprachliche Merkmale, die keine diatopischen, diastratischen oder diaphasischen Markierungen darstellen, sondern die nur generell typisch für den einzelsprachlichen Nähepol sind. Zusammen mit den universalen Merkmalen gesprochener Sprache werden diese Merkmale als Nähesprache im *engeren* Sinne klassifiziert (linker Teilbereich der Dimensionen 1a und 1b in Abb. 1). So erklären K/Oe (1990, 14) beispielsweise in Bezug auf den segmentierten Satz des Typs *Je ne l'ai pas lu, le livre*, es sei

> völlig verfehlt, eine der drei erwähnten diasystematischen Markierungen anzusetzen. Es handelt sich vielmehr um eine lediglich als ‚gesprochen' qualifizierbare Erscheinung, da sie durch nichts anderes als durch Kommunikationsbedingungen der Nähe motiviert ist.

Bei den von K/Oe angesprochenen „Kommunikationsbedingungen" handelt es sich um außersprachliche Bedingungen, die die Konzeption sprachlicher Kommunikationsakte steuern. Diese unterscheiden sich hinsichtlich der raumzeitlichen Nähe der Kommunikationspartner, ihrer Vertrautheit bzw. Fremdheit, der Privatheit bzw. Öffentlichkeit der Kommunikation, der Emotionalität, Spontaneität usw. K/Oe (1990, 8-10) haben zur Charakterisierung sprachlicher Äußerungen im Rahmen des konzeptionellen ‚gesprochen/geschrieben'-Kontinuums verschiedene graduell unterscheidbare Kommunikationsbedingungen[8] aufgeführt, die unter der ebenfalls graduellen Unterscheidung zwischen ‚kommunikativer Nähe' und ‚kommunikativer Distanz' zusammengefasst werden.

Kommunikative Nähe	**Kommunikative Distanz**
① Privatheit	❶ Öffentlichkeit
② Vertrautheit der Partner	❷ Fremdheit der Partner
③ starke emotionale Beteiligung	❸ geringe emotionale Beteiligung
④ Situations- und Handlungs**ein**bindung	❹ Situations- und Handlungs**ent**bindung
⑤ referentielle Nähe	❺ referentielle Distanz
⑥ physische Nähe (*face-to-face*)	❻ physische Distanz

---

[8] Beim Parameterwert ⑤/❺ liegt natürlich keine graduelle Abstufung vor.

⑦ kommunikative Kooperation   ❼ keine kommunikative Kooperation
⑧ Dialog   ❽ Monolog[9]
⑨ Spontaneität   ❾ Reflektiertheit
⑩ freie Themenentwicklung   ❿ Themenfixiertheit

Zwischen den Extremformen der Nähe (z.B. ein Gespräch unter Freunden, das die Parameterwerte ①-⑩ durchgängig erfüllt) und der Distanz (z.B. ein Gesetzestext mit den Kommunikationsbedingungen ❶-❿) liegen zahlreiche mögliche Mischungen von Parameterwerten vor.[10] Wie Hennig (2000, 116) festhält, sind

> alle Merkmale der Nähekommunikation am ehesten in Textsorten aus der Alltagskommunikation zu erwarten (Gespräche in der Familie, unter Freunden etc.).

Nähesprache im Französischunterricht?

Zur Beantwortung der Frage nach der Relevanz von Hennigs Aussage für den Französischunterricht genügt ein Blick in einige der bildungspolitischen Dokumente, die sich den Zielen des schulischen Französischunterrichts widmen, so etwa in die Einheitlichen Prüfungsanforderungen für das Abitur, die Bildungsstandards für die erste Fremdsprache für den Mittleren Schulabschluss oder die Lehrpläne der einzelnen Bundesländer. In all diesen Dokumenten nimmt die Vorbereitung der Lernenden auf die Bewältigung kommunikativer Alltagssituationen in der Zielsprache eine Schlüsselstellung ein. So fordern beispielsweise die Bildungsstandards für die erste Fremdsprache (KMK 2003, 13) unter dem Stichwort „Funktionale kommunikative Kompetenzen" u.a. den Erwerb kommunikativer Kompetenzen im „praktischen Anwendungsbezug":

---

[9] Krassin (1994) weist zu Recht darauf hin, „dass in fiktiver gesprochener Sprache, vermutlich jedoch ebenso in authentischer gesprochener Sprache, Monologe durchaus nähesprachlich sein können" (1994, 10).

[10] Schreiber (1999, 46) zufolge besitzen nicht alle Bedingungen den gleichen Status. „Von zentraler Bedeutung ist m.E. der Parameter ‚Grad der Spontaneität', der die engste Beziehung zum Söllschen Begriff der Konzeption aufweist [...]. Für nahezu genauso wichtig halte ich den ‚Grad der Öffentlichkeit'". Weiter schlägt Schreiber vor, das Modell von K/Oe um eine Kommunikationsbedingung zu erweitern, die er ‚Grad der medialen Fixiertheit' (1999, 47) nennt.

Die Schülerinnen und Schüler können sich in der ersten Fremdsprache verständigen und diese Fähigkeit für die persönliche Lebensgestaltung im Alltag einsetzen, z.B.
- Kontakte herstellen und beenden sowie sich in Alltagssituationen über lebenspraktische Angelegenheiten verständigen;
- [...].

Diese Äußerung ist insofern repräsentativ für die aktuellen bildungspolitischen Dokumente, als hier ein Fokus auf die erfolgreiche Kommunikation in nähesprachlich geprägten Kontexten („Alltagssituationen") gelegt wird. Nimmt man diese Zielsetzung des Französischunterrichts Ernst, so führt kein Weg an der Berücksichtigung von Alltagskommunikation und damit von konzeptioneller Mündlichkeit vorbei. Zwar ist es in der Anfangsphase des Spracherwerbs sinnvoll, sich in Bezug auf die Ausbildung produktiver Kompetenzen an der Standardsprache zu orientieren; dennoch sollte der Unterricht auch in einem frühen Stadium die Lerner behutsam auf die Rezeption des nähesprachlich geprägten Französisch vorbereiten. So stellt es im Rahmen einer ersten Sensibilisierung für die Unterschiede zwischen Nähe- und Distanzsprache keineswegs eine Überforderung von Sechstklässern dar, wenn sie im ersten Lernjahr die zweiteilige Verneinung mit *ne ... pas* aktiv anzuwenden lernen und gleichzeitig rezeptiv erfahren, dass Sprecher in der Alltagskommunikation in der Regel auf *ne* verzichten.[11]

In welchen Bereichen sich die französische Nähesprache besonders stark von der Distanzsprache unterscheidet, wird im Folgenden skizziert.

Unterschiede zwischen Nähe- und Distanzsprache

Anhand einer Szene aus dem französischen Film „Épouse-moi"[12] soll im Folgenden kurz aufgezeigt werden, in welchen Bereichen die Unterschiede zwi-

---

[11] Für eine erste Konfrontation der Lerner mit der Negation ohne *ne* eignet sich beispielsweise die Seite *http://www.lepointdufle.net/ressources_fle/omission_du_ne.htm* (letzter Aufruf am 20.01.2011). Dort können isolierte verneinte Sätze angehört werden; die Schüler müssen dann jeweils entscheiden, ob der Satz mit oder ohne *ne* gesprochen wurde.

[12] Der Film unter der Regie von Harriet Marin kam in Frankreich am 19.01.2000 in die Kinos. Selbstverständlich handelt es sich bei Filmdialogen nicht um authentische gesprochene Sprache, sondern um fingierte Mündlichkeit. Dennoch ist davon auszugehen, dass die Äußerungen der Schauspieler auch in realen Situationen in identischer Form geäußert werden könnten.

schen Nähe- und Distanzsprache besonders eklatant sind. In diesem Film sucht eine Frau, Madame Roche, bei einem Wahrsager, Monsieur Bodel, Rat, weil sie um den Fortbestand ihrer Ehe fürchtet. Bei ihrem gemeinsamen Blick in die Zukunft sehen sie, dass Madame Roches Ehemann Hadrien eine attraktive Frau fasziniert betrachten wird. Als die Klientin daraufhin den Wahrsager fragt, warum ihr Mann sich so verhalte, will Monsieur Bodel sie beruhigen, indem er antwortet: „Mais vous savez, moi aussi, il m'arrive de regarder des filles. Même des boudins dans son genre." Ein weiterer Blick in die Zukunft zeigt Madame Roche und ihren Mann Hadrien auf einer Party. Dort wird sie mit ansehen müssen, wie er eine andere Frau zum Lachen bringt. Am Ende des Abends wird sie ihn daher fragen: „Pourquoi c'est pas moi que tu faisais rire, ce soir?" Hadriens Reaktion wird lauten: „Tu sais bien que ça veut rien dire."

Wer Französisch in der Schule als Fremdsprache lernt und keinen oder nur wenig Kontakt zu Frankophonen hat, wird in diesem wie in zahlreichen anderen Spielfilmen (und selbstverständlich ebenso in der alltäglichen Kommunikation im frankophonen Ausland) wiederholt auf nähesprachliche Äußerungen bzw. Konstruktionen stoßen, denen er im Rahmen seines Französischunterrichts unter Umständen nicht begegnet ist. Im vorliegenden Beispiel sind das die folgenden:

1. die als *familier* markierte Verwendung des Lexems *boudin* „fille mal faite, petite, grosse et sans grâce" (Le nouveau Petit Robert 2010);
2. die Segmentierung *moi aussi, il m'arrive...* ;
3. die Negation ohne *ne*, die sich in den ausgewählten Zitaten zweimal befindet: *c'est pas moi* und *ça veut rien dire*;
4. *ça* anstelle von *cela*.

Es handelt sich hier also um eine lexikalische und drei morphosyntaktische Merkmale der französischen Nähesprache, wobei die morphosyntaktischen Beispiele der Nähesprache im engeren Sinn (i.e.S.) zuzuordnen sind, während es sich bei dem Lexem *boudin* um eine diaphasisch markierte Erscheinung handelt, die zur Nähesprache im weiteren Sinn (i.w.S.) zählt.[13] Die vier Merkmale sind

---

[13] Cf. K/Oe (1990, 164): „Die Fülle der für das gesprochene Französisch i.w.S. kennzeichnenden Lexeme ist eindeutig primär diaphasisch markiert [...]. Man kann nicht ausschließen, dass es bereits einige Lexeme gibt, die jede diaphasische Markierung abgelegt haben

insofern typisch für die französische Nähesprache, als die Unterschiede zur Distanzsprache vor allem in der Morphosyntax und der Lexik liegen. Zur Beantwortung der im Titel dieses Beitrags gestellten Frage wird folglich zu zeigen sein, ob, und wenn ja inwieweit, morphosyntaktische und lexikalische Merkmale der französischen Nähesprache den Unterricht erreicht haben. Zu diesem Zweck werden im Folgenden zwei Lehrbuchdialoge und ein Blog-Auszug aus einem der beiden gegenwärtig im gymnasialen Französischunterricht meist verwendeten Lehrwerke analysiert, und zwar aus dem 2. und dem 3. Band des vier- bzw. fünfbändigen Lehrwerks *À plus!* (Cornelsen-Verlag).[14]

Analyse zweier Lehrbuchdialoge

Will man feststellen, ob Merkmale der französischen Nähesprache Eingang in den Unterricht des Französischen als Fremdsprache finden, so drängt sich eine Analyse der Lehrwerke geradezu auf (cf. Michler 2011). Zum einen gibt es, wie Leupold (2010, 396) zu Recht betont, „kaum Beispiele für einen Unterricht in den ersten Lernjahren, der nicht auf der Grundlage eines Lehrwerks erfolgt"; zum anderen nimmt es „im curricularen Konzept des Fremdsprachenunterrichts eine Mittlerstellung zwischen dem Lehrplan und dem konkreten Unterrichtsgeschehen ein" (Neuner 2007, 399). Trotz der zunehmenden Konkurrenz durch authentische Materialien bestimmt das Lehrwerk als „Input-Lieferant" (Knapp-Potthoff 1999, 98) nach wie vor den Spracherwerb der Sekundarstufe I in wesentlichem Umfang. Cf. Schäfer (2009, 186):

> Das im Unterricht verwendete Lehrwerk liefert das Material (Wortschatz, grammatische Strukturen, Texte), anhand dessen die Fremdsprache erlernt wird und anhand dessen der Lerner seine sprachlichen Fertigkeiten ausbildet. Mit anderen Worten: Der Lerner eignet sich im Spracherwerbsprozess die Sprache an, die ihm im Lehrwerk, insbesondere in den Lehrbuchtexten, präsentiert wird […].

---

und nunmehr als genuin ‚gesprochen' zu betrachten sind. Zu denken wäre hier möglicherweise an *bouquin* oder *rigoler*."

[14] Cf. http://www.cornelsen.de/lehrkraefte/reihe/r-4775/ra/konzept (Zugriff am 20.01.2011). Aus Platzgründen muss sich die Untersuchung auf die beiden erwähnten Bände beschränken. Auch Band 4 und Band 5 enthalten Texte, deren Analyse unter dem Aspekt der Verwendung der französischen Nähesprache interessante Ergebnisse verspricht, beispielsweise der Text „T'es arabe, t'es chelou!" in *À plus!* 4 auf Seite 62.

Auf Grund der zentralen Rolle, die es im schulischen Fremdsprachenunterricht der ersten vier Lernjahre spielt, kommt ihm daher auch für die Frage nach der Integration der französischen Nähesprache in den Unterricht eine bedeutende Rolle zu. Von besonderem Interesse sind in diesem Zusammenhang Dialoge, die nicht nur dadurch Modellcharakter gewinnen, dass sie reale Sprechhandlungen vorbildlich imitieren,

> sondern möglichst auch dadurch, dass sie *authentische Mündlichkeit* nachahmen, d.h. lexikalische Elemente und syntaktische Strukturen der nähesprachlichen Varietät des Französischen funktional angemessen und grammatisch korrekt integrieren. [...] Ob Lehrwerkdialoge heute als ‚authentisch' eingestuft werden, wird nicht zuletzt und zu Recht am Grad ihrer Nähesprachlichkeit festgemacht (Rössler 2010, 31; Hervorhebungen im Original).

Darüber hinaus ist zu fragen, ob Lehrwerke die unterschiedlichen Verwendungskontexte nähe- und distanzsprachlichen Französischs angemessen thematisieren. Die Schüler müssen nämlich lernen,

> that the use or non-use of a particular form depends on the situational circumstances or settings: the fact that one may have 'heard French people say *x*' does not automatically make *x* appropriate at all times. In writing, it is advisable to keep to the norm, unless a deliberately colloquial, probably journalistic, effect is being sought. [...] In spoken usage, foreign students of French should avoid forms classified as 'popular'. [...] But 'familiar' features can certainly be used if the circumstances are relaxed enough and the relationship between the speakers are appropriate: Do they belong to the same age group? Are they social equals or not? Are they friends, acquaintances or strangers? Do they use the **tu** form or the **vous** form to one another? 'Ché pas' for 'je ne sais pas' would probably not be helpful in a job interview: it might well give an unwanted impression of flippancy or even insolence. But it would be perfectly acceptable in a café conversation with friends (Ball 2000, 9f., Hervorhebungen im Original).

In diesem Zusammenhang ist es durchaus sinnvoll, einen kontrastierenden Blick auf das Deutsche zu werfen, wo zum Beispiel die nähesprachliche Dublette von *Auto – Karre* eine negative Markierung aufweist; das französische *bagnole* ist hingegen unter Kommunikationsbedingungen der Nähe absolut wertfrei (cf. Radatz 2003).

1. Dialog: *À plus!* 2, Unité 5, Séquence 3

🎧 **Yann et l'argent de poche**

Clémence: Tu es né quand, Yann?
Yann: Le 3 mars.
Clémence: Ton horoscope est le meilleur du mois. Écoute: «Vous allez bientôt gagner
5 beaucoup d'argent, mais vous devez être prudent ... Ne jetez pas cet argent par les fenêtres ...»
Yann: Je vais gagner de l'argent? Ça tombe bien! J'ai dû payer une nouvelle carte pour mon
10 portable, ce matin. Ce portable, c'est la cata. Je n'ai plus de fric pour le ciné.
Clémence: Tu as un grand-père sympa. Pour le ciné, tu ne peux pas lui demander ...?
Yann: Non, d'abord, il n'a pas beaucoup
15 d'argent. Et ensuite, c'est mon problème. Je paie mes loisirs et mon portable avec mon argent de poche, c'est comme ça.
Mehdi: Tu ne peux pas renoncer à ton portable pour quelques jours? Ça coûte cher et il y a des
20 choses plus importantes, non?
Yann: Pour moi non, c'est le plus important. Comment est-ce que vous faites, vous, pour l'argent? Vous payez quoi avec votre argent de poche?
25 *Clémence:* Mes CD, le ciné, une boisson ... des choses comme ça. Je n'ai pas beaucoup d'argent de poche mais mes parents me donnent aussi deux ou trois euros quand je les aide à la maison ou dans le jardin. Je fais le ménage ou
30 les courses, je lave la voiture, des choses comme ça.

Mehdi: Moi, je voudrais distribuer des journaux ou de la pub mais ils disent que je suis trop jeune. Mon père me donne un billet pour une bonne note, ma grand-mère aussi ... Mais mes
35 notes ne sont pas toujours les meilleures ... Alors, parfois, je sors le chien de mes voisins.
Yann: Tes parents te paient quand tu as une bonne note? Ben, tu as de la chance. Moi, mes parents disent qu'une bonne note, c'est la
40 chose la plus normale du monde.
Clémence: Écoute, tu es le plus riche de nous trois! Mais le moins économe! Tu dépenses trop, c'est tout. Eh ... vous savez quoi? Aux Galeries Lafayette, ils cherchent des mannequins,
45 des ados de dix à quinze ans. Vous pensez que ... hm ... on peut toujours essayer. On est les plus beaux! Yann, tu as ton portable sur toi?
Yann et Mehdi: N'importe quoi ...

Im Lehrbuchdialog *Yann et l'argent de poche* treten drei Jugendliche auf, Yann, Clémence und Mehdi, die im *Approches*-Teil der 1. *Unité* vorgestellt werden. Sie sind etwa 13 Jahre alt, wohnen in Saint-Herblain und besuchen die Klasse *cinquième A* des dortigen *Collège Saint-Dominique*. Eine enge Freundschaft und viele gemeinsame Erlebnisse, so etwa die Teilnahme an einem Schüleraustausch mit der deutschen Partnerschule, verbinden die drei Jugendlichen. Da sie einander gut kennen und sich vertraut sind, sind große Wissensbestände verfügbar, ohne dass diese explizit in Worte gefasst werden müssen. Die den Dialog ergänzende Zeichnung der in eine Zeitung schauenden Jugendlichen belegt, dass eine *face-to-face*-Situation mit drei Personen vorliegt, so dass sehr viel weniger Kontext versprachlicht werden muss, als wenn sich die Kommunikation an eine Vielzahl von Rezipienten oder sogar an eine anonyme Instanz richten würde. Befinden sich die Kommunikationspartner am selben Ort, stehen ihnen nämlich durch den Sichtkontakt neben verbalen Mitteln auch nonverbale Strategien wie Zeigegesten und Mimik zur Verfügung, mit denen sie auf den situativen Kontext Bezug nehmen können, ohne ihn zu versprachlichen. Produktion und Rezeption sind somit direkt aneinander gekoppelt, was eine Steuerung des Fortgangs der Kommunikation durch Bestätigungen und Rückfragen erlaubt. Anwesenheit und Vertrautheit der Partner ermöglichen zudem emotionale Beteiligung und Expressivität. Eine Analyse der Redebeiträge ergibt, dass die Kommunikation dialogisch ist und sich weitgehend spontan entwickelt: Clémence und Yann sind jeweils fünf eigenständige Äußerungen zuzuordnen, Mehdi nur zwei, von denen eine allerdings die längste des gesamten Gesprächs ist. Die letzte Äußerung, *N'importe quoi*, sagen Yann und Mehdi gemeinsam. Da jeweils direkt auf die Bedürfnisse aller eingegangen werden kann, entwickelt sich das Thema frei und ist nicht starr fixiert. Das Gespräch beginnt mit Clémence' Frage nach Yanns Geburtstag, weil sie aus der Zeitung sein Monatshoroskop vorlesen möchte. Ausgehend von dem dort vorhergesagten Geldsegen entwickelt sich in der Folge ein Gespräch über das Taschengeld, das unter anderem zu den Themen ‚Handy' und ‚Schulnoten' führt. Schließlich schlägt Clémence vor, dass sich die drei im Kaufhaus *Galeries Lafayette* als Models bewerben, um dadurch ihr Taschengeld aufzubessern. Die Untersuchung der Kommunikationsbedingungen als Parameter der konzeptionellen Dimension ergibt damit eindeutig, dass die hier vorliegende Situation ein Beispiel für ein am Pol der kommunikativen Nähe anzusiedelndes Gespräch ist. Folglich ist eine an konzeptioneller Mündlichkeit orientierte Sprachverwendung zu erwarten. Mit Blick auf die im Titel dieses Beitrags gestellte Frage wird also zu zeigen sein, ob die Äußerungen in der oben beschriebenen, durch emotionale und raumzeitliche Nähe geprägten Kommunikationssituation auch tatsächlich Elemente der französischen Nähesprache enthalten. Dabei kann es selbstverständlich nicht darum gehen, eine quantitativ möglichst große Anzahl von Charakteristika der Nähesprache in einem einzigen Dialog zu präsentieren. Vielmehr ist zu überprüfen, ob nach erfolgter didaktischer Selektion einzelne Phänomene konzeptioneller Mündlichkeit Eingang in den Lehrwerksdialog gefunden haben.[15]

Bereits die das Gespräch eröffnende Frage *Tu es né quand, Yann?* ist ein solches Phänomen konzeptioneller Mündlichkeit, das zur Nähesprache i.e.S. zählt. K/Oe (1990, 160) halten in Bezug auf Wortfragen dieses Typs fest:

> Ein besonders auffälliger, ganz eigener Typ der Wortfrage, der keine diastratisch / diaphasisch niedrige Markierung mehr trägt, aber nur im gesprochenen Französisch existiert, ist durch die Endstellung des Fragworts gekennzeichnet.

Neben dem oben zitierten Beispiel finden sich in dem untersuchten Dialog zwei weitere Belege für Fragen mit nachgestelltem Fragewort: *Vous savez quoi?* und *Vous payez quoi avec votre argent de poche?* Bei *Vous savez quoi?* (im Singular *Tu sais quoi?*) handelt es sich um eine in der Alltagskommunikation häufig zu hörende rhetorische Frage, mit deren Hilfe der Sprecher eine Neuigkeit oder eine Idee ankündigt, zu der es jedoch keine Alternative mit vorangestelltem Fragewort gibt: *Qu'est-ce que vous savez?* wäre eine vollkommen andere Frage. Dagegen besteht im Fall von *Vous payez quoi avec votre argent de poche?* erneut die Möglichkeit zur Umformulierung mit vorangestelltem Fragewort: *Qu'est-ce que vous payez avec votre argent de poche?*

Ebenfalls typisch für die französische Nähesprache i.e.S. ist der Ersatz des Personalpronomens der 1. Person Plural *nous* durch *on* im Verbparadigma, bei dem Krassin (1994, 117) zufolge „Flexionsabbau und Sprachökonomie [...] zweifellos eine entscheidende Rolle spielen". Im analysierten Dialog findet sich *on* zweimal: *On peut toujours essayer* und *On est les plus beaux*. Während es im ersten Fall die Bedeutung von *man* hat, liegt in der zweiten Äußerung ein klarer Fall der Ersetzung von *nous* durch *on* vor. In distanzsprachlicher Konzeption wäre *Nous sommes les plus beaux* zu erwarten.

Praktisch ausschließliche Verwendung im gesprochenen Französisch findet *ça* anstelle von *cela*. Das in zahlreichen Korpora gesprochener Sprache nachgewiesene hohe Gesamtvorkommen von *ça* ist „auf seine Fähigkeit zum unpersönlich-allgemeinen Ausdruck zurückzuführen" (Krassin 1994, 124). Genau wie *on*

---

[15] Auf universale Merkmale des gesprochenen Französisch, wie etwa Gliederungssignale, wird im Folgenden nicht eingegangen.

ist *ça* sehr vielseitig einsetzbar und scheint sprachökonomischen Bestrebungen zu folgen. Im untersuchten Dialog taucht es insgesamt fünfmal auf: *Ça tombe bien*; *c'est comme ça*; *ça coûte cher*; *des choses comme ça* (zweimal).

Die Satzsegmentierung wird allgemein als eines der typischsten Charakteristika der französischen Nähesprache betrachtet.[16] Der im schulischen Französischunterricht dominierende Konstruktionstyp *Le garçon répare le vélo* mit der Wortstellung S-V-O gilt jedoch nur für das geschriebene Französisch; in konzeptioneller Mündlichkeit kommt die Struktur S-V-O mit lexikalischem Subjekt deutlich seltener vor (cf. Lambrecht 1987). Der untersuchte Lehrbuchdialog weist fünf Beispiele solcher Segmentierungen auf:

Ce portable, c'est la cata.
Moi, mes parents disent qu'une bonne note, c'est la chose la plus normale du monde.
Comment est-ce que vous faites, vous, pour l'argent? (Subjektsegmentierung)
Moi, je voudrais distribuer des journaux ou de la pub... (Subjektsegmentierung)

Eine weitere Technik des gesprochenen Französisch, die sich im untersuchten Dialog wiederfindet, ist die holophrastische Syntax; es handelt sich um „unvollständige Sätze", wie sie in der *face-to-face*-Situation völlig gängig sind: *Clémence: Vous pensez que ... hm ... on peut toujours essayer.*

Auch im lexikalischen Bereich enthält der Dialog typische Merkmale der französischen Nähesprache: Bei *fric* handelt es sich um ein Lexem, das zum *français familier* zählt (cf. Le Nouveau Petit Robert 2010); ebenfalls als *familier* markiert sind die Apokopen *ado*, *ciné*, *cata* und *pub*, die typisch für konzeptionelle Mündlichkeit und besonders häufig in der Sprache Jugendlicher zu finden sind.

Die Analyse des Dialogs belegt, dass „der eigentliche Schwerpunkt der Besonderheiten des gesprochenen Französisch [...] eindeutig im morphosyntaktischen Bereich liegt" (K/Oe 1990, 153). Daneben enthält der Dialog jedoch auch eine Reihe lexikalischer Merkmale der Nähesprache i.w.S., nämlich Lexeme, die auch unter Kommunikationsbedingungen der Nähe eine Registermarkierung tragen, im vorliegenden Fall die des *français familier*. Bedauerlicherweise finden sich allerdings weder im Übungsteil noch in den Lehrerhandreichungen ange-

---

[16] Im Folgenden wird der Begriff der Segmentierung als Oberbegriff verstanden, dem sich sowohl die Dislokationen als auch die Präsentativkonstruktionen zuordnen lassen.

messene Anschlussmöglichkeiten für eine Sensibilisierung der Lernenden für den Gebrauch der französischen Nähesprache.

2. Dialog: *À plus!* 3, Unité 3, Séquence 3

Auch die an diesem Dialog beteiligten Sprecher kennen sich gut und sind miteinander befreundet. Vorausgegangen ist dem Dialog ein Blogeintrag (Séquence 1), in dem Romain unter dem Pseudonym *Socrate* über seine Erfahrungen mit dem Weihnachtsfest berichtet, das er jedes Jahr bei seinem Vater und dessen neuer Familie verbringt. Ebenfalls unter einem Pseudonym, *Saint-Bernard*, hat eine unbekannte Person einen Kommentar zu diesem Bericht auf Romains Blog hinterlassen (Séquence 2). In Séquence 3 spricht Romain nun mit den anderen Jugendlichen des *Club des cinq* (neben Romain sind das Antonia, Brandon, Marion und Tim) über die Rolle von Freunden und findet heraus, wer sich hinter dem Pseudonym *Saint-Bernard* verbirgt.

🎧 **Le rôle des copains**

Le mercredi, le club des cinq se retrouve. Romain a apporté son texte et le poème anonyme.

Je vais bien voir leurs réactions ...

5 Antonia rigole: «C'est pas nous. Juré, promis, craché. C'est pas le rôle des copains de te faire la morale.
 – Et c'est quoi, le rôle des copains? demande Marion.
10 – Leur rôle, c'est de partager les bons moments, dit Tim, de faire ensemble des choses qu'ils aiment bien.
 – Il y a les copains et il y a les amis, dit Antonia, il faut qu'un vrai pote sache te consoler dans les
15 mauvais moments, qu'il te comprenne, il faut que tu puisses lui dire des choses que tu ne peux pas confier aux adultes.
 – Quand tu as un chagrin d'amour, dit Brandon, c'est l'amitié qui te console.
20 – Comme c'est bien dit! rigole Antonia. Mais c'est vrai, les amis sont faits pour parler aussi de choses importantes.
 – Ben justement, le poème parle aussi de choses sérieuses, dit Romain. Tu ne dis rien,
25 Marion?

– Qu'est-ce que tu veux que je te dise? Un vrai ami, il faut qu'il puisse te dire aussi la vérité. Je ne t'ai pas envoyé ce poème, mais ton «Saint-Bernard» n'a pas tout à fait tort.
30 – Je ne sais pas s'il a tort ou raison, dit Brandon, je ne connais pas la famille de Romain, mais ce Saint-Bernard n'a pas d'humour, Romain rigole aussi dans son texte. Moi, j'aime bien le coup de la dinde.
35 – D'accord, y a des choses marrantes, mais t'es pas très sympa avec ta sœur, Romain. Tu veux qu'elle ait des remords parce qu'elle s'entend bien avec Mylène?
 – Oh! Les filles, il faut toujours que vous pre-
40 niez tout au sérieux! dit Brandon.
 – Je voudrais savoir qui m'a envoyé ce poème, dit Romain.
 – Il faudrait d'abord que tu saches qui a ton adresse et qui connaît ton pseudo, à part nous,
45 dit Tim.
 – Justement, personne. Je vois vraiment pas! ... Ah, ça y est, je sais! Je sais à qui j'ai parlé de mon blog et de mon pseudo ... C'était ... Il y a presque un an ...»
50 Il sort son portable, fait un numéro et laisse sonner.
«Zut, elles ne répondent pas ... Je leur laisse un message.»

Eine Überprüfung der Kommunikationsbedingungen, unter denen das Gespräch statt findet, ergibt ein klares Bild: Die Redebeiträge der fünf Freunde werden in einer durch emotionale und raumzeitliche Nähe geprägten Kommunikationssituation geäußert. Da somit auch dieser Dialog nach den Parametern von K/Oe (1990) eindeutig am Pol der Nähe steht, sind erneut Elemente konzeptioneller Mündlichkeit zu erwarten. Aus Platzgründen erfolgt die Auswertung im Folgenden stichpunktartig:

- Negation ohne *ne*: *C'est pas nous.* / *C'est pas le rôle des copains de te faire la morale.* / *... mais t'es pas très sympa avec ta soeur.* / *Je vois vraiment pas.*
- idiomatische Wendung: *Juré, promis, craché!*
- Segmentierungen: *Et c'est quoi, le rôle des copains?* / *Leur rôle, c'est de partager les bons moments.* / *Un vrai ami, il faut qu'il puisse te dire aussi la vérité.* / *Moi, j'aime bien le coup de la dinde.*
- e caduc: *... mais t'es pas très sympa avec ta soeur.*
- zu *y a* erstarrtes *il y a*: *D'accord, y a des choses marrantes ...*
- diaphasisch markierte Lexik: *pote / rigoler*[17] */ zut*
- Apokopen: *pseudo / sympa*

Als Fazit kann somit festgehalten werden, dass auch dieser Dialog eine Reihe von Merkmalen der französischen Nähesprache enthält.[18] Erneut ist allerdings zu bedauern, dass das Lehrwerk die Verwendung dieser Merkmale nicht näher thematisiert und damit die Möglichkeit zum Aufbau und zur Entwicklung von Sprachbewusstheit auf Schülerseite verpasst.

Analyse eines Blogs

Neben der Untersuchung der Dialoge bietet sich die Analyse von in Lehrwerken enthaltenen Auszügen aus Chats, Internetblogs und Tagebüchern an, die, obwohl sie schriftlich realisiert sind, eine Reihe von Merkmalen der Nähesprache auf-

---

[17] Zum Status von *rigoler* cf. Fußnote 13.
[18] Die hohe Zahl der im Dialog vorkommenden *subjonctif*-Formen (z.B. *il faudrait que tu saches*) steht in starkem Gegensatz zu den Elementen konzeptioneller Mündlichkeit und wirkt extrem unauthentisch.

wiesen. Frank-Job (2009, 83) betont zu Recht, dass „eines der herausragenden sprachlichen Merkmale des Chat [...] die graphische Wiedergabe typisch nähesprachlicher Eigenheiten der gesprochenen Sprache [ist]" und konstatiert in diesem Zusammenhang eine „Annäherung der geschriebenen Sprache an die gesprochene Nähesprache".

> Die Interaktanten geben also graphisch wieder, was sie in einer vorgestellten mündlichen face-to-face-Situation äußern würden. Auf diese Weise entwickeln sie neue Konventionen für das Geschriebene, die sowohl die Regeln der Morphosyntax des Standardfranzösischen als auch die Orthographieregeln aufheben (loc. cit.).

Zwar kann bei der Textsorte „Blog" nicht von einer hundertprozentigen Nähekommunikation ausgegangen werden, weil sie in einigen Merkmalen davon abweicht (z.B. physische Nähe), dennoch können Blogs als polnah eingestuft werden und finden deshalb auch im Rahmen dieses Beitrags Berücksichtigung.

À plus! 3, Unité 3, Séquence 1: La dinde attend son heure
Tatsächlich finden sich in Romains Blog (Séquence 1), der dem oben untersuchten Dialog vorausgeht, zahlreiche Charakteristika der französischen Nähesprache:

- Negation ohne *ne*: *En maths, la prof s'est énervée contre moi, je sais même pas pourquoi!* / *Je suis crevé et j'ai encore rien fait pour demain.*
- *on* anstelle von *nous*: *L'année dernière, elles se sont amusées avec nos jeux électroniques, on est allés sur Internet ...* / *Et on a pas mal discuté.*
- *ça* anstelle von *cela*: *Je me suis disputé avec mon père au téléphone. Depuis que mes parents se sont séparés, ça arrive assez souvent.*
- zu *y a* erstarrtes *il y a*: *Heureusement, y a aussi Florence et Camille, ...*
- zweigliedrige Struktur *il y a x qui*[19], hier erstarrt zu *y a*: *Le lendemain, y a les parents de Mylène qui arrivent avec leurs cadeaux.*
- diaphasisch markierte Lexik: *la prof* / *On a pas mal discuté.* / *une boutique de fringues*
- Charakteristika der Chat-Sprache: *C moi* (für *C'est moi*)[20]

---

[19] Zur Funktion zweigliedriger Strukturen cf. Wehr (2000).
[20] Auffällig ist bei der näheren Beschäftigung mit Chatsprache zum einen, dass aus der Mündlichkeit bekannte Sprachmuster verstärkt in geschriebener Form erscheinen, was an-

Gerade die rasanten Entwicklungen in den Neuen Medien und die große Rolle, die Websites für die Bildung und Unterhaltung sozialer Netzwerke spielen, stellen einen weiteren Grund für die berechtigte Forderung nach der Berücksichtigung der französischen Nähesprache im Unterricht dar. Angesichts der großen Rolle, die Internetchats oder -foren für die Freizeitgestaltung von Jugendlichen besitzen, erscheint es mehr als naheliegend, sie auch im Rahmen des Französischunterrichts mit den Merkmalen der Nähesprache zu konfrontieren. Der klassische Brief an den französischen Austauschpartner ist längst Vergangenheit; heute wird gemailt oder über *Facebook* miteinander kommuniziert. Zu Recht mahnt Meißner (2003, 274):

> [...] l'enseignement doit trouver sa place dans la société telle qu'elle est. Il n'a pas de choix. Pour les cours de français, cela signifie qu'il ne faut pas enseigner *contre* les médias, mais exploiter leurs avantages.

Fazit der Lehrwerkanalyse

Die Analyse hat ergeben, dass es sich bei den untersuchten Dialogen um Kommunikationsformen handelt, die durch Kommunikationsbedingungen wie Privatheit, Vertrautheit der Partner, starke emotionale Beteiligung, Situations- und Handlungseinbindung, referentielle sowie physische Nähe, maximale Kooperation bei der Produktion, Dialogizität, Spontaneität und freie Themenentwicklung definiert sind. Es ist erfreulich, dass sich diese Parameter, die den Nähepol beschreiben, in den Dialogen durch die Berücksichtigung konzeptioneller Mündlichkeit widerspiegeln. Ebenfalls positiv zu bewerten ist die Sprachverwendung in dem analysierten Blog, der neben konzeptioneller Mündlichkeit auch die für Chatsprache charakteristische Form der Schriftlichkeit präsentiert. Es soll jedoch nicht verschwiegen werden, dass die untersuchten *Séquences* als Musterbeispiele der beiden Bände 2 und 3 des Lehrwerks gelten können. Zahlreiche andere Dialoge, die sich ebenfalls durch für den Nähepol charakteristische Kommunikationsbedingungen beschreiben lassen, enthalten keine oder nur

---

satzweise auch in Privatbriefen und in der literarischen Nachformung von gesprochener Sprache der Fall ist. Zum anderen, und dieser Fall liegt in obigem Beispiel *C moi* vor, werden die traditionellen Ausdrucksweisen der Schriftlichkeit unter den medialen Bedingungen des Chats durch neue Formen des Schreibens ersetzt (cf. Kailuweit 2009, 2).

wenige Merkmale gesprochener Sprache. Dies ist wohl der Tatsache geschuldet, dass Lehrwerke den Schülern sprachliche Muster für die eigene Produktion bereit stellen und es in der Sekundarstufe I vermessen erschiene, wollte man von Lernern produktive Kompetenzen in Nähe- *und* Distanzsprache erwarten. Ein solches Vorgehen würde das Image des „schwierigen Französisch" zusätzlich verstärken und gegebenenfalls die bereits jetzt sehr hohen Zahlen derjenigen, die Französisch zu Beginn der gymnasialen Oberstufe abwählen, noch steigen lassen.

Zusammenfassend kann festgehalten werden, dass in *À plus!*, im Unterschied zu älteren Lehrwerken[21], die sich fast ausschließlich am *français standard* orientiert haben, eine Reihe repräsentativer Elemente der französischen Nähesprache Eingang gefunden haben. Die exemplarische Analyse ausgewählter Texte hat ergeben, dass neben Merkmalen der nähesprachlichen Morphosyntax auch zahlreiche nähesprachliche Lexeme in das Lehrwerk aufgenommen wurden. Kritisch anzumerken ist jedoch, dass die Verwendungsweise und die kommunikationsspezifische Funktion der französischen Nähesprache an keiner Stelle im Lehrwerk zufriedenstellend thematisiert werden.[22] Auch dass die in den Texten bzw. Dialogen enthaltenen Merkmale der französischen Nähesprache im Übungsteil nicht stärker aufgegriffen werden, ist zu bedauern. So gibt es beispielsweise zum Dialog „Le rôle des copains" keine einzige Aufgabe, die die Lerner für die Besonderheiten des gesprochenen Französisch sensibilisiert. Hier ist die Eigeninitiative der Unterrichtenden gefragt, sollen die zahlreichen Beispiele für konzeptionelle Mündlichkeit nicht unkommentiert bleiben. Enttäuschend sind auch die wenigen Erläuterungen der Handreichungen für den Unterricht, die keinesfalls

---

[21] Cf. Thiele-Knobloch (1989, 48): „Solange für Lehrwerkautoren das français familier in Lexik und Syntax verpönt ist, werden ihre Dialoge nicht zu den Personen und Situationen, von denen sie handeln, passen. Jegliche Entwicklung von Sprachgefühl, d.h. nicht zuletzt ein sicherer Umgang mit den Registern und der Differenzierung von français écrit und oral, bleibt somit verstellt." Ebenfalls interessant ist der Befund von Meißner (1999, 156): „Ainsi une analyse lexicale du *Cours de Base*, une des méthodes les plus usuelles dans les établissements scolaires en Allemagne dans les années quatre-vingts, a-t-elle révélé que le vocabulaire central du français parlé – défini comme répertoire des mots qui ne se conforment pas à la norme de l'écrit, mais dont on se sert fréquemment [...] – est largement absent. Le nombre de lemmes incorporés ne remonte qu'à quatorze vocables."

[22] Zu einem sehr ähnlichen Ergebnis gelangt Schäfer (2009) nach der Analyse der drei ersten Bände des Lehrwerks *Tous ensemble* (Klett-Verlag).

immer eine Hilfe darstellen, etwa wenn die Negation ohne *ne* oder *y a* anstelle von *il y a* im Blog „La dinde attend son heure" als „Elemente des *français familier*" (Wieners 2005, 68) bezeichnet werden. Beide Phänomene sind in Äußerungen, die unter Kommunikationsbedingungen der Nähe entstehen, die Regel, d.h. sie sind sprachstilistisch neutral ohne Registermarkierung zu interpretieren. Hier zeigt sich, dass gesprochene Sprache noch immer mit einem niedrigen Register gleichgesetzt wird.[23]

Schlussbemerkungen

Wenn die von Caspari (2010, 17) aufgestellten Prinzipien modernen Französischunterrichts, die unter anderem die Orientierung an den Kompetenzen, Bedürfnissen und Interessen der Schüler, die Schaffung von vielfältigen Gelegenheiten zu möglichst authentischem sprachlichem Handeln sowie die Öffnung des

---

[23] Ein ähnliches Beispiel für die falsche Interpretation von sprachlichen Fakten findet sich in den Abiturklausurtexten für das Grundkursfach Französisch im Hessischen Landesabitur 2007. Bei einem der drei Texte handelte es sich um den Beginn des Romans *Bord de mer* von Véronique Olmi. Zum besseren Verständnis des Textauszugs erhielten die Schüler die folgende Zusatzinformation: „L'extrait suivant est le début du roman. La narratrice emploie un langage très familier, par exemple elle ne prononce pas l'élément « ne » de la négation. C'est un indice de son niveau culturel très modeste."

Tatsächlich wird hier ein Phänomen der französischen Gegenwartssprache, das durch nichts anderes als durch das Merkmal ‚gesprochensprachlich' charakterisiert ist, falsch interpretiert. Wie K/Oe (1990) betonen, dürfen „bestimmte einzelsprachliche Erscheinungen des Französischen genau nur als ‚gesprochen' gekennzeichnet werden" (K/Oe 1990, 150). Zu diesen Erscheinungen zählt eben auch das Fehlen der Negationspartikel *ne*. Die den Abiturienten gegebene Information ist damit schlicht falsch, sie ist jedoch insofern charakteristisch für die Frage nach dem Umgang mit der französischen Nähesprache im Unterricht des Französischen als Fremdsprache, als hier eine Erscheinung des gesprochenen Französisch im engeren Sinne mit einer diaphasischen Markierung gleichgesetzt wird. Diese Markierung wird darüber hinaus als Beleg für einen weniger gebildeten Sprecher bewertet. Ein solches Vorgehen leistet der von Scotti-Rosin (1993, 111) beklagten „simplifizierenden Gleichsetzung von gesprochenem und schlechtem Französisch" weiter Vorschub. Cf. hierzu auch Blanche-Benveniste (2000, 5): „Opposer la langue parlée à la langue écrite a longtemps été, pour le grand public, une affaire de combat entre le bien et le mal: langue parlée spontanée, éventuellement pittoresque, mais à coup sûr fautive; langue écrite policée, témoignant, surtout grâce à l'orthographe, de la **vraie grammaire** de la langue. La notion même de **langue parlée** est souvent encore liée aux versants négatifs de la langue: fautes, inachèvements, particularités des banlieues délinquantes, etc" (Hervorhebungen im Original).

Fachunterrichts in Bezug auf die außerschulische Lebenswelt beinhalten, Ernst genommen werden, führt kein Weg an der französischen Nähesprache vorbei. Tatsächlich hat die Untersuchung ausgewählter Texte des Lehrwerks *À plus!* gezeigt, dass eine Reihe von Merkmalen der französischen Nähesprache Eingang in die Lektionstexte gefunden haben. Dass diese Erscheinungen des gesprochenen Französisch vom Lehrwerk häufig nicht ausreichend thematisiert werden und die Qualität der Didaktisierung hinter den Erwartungen zurück bleibt, führt dazu, dass Unterrichtende an dieser Stelle die Schwächen des Lehrwerks kompensieren müssen. Ob sie dazu auch tatsächlich in der Lage sind, hängt zu einem großen Teil von den Inhalten ihrer sprachwissenschaftlichen Ausbildung zusammen. Nach wie vor besuchen viele Lehramtsstudierende linguistische Lehrveranstaltungen, in denen nur selten ein Bezug zu ihrer späteren Tätigkeit als Französischlehrer hergestellt wird. Dass die sprachwissenschaftlichen Inhalte des Studiums in der späteren Unterrichtspraxis bestenfalls eine untergeordnete Rolle spielen, ist insofern zu bedauern, als

> die Anknüpfungspunkte zwischen sprachwissenschaftlicher Forschung und schulischem Französischunterricht eigentlich vielfältig [sind]. Sie betreffen zum einen die Unterrichtsinhalte, etwa wenn es darum geht festzulegen, welches Französisch unterrichtet werden soll. Zum anderen beeinflussen sprachwissenschaftliche Theorien das Verständnis, das FachdidaktikerInnen (sic!) in Schule, Verlag und Universität von Schule haben, und wirken sich so auf Unterrichtsziele, -methoden und -materialien aus (Thörle 2008, 131).[24]

Obwohl die Frage des Verhältnisses von Fachwissenschaften und Fremdsprachendidaktik seit einigen Jahren verstärkt diskutiert wird (cf. die Bände von Schumann & Steinbrügge 2008 und Dahmen et al. 2009), erscheint eine Vertiefung des begonnenen Dialogs dringend geboten. Beide Seiten, die Fachwissenschaften ebenso wie die Fachdidaktik, sind gut beraten, wenn sie weiter aufeinander zugehen. Mit Blick auf ihre spätere Tätigkeit sollten zukünftigen Lehrern im Rahmen ihres Fremdsprachenstudiums literatur- bzw. sprachwissenschaftliche Lehrveranstaltungen angeboten werden, die einen Bezug zu Fragen der

---

[24] Cf. auch Polzin-Haumann (2008, 161): „[...] wichtige Anknüpfungspunkte bietet die universitäre linguistische Lehre selbst. Gerade weil aus Lernern zukünftige LehrerInnen (sic!) werden, ist es sinnvoll, schon in der linguistischen Ausbildung Bezüge zum Fremdsprachenunterricht herzustellen und fachliche Inhalte mit Blick auf Vermittlungsprozesse zu vermitteln."

Fremdsprachenvermittlung aufweisen. Gleichzeitig muss sich die universitäre Fachdidaktik verstärkt der Aufgabe annehmen, die fachwissenschaftlichen Teilgebiete des Studiums unter fachdidaktischen Aspekten aufzugreifen und in berufsorientierender Perspektive miteinander zu verknüpfen.

Bibliographie

ÁGEL, Vilmos & HENNIG, Mathilde. 2010. „Einleitung", in: ead. edd. *Nähe und Distanz im Kontext variationslinguistischer Forschung*. Berlin & New York: De Gruyter, 1-19.

BALL, Rodney. 2000. *Colloquial French Grammar: A Practical Guide*. Oxford: Blackwell.

BLANCHE-BENVENISTE, Claire. 2000. *Approches de la langue parlée en français*. Paris: Ophrys.

CASPARI, Daniela. 2010. „Französischunterricht in Deutschland – aktuelle Situation und Zukunftsperspektiven", in: Porsch, Raphaela et al. edd. *Standardbasierte Testentwicklung und Leistungsmessung. Französisch in der Sekundarstufe I*. Münster: Waxmann, 11-24.

DAHMEN, Wolfgang et al. ed. 2009. *Romanische Sprachwissenschaft und Fachdidaktik: Romanistisches Kolloquium XXI*. Tübingen: Narr.

DE FLORIO-HANSEN, Inez. 2010. „Authentizität und Kompetenzorientierung beim Lernen und Lehren von Fremdsprachen", in: Frings, Michael & Leitzke-Ungerer, Eva. edd. *Authentizität im Unterricht romanischer Sprachen*. Stuttgart: ibidem, S. 263-282.

DELAHAIE, Juliette. 2010. „La grammaire du français parlé en classe de FLE, un problème d'enseignement ou un problème de contenu?", in Galatanu, Olga et al. edd. *Enseigner les structures langagières en FLE*. Bruxelles et al.: Lang, 183-192.

DÜRSCHEID, Christa. 2006: *Einführung in die Schriftlinguistik*. 3., überarb. und ergänzte Auflage. Göttingen: Vandenhoeck & Ruprecht.

FRANK-JOB, Barbara. 2009. „Formen und Folgen des Ausbaus französischer Nähesprache in computervermittelter Kommunikation", in: Pfänder, Stefan et al. edd. *FrankoMedia: Aufriss einer französischen Sprach- und Medienwissenschaft*. Berlin: Berliner Wissenschafts-Verlag, 71-88.

HENNIG, Mathilde. 2000. „Können geschriebene und gesprochene Sprache überhaupt verglichen werden?", in: *Jahrbuch der Ungarischen Germanistik*, 105-125.

KAILUWEIT, Rolf. 2009. „Konzeptionelle Mündlichkeit!? Überlegungen zur Chat-Kommunikation anhand französischer, italienischer und spanischer Materialien", in: *PhiN* 48, 1-19.

KOCH, Peter & OESTERREICHER, Wulf. 1990. *Gesprochene Sprache in der Romania. Französisch, Italienisch, Spanisch*. Tübingen: Niemeyer.

KOCH, Peter & OESTERREICHER, Wulf. 1994. „Schriftlichkeit und Sprache", in: Günther, Hartmut & Ludwig, Otto. edd. *Schrift und Schriftlichkeit/Writing and Its Use. Ein interdisziplinäres Handbuch internationaler Forschung/An Interdisciplinary Handbook of International Research*, 2 Bde., Berlin & New York: de Gruyter, Bd. 1, 587-604.

KNAPP-POTTHOFF, Annelie. 1999. „Zur Rolle von Lernmaterial für Fremdsprachenlernen, Fremdsprachenlehrerausbildung und Fremdsprachenforschung", in: Bausch, Karl-Richard et al. edd. *Die Erforschung von Lehr- und Lernmaterialien im Kontext des Lehrens und Lernens fremder Sprachen*. Tübingen: Narr, 97-104.

KRASSIN, Gudrun. 1994. *Neuere Entwicklungen in der französischen Grammatik und Grammatikforschung*. Tübingen: Niemeyer.
KULTUSMINISTERKONFERENZ. 2003. *Bildungsstandards für die erste Fremdsprache (Englisch/ Französisch) für den Mittleren Bildungsabschluss. Beschluss vom 4.12.2003*. http://db2.nibis.de/1db/cuvo/datei/bs_ms_kmk_erste_fremdsprache.pdf [letzter Zugriff am 20.01.2011].
LAMBRECHT, Knud. 1987. „On the status of SVO sentences in French discourse", in: Tomlin, Russell. ed. *Coherence and grounding in discourse*. Amsterdam et al.: John Benjamins, 217-261.
LEUPOLD, Eynar. 2010. *Französisch lehren und lernen. Das Grundlagenbuch*. Seelze: Klett / Kallmeyer.
MEIßNER, Franz-Joseph. 1999. „Vers l'intégration de la langue parlée dans l'enseignement du FLE", in: *französisch heute* 30/2, 155-165.
MEIßNER, Franz-Joseph. 2003. „Confusions didactiques entre code écrit et code parlé. La faute et quatorze paradoxes de l'enseignement de FLE", in: *französisch heute* 34/3, 272-285.
MICHLER, Christine. 2011. „Normsprache, *français familier* und Jugendsprache im Französischunterricht", in: Frings, Michael & Schöpp, Frank. edd. *Varietäten im Französischunterricht. 1. Französische Fachdidaktiktagung am Gutenberg-Gymnasium (Mainz)*. Stuttgart: ibidem, 35-48.
NEUNER, Gerhard. [5]2007. „Lehrwerke", in: Bausch, Karl-Richard et al. edd. *Handbuch Fremdsprachenunterricht*. Tübingen & Basel: Francke, 399-402.
POLZIN-HAUMANN, Claudia. 2008. „Lernziel kommunikative Kompetenz: Beitrag zu einem Dialog von (romanistischer) Sprachwissenschaft mit Sprachlehrforschung und Fremdsprachendidaktik", in: Schumann, Adelheid & Steinbrügge, Lieselotte. edd. *Didaktische Transformation und Konstruktion. Zum Verhältnis von Fachwissenschaft und Fremdsprachendidaktik*. Frankfurt a.M. et al.: Lang, 147-166.
RADATZ, Hans-Ingo. 2003. „‚Parallelfranzösisch': zur Diglossie in Frankreich", in: id. & Schlösser, Rainer. edd. *Donum Grammaticorum. Festschrift für Harro Stammerjohann*. Tübingen: Niemeyer, 235-250.
REY, Alain & REY-DEBOVE, Josette. 2010. *Le Nouveau Petit Robert. Dictionnaire alphabétique et analogique de la langue française*. Paris: Le Robert.
RÖSSLER, Andrea. 2010. „Zur Frage der Authentizität von Lehrwerkdialogen für den Französischunterricht", in: Frings, Michael & Leitzke-Ungerer, Eva. edd. *Authentizität im Unterricht romanischer Sprachen*. Stuttgart: ibidem, 27-44.
SCHÄFER, Patrick. 2009. „Nähesprachliche Syntax und Lexik im Französischunterricht. Möglichkeiten zur Förderung mündlicher Kompetenzen", in: Bachmann-Stein, Andrea & Stein, Stephan. edd.: *Mediale Varietäten. Gesprochene und geschriebene Sprache und ihre fremdsprachendidaktischen Potenziale*. Landau: Verlag Empirische Pädagogik, 181-210.
SCHREIBER, Michael. 1999. *Textgrammatik – Gesprochene Sprache – Sprachvergleich*. Frankfurt a.M. et al.: Lang.
SCHUMANN, Adelheid & STEINBRÜGGE, Lieselotte. edd. 2008. *Didaktische Transformation und Konstruktion. Zum Verhältnis von Fachwissenschaft und Fremdsprachendidaktik*. Frankfurt a.M. et al.: Lang.
SCOTTI-ROSIN, Michael. 1993. „Gesprochene Sprache im Französischunterricht", in: *Neusprachliche Mitteilungen aus Wissenschaft und Praxis* 2, 111-118.

SÖLL, Ludwig. ³1985: *Gesprochenes und geschriebenes Französisch*. Berlin: Schmidt.
THIELE-KNOBLOCH, Gisela. 1989. „Die Versprachlichung von Gefühlen: Affektive Lernziele in den meistbenutzten Lehrwerken des Französischen", in: *französisch heute* 20/1, 39-52.
THÖRLE, Britta. 2008. „Zur Beziehung zwischen Sprachwissenschaft und Fachdidaktik in der Ausbildung von FranzösischlehrerInnen", in: Schumann, Adelheid & Steinbrügge, Lieselotte. edd. *Didaktische Transformation und Konstruktion. Zum Verhältnis von Fachwissenschaft und Fremdsprachendidaktik*. Frankfurt a.M. et al.: Lang, 131-146.
WEBER, Corinne. 2006. „Pourquoi les Français ne parlent-ils pas comme je l'ai appris?", in: *Le Français dans le Monde* 345, o.S. http://frabel.canalblog.com/archives/2007/11/19/6942749.html [letzter Zugriff am 20.01.2011].
WEHR, Barbara. 2000. „Zur Beschreibung der Syntax des *français parlé* (mit einem Exkurs zu ‚thetisch' und ‚kategorisch')", in ead. & Thomaßen, Helga. edd. *Diskursanalyse. Untersuchungen zum gesprochenen Französisch. Akten der gleichnamigen Sektion des 1. Kongresses des Franko-Romanisten-Verbands (Mainz, 23.-26. September 1998)*, Frankfurt a.M. et al.: Lang, 239-289.
WIELAND, Katharina. 2011. „Le langage des jeunes = le langage des cités = le verlan!? – Jugendsprache als Lerngegenstand des Französischunterrichts", in: Frings, Michael & Schöpp, Frank. edd. *Varietäten im Französischunterricht. 1. Französische Fachdidaktiktagung am Gutenberg-Gymnasium (Mainz)*. Stuttgart: ibidem, 49-63.
WILLWER, Jochen. 2010. „Chance oder Risiko der Authentizität? Das *français parlé* im Unterricht der Sekundarstufe I", in: Frings, Michael & Leitzke-Ungerer, Eva. edd. *Authentizität im Unterricht romanischer Sprachen*. Stuttgart: ibidem, 95-112.

Lehrwerke

BÄCHLE, Hans et al. 2005. *À plus! 2*. Berlin: Cornelsen.
GREGOR, Gertraud et al. 2006. *À plus! 3*. Berlin: Cornelsen.
GREGOR, Gertraud et al. 2007. *À plus! 4 – cycle court*. Berlin: Cornelsen.
WIENERS, Daniela. 2005. *À plus! 2. Handreichungen für den Unterricht mit Kopiervorlagen*. Berlin: Cornelsen.
WIENERS, Daniela. 2005. *À plus! 3. Handreichungen für den Unterricht mit Kopiervorlagen*. Berlin: Cornelsen.

Ein linguistischer Blick auf Französisch-Lehrwerke: Varietäten in *À plus!* und *Découvertes*

Bettina Stadie (Göttingen)

Fremdsprachliche Lehrwerke sind seit jeher ein Zankapfel: Nehmen sie insbesondere in der Sekundarstufe I nach wie vor eine zentrale Stellung ein, fordern Kritiker immer wieder ihre Abschaffung zugunsten des alleinigen Gebrauchs authentischer Materialien. Unterricht ganz ohne Lehrwerk ist dennoch nach wie vor nicht die Regel. Für Lernende hat es sprachliche Modellfunktion, für Lehrende bietet es ein inhaltliches und formales Gerüst zum Aufbau ihrer Unterrichtseinheiten. Diese zentrale Position von Lehrwerken gibt Anlass, sie einmal einem linguistischen Blick zu unterziehen und zu überprüfen, welchen didaktischen Umgang die Autoren mit sprachlichen Varietäten vorschlagen.

An Begründungen für die Relevanz von Varietäten im Unterricht mangelt es nicht. Sie lässt sich aus aktuellen Konzepten modernen fremdsprachlichen Unterrichts herleiten und wird gleichzeitig durch theoretische Gerüste wie den *Gemeinsamen europäischen Referenzrahmen* (vgl. Europarat 2001), die *Bildungsstandards* (vgl. Kultusministerkonferenz 2003) und den curricularen Vorgaben der einzelnen Bundesländer gestützt – wenngleich dies auch nicht in systematischer Form geschieht.

Darüber, wie Lehrkräfte diesen theoretischen Forderungen im täglichen Unterricht gerecht werden können, lassen sich schwerlich pauschale Aussagen treffen. Eine gewisse Grundlage und Hilfe dazu bieten jedoch fremdsprachliche Lehrwerke. Gegenstand dieses Beitrags sind die vierten und fünften Bände von *À plus!* und *Découvertes*, zwei der derzeit am meisten in Anspruch genommenen Lehrwerke für den gymnasialen Französischunterricht. Untersucht werden jeweils der Schülerband sowie das dazugehörige Lehrerbuch (*Découvertes*) bzw. die „Handreichungen für den Unterricht" (*À plus!*). In dieser Analyse soll ein kritischer Blick darauf geworfen werden, ob sprachliche Varietäten in den Lehrwerken repräsentiert sind und wie sie jeweils didaktisiert werden.

Zur Vorgehensweise

In der zugrunde liegenden Examensarbeit wurden nicht nur explizite Didaktisierungen von Varietäten in Form von Übungen und Hinweisen auf Sprachvariation in den Lehrwerken untersucht. Es wurde auch dasjenige Textkorpus in den Blick genommen, in dem zwar markierte Sprache vorkommt, die jedoch nicht direkt Gegenstand der Lektion ist. Dieser Aspekt wird im vorliegenden Beitrag nicht weiter verfolgt; das Hauptaugenmerk liegt auf der expliziten Didaktisierung sprachlicher Varietäten.

Nach den einzelnen Formen sprachlicher Variation aufgeschlüsselt, ergeben sich folgende Regeln für die Zuordnung: Als diatopische Varietäten wurden Phänomene aufgenommen, die in irgendeiner Weise aufgrund regionaler Einflüsse markiert sind. Unter diastratischen Varietäten wurden sprachliche Erscheinungen gefasst, die Einflüsse von Fachsprachen, Jugendsprache oder der Sprache sonstiger sozialer Gruppen als Markierungen enthalten. Im Hinblick auf diaphasische Varietäten erfolgte die Analyse vor dem Hintergrund von Textsorten. Dazu wurden einige Lektionstexte, die eine auffällige Verdichtung von Markierungen aufweisen, zunächst daraufhin untersucht, ob eine (außerschulische) Textsorte identifizierbar ist. Anschließend wurde überprüft, ob das gewählte Register mit dieser Textsorte korrespondiert oder im Widerspruch zu ihr steht.

Konzeption der Lehrwerke hinsichtlich sprachlicher Varietäten

Um den vorgesehenen Stellenwert sprachlicher Varietäten in den Lehrwerken zu bestimmen, ist ein kurzer Blick auf die konzeptionellen Prämissen der Autorinnen und Autoren von Interesse.

In *Découvertes* etwa wird als Ziel die „Vermittlung eines authentischen, an realen Kommunikationssituationen orientierten Französisch [...]" formuliert (Dcv 4 Lb, 3[1]). Ein direkter Hinweis auf die Sprachnorm, an der sich das Buch orientiert, ist in beiden Lehrerbüchern unter „Wortschatz und Redemittel" zu finden: „Sprachlich orientiert sich das Lehrwerk am *français standard*. Gele-

---

[1] Folgende Abkürzungen werden für das untersuchte Lehrmaterial verwendet: *À plus!*-Schülerbuch: ‚Ap Sb', *À plus!*-Lehrer-Handreichungen: ‚HRU', *Découvertes*-Schülerbuch: ‚Dcv Sb' und *Découvertes*-Lehrerbuch: ‚Dcv Lb'.

gentlich werden Registerunterschiede zum *français familier* und zur Jugendsprache thematisiert" (Dcv 4 Lb, 6 und Dcv 5 Lb, 6). Eine Öffnung wird damit offenbar vor allem in Richtung der diaphasischen Sprachvariation anvisiert. Dabei ist von besonderem Interesse, welche Folgen die hier vorliegende Subsumierung des Soziolekts Jugendsprache unter die Kategorie Register für die Didaktisierung in den einzelnen Lektionen hat.

À plus! will einen „schülerorientierten und kommunikativ ausgerichteten Weg der Vermittlung der französischen Sprache" (Ap 4 HRU, 4) einschlagen. An welcher sprachlichen Norm sich das Schülerbuch dabei orientiert, ist nicht ersichtlich. Auf die Didaktisierung von Varietäten finden sich nur indirekte Hinweise: So treten ab dem vierten Band keine Lehrwerksfiguren mehr auf, „die Lebenswirklichkeit französischer und frankophoner Jugendlicher" (ebd., 5) soll aber weiterhin eine zentrale Rolle spielen und legt Texte und Übungen zur Jugendsprache und zu informellen Registern nahe. Auf das Vorkommen von Fachsprachen lassen die bilingualen Module von *À plus!* 4 schließen, die den Lehrenden erlauben sollen, „ein Sachfach auf Französisch zu unterrichten" (ebd.). Besonderen Wert auf Authentizität wird in den fakultativen *Entractes* gelegt, in denen „die unmittelbare Begegnung mit authentischen Texten im Vordergrund" (Ap 4 HRU, 6) steht. Von Interesse ist dabei besonders, welche Verbindung zwischen Authentizität, sprachlichen Varietäten und ihrer Didaktisierung in den Lehrwerken besteht.

Didaktisierung von Varietäten in *À plus!* und *Découvertes*

Diatopische Varietäten in *Découvertes* 4

Lektion 5 in *Decouvertes* 4 thematisiert die französischen Überseedépartements Guadeloupe und Martinique. Zur Erschließung des Themas sehen die Autoren Stationenarbeit vor, die auch für „sprachliche Besonderheiten" (Dcv 4 Lb, 73) der Inseln sensibilisieren soll. Dieses Ziel wird besonders in den ersten drei Aufgaben der Station 4 verfolgt, die die Schüler mit Hilfe einer von der Verlagshomepage (www.klett.de/extra) herunterzuladenden *fiche de travail* bearbeiten sollen. Die erste Aufgabe stützt sich dabei auf folgenden Text:

> Le français est la langue officielle en Guadeloupe, en Martinique et en Guyane. Mais quand on descend dans la rue, on entend aussi une langue qu'on ne comprend pas: le

créole. Ses racines sont françaises mais beaucoup d'autres langues, surtout amérindiennes ou africaines, ont apporté leurs mots et leur grammaire au français qu'on parlait dans les plantations au temps de l'esclavage. Comme les esclaves venaient de différentes régions d'Afrique, ils ont dû inventer une nouvelle langue pour communiquer. Aujourd'hui, cette langue est devenue la langue maternelle de beaucoup d'Antillais (Dcv 4 Sb, 60).

Die Kreolsprache wird aus synchroner Sicht charakterisiert und dabei auf einer sozialen Ebene kontextualisiert: *Dans la rue* verweist dabei auf ein diastratisch als niedrig eingestuftes Register. Kontrastiert wird diese *langue de la rue* mit dem Französischen als *langue officielle*. Anschließend wird die Kreolsprache aus diachronischer Sicht durch Hinweise auf ihre französischen Wurzeln, indianische und afrikanische Einflüsse sowie durch ihre Funktion als Verkehrssprache zu Zeiten der Sklaverei beleuchtet. Ein wichtiger Aspekt des Begriffs bleibt dabei unerwähnt: Kreolsprachen sind nicht zwingend Frankokreolsprachen, sondern können auch auf dem Englischen, Spanischen oder Niederländischen basieren. Überzeugender ist in diesem Punkt die entsprechende Lektion in *À plus!* 5, die eine solche Differenzierung leistet:

> Der Wortschatz basiert – in Abhängigkeit von der jeweiligen Kolonialmacht – auf dem Portugiesischen, Französischen, Spanischen, Englischen oder dem Niederländischen. In den ehemaligen französischen Kolonien der Kleinen Antillen, wie z.B. in Guadeloupe oder Martinique wird demzufolge ein Kreolisch gesprochen, das auf dem Französischen basiert (Ap 5 Sb, 148).

Durch die Vorgabe der Begriffsklärung von *créole* in *Découvertes* bleiben Chancen zur Eigenaktivität der Lernenden ungenutzt. Teilaspekte der Definition könnten die Schüler auch selbst erarbeiten: Phonetische Ähnlichkeiten mit dem Französischen etwa sind trotz der graphischen Unterschiede ohne weiteres zu erkennen. Als Grundlage dazu bietet sich das Lied *Zouk la sé sèl medikaman nou ni* der Gruppe *Kassav* an (vgl. Schüler-CD Dcv 4, CD 2, Track 1). Die phonetischen Entsprechungen zwischen kreolischer und französischer Sprache regen zu einem Vergleich an. Im Stundenvorschlag des Lehrerbuchs (vgl. Dcv 4 Lb, 75) wird nur der musikalische Stil des Lieds, nicht aber seine besondere Sprache fokussiert.

Erst die zweite Aufgabe der Station thematisiert die diglossische Situation auf Guadeloupe und Martinique anhand zweier Stellungnahmen:

Aussage (1): Toute ma famille parle le créole. Pour nous, c'est la meilleure façon d'exprimer nos idées et nos sentiments. Nos enfants parlent le créole aussi ...

Aussage (2): Heureusement, nos enfants ne parlent pas le créole. Je préfère qu'ils apprennent le français. Quand on parle le créole en famille, bon, ça va. Mais à l'école, non! (Dcv 4 Sb, 60)

In beiden Äußerungen wird zu Recht die Verwendungsbreite der Kreolsprache auf privat-informelle Lebensbereiche beschränkt. Unerwähnt bleibt dabei, welche sprachlichen Schwierigkeiten in offiziellen und öffentlichen Lebenszusammenhängen auftreten können. Dennoch wird von den Schülern in der zugehörigen *fiche de travail* (Aufgabe 1b) verlangt, Argumente für und gegen das Kreolische als Schulfach zu nennen. Die Aufgabe verfehlt aber ihr Ziel, wenn sich eine solche Pro-und-Kontra-Sammlung allein auf das Schülerbuch als Informationsquelle stützt. Die zitierten Aussagen brechen nämlich genau an der Stelle ab, wo Begründungen für die jeweilige Meinung zu erwarten wären. Die soziale Problematik einer Diglossie-Situation wird somit wenig anschaulich. Dabei wäre aber eine explizite Erarbeitung dieser Konstellation die Mindestvoraussetzung für eine sinnvolle Argumentesammlung gewesen, wie sie in der *fiche de travail* verlangt wird. Der Arbeitsradius der Schüler wird damit auf das Lehrwerk begrenzt, das dabei aber als Grundlage für seine eigenen Aufgabenstellungen nicht ausreicht.

Die dritte Aufgabe der Station (Dcv 4 Sb, 60) stellt kreolische Ausdrücke ihrem französischen Äquivalent gegenüber. Die gewählte Darstellung in Form einer Vokabelliste steht einer eigenständigen Beschäftigung mit der Kreolsprache von vornherein im Weg. Eine sinnvolle Alternative zu der rein kontrastiven Auflistung wäre, die Schüler die *créole*-Ausdrücke ihren französischen Äquivalenten zuordnen zu lassen (diese Aufgabenform wird in der thematisch entsprechenden Lektion 1 von *À plus!* 5 angeboten, vgl. dazu Ap 5 Sb, 13). Diese Variante kann einen Ansatz darstellen, der mehrsprachigkeitsdidaktischen Forderung nach einer positiven Interferenz zwischen verschiedenen Sprachen gerecht zu werden.

Im Ganzen lässt sich feststellen, dass die Beschaffenheit des Arbeitsmaterials im Widerspruch zu dem Leitgedanken von Stationenarbeit steht: Chancen zur eigenständigen Arbeit der Schüler bleiben in der Lektion weitgehend ungenutzt. Die Begriffsklärung der Frankokreolsprache etwa wird vorgegeben, statt sie der

Erschließung durch die Lernenden mit Hilfe ihrer Französischkenntnisse zu überlassen. Zudem bleiben die sozialen und politischen Bedingungen der Sprachverwendung schwach konturiert. Wissenserwerb *über* die Sprache erhält insgesamt gegenüber Erfahrungen *mit* ihr den Vorzug.

Diatopische Varietäten in *À plus!* 4 *cycle long*

In *À plus!* 4 wird das Thema ‚Frankophonie' mit einer Einheit über die Maghreb-Staaten aufgegriffen (vgl. Ap 4 Sb, 76ff.). Aus der Kontaktsituation zwischen dem Französischen und dem Arabischen ergeben sich sprachliche Folgen, die sich zur Thematisierung im Unterricht anbieten.

Berücksichtigt werden dahingehend in *À plus!* 4 zwei Lexeme: In *Séquence* 1 und 3 erscheinen die Begriffe *la médina* und *le souk* (vgl. Ap 4 Sb, 78 und ebda, 84), die im *Vocabulaire*-Teil erklärt werden:

> „Medina" ist arabisch und bedeutet ursprünglich „Stadt". Heute wird der Begriff aber vor allem für die Altstadtbereiche nordafrikanischer Städte verwendet. Die Medina von Tunis ist also die Altstadt von Tunis (Ap 4 Sb, 143).

Die Vokabel *souk* (Ap 4 Sb, 84) wird in analoger Verfahrensweise semantisiert (vgl. Ap Sb, 148). In den HRU wird für diese Wörter lediglich die Einführung durch die Lehrperson vorgeschlagen (vgl. Ap 4 HRU, 162). Weitere didaktische Vorschläge finden sich nicht. Auch in den übrigen zentralen Teilen der Lektion werden Besonderheiten des Französischen in den Maghreb-Staaten an keiner Stelle thematisiert.

Erst im fakultativen Lektionsteil *Entractes* wird die Kontaktsituation zwischen der französischen und der arabischen Sprache anhand des Lieds *Tellement n'brick / Tellement je t'aime* des algerischstämmigen Sängers *Faudel* aufgegriffen. In den HRU finden sich folgende Bemerkungen zur Sprache: „Es handelt sich hier um eine version arabe du français, die die Sprache der in Frankreich lebenden Araber verwendet. Die französischen Textstellen des Liedes behalten z.T. die arabische Satzstellung bei" (Ap 4 HRU, 172). Als Didaktisierung wird vorgeschlagen, den Schülern das Lied bei geschlossenem Schülerbuch mit dem Hörauftrag „En quelle(s) langue(s) chante le chanteur « raï » Faudel ?" (ebd.) vorzuspielen. Als erwartete Lösung wird angegeben: „Il chante en arabe et en français" (ebd.). Die geforderte Antwort beschränkt sich damit auf eine getrennte Wahrnehmung der beiden Sprachen, während die Hinweise auf syntaktische Einflüsse des Arabischen dem Lehrerbuch vorbehalten bleiben. Dort aber fehlen weiterführende Angaben, wo genau im Liedtext Analogien zum Arabischen erkennbar sind, was die didaktische Aufbereitung dieser Folgen der Sprachkontaktsituation in den Unterricht erschwert.

Im Rahmen der inneren Struktur des Lehrwerks hat die Knappheit der Didaktisierung in den *Entractes* zwar seine Berechtigung, da die Autoren dort eine Entdeckung durch die Schüler „auf ihre Art" (ebd.) beabsichtigen. Allerdings wird Sprachvariation durch die Einbindung in eine fakultative Einheit eher zu einem Zusatz verkürzt denn als integraler Bestandteil präsentiert.

Diatopische Varietäten in *Découvertes* 5 *Passerelle*

Teil C der fakultativen Einheit *100% français?* beschäftigt sich laut Inhaltsverzeichnis mit französischen „Regionalsprachen" (vgl. Dcv 5 Sb, 5). Der Einstieg zu dem Lektionsteil stützt sich auf eine aus dem Fachbuch *Le français dans tous les sens* von Henriette Walter adaptierte sprachengeographische Karte, der die Schüler entnehmen sollen, „dass es in Frankreich Regionen gibt, in denen neben Französisch noch eine andere Sprache gesprochen wird" (Dcv 4 Lb, 128). Ein gravierendes Problem stellt dabei die Verwendung des Begriffs *langues régionales* dar. Unter ‚Regionalsprachen' wird in der romanistischen Linguistik „all das subsumiert, was vom traditionellen *Standard der französischen Nationalsprache* abweicht und als areal begrenzte Varietät angesehen wird" (Holtus 1990, 591, Herv. B.S.).

Folgerichtig wird in der sprachengeographischen Karte nicht der Begriff *langues régionales* verwendet, sondern *langues non françaises*. Im *Découvertes*-Lektionstext aber erscheint *langues régionales* als Oberbegriff für nichtfranzösische Sprachen, die auf französischem Territorium gesprochen werden. Mit der Einbindung der Karte bezieht sich das Lehrwerk auf eine wissenschaftliche Basis, in der Lektion bleibt es aber hinter diesem Anspruch zurück: Regionalsprachen können nicht „in Abgrenzung zu [...] den regionalen Varianten des Französischen" (Dcv 5 Lb, 128) bestimmt werden, sie *sind* regionale Varianten des Französischen. Was aber in der Lektion thematisiert wird, sind nichtfranzösische Sprachen, die vorwiegend in der Nähe der französischen Landesgrenzen gesprochen werden oder wurden. Der Begriff wird somit unsachgemäß verwendet. Wissenschaftlich fundiert wäre gewesen, die Terminologie von *langues non françaises* und *variétés régionales* beizubehalten, wie sie in der Legende der Sprachenkarte verzeichnet ist.

Der terminologische Fehlgriff fällt besonders bei der zweiten Frage der Rubrik *Autour du texte* ins Gewicht: „Qu'est-ce que vous savez sur les ‹ langues régionales ou les dialectes › en Allemagne?" (Dcv 5 Sb, 72). Mit dieser Frage werden unvermittelt Dialekte ins Spiel gebracht, die aber gerade *nicht* Gegenstand des Lektionstextes waren. Im linguistischen Sinne ist die Verknüpfung des Begriff *langue régionale* mit Dialekten richtig. Durch die Begriffsverwendung der Lektion werden die Schüler aber fehlgeleitet: Ziel der Fragestellung soll nicht etwa die Nennung deutscher Regionalsprachen oder Dialekte sein, sondern die von Minderheitensprachen in Deutschland wie Dänisch oder Sorbisch (vgl. Dcv 5 Lb, 129).

Positiv hervorzuheben ist hingegen die von *Découvertes* als Lektionseinstieg vorgeschlagene Einbindung akustischer Sprachproben, die auf der Lehrer-CD zur Verfügung gestellt werden. Die Erfahrung *mit* der Sprache ist so der Aneignung von abstraktem Wissen *darüber* vorgeschaltet und ermöglicht so einen anschaulichen Zugang zum Thema. Eine akustische und nicht nur visuelle Rezeption korrespondiert überdies mit der didaktischen Leitlinie der ganzheitlichen Spracherfahrung.

Insgesamt gereicht dieser Lektionsteil dem Lehrwerk aber zum Nachteil, da die beschriebene Integration eines Fachdiskurses durch begriffliche Inkonsistenz ihr Ziel verfehlt.

Diatopische Varietäten in *À plus!* 5 *cycle long*
Den Beginn des Bandes *À plus!* 5 bildet ein *Dossier* zu Guadeloupe und Martinique. Thematisiert wird die Kreolsprache Guadeloupes:

> Les premiers colons français venus surtout de Normandie et de Bretagne parlaient un français simple qui s'est peu à peu modifié au contact des langues africaines que parlaient les esclaves noirs. Ainsi est né le créole qui est devenu la langue des tous les Guadeloupéens. Aujourd'hui, même si la langue officielle est le français, le créole est toujours vivant dans la vie quotidienne et culturelle (Ap 5 Sb, 11).

Die Definition weist Stärken und Schwächen auf: Zu Recht wird hervorgehoben, dass die Kreolsprache im kulturellen Leben und im Alltag der Inseln noch immer lebendig ist. Im Unterschied zum entsprechenden Text in *Découvertes* 4 wird sie nicht als unverständliche Sprache der Straße dargestellt, sondern trotz des unterschiedlichen amtlichen Status als koexistierend mit dem Französischen. Ihr begrenzter Funktionsbereich wird aber außer Acht gelassen. Anschlussmöglichkeiten für eine Sensibilisierung der Schüler für die Probleme einer Diglossiesituation bietet der Text kaum.

Die konkrete Arbeit mit kreolischen Ausdrücken steht in Übung 5 im Vordergrund (Ap 5 Sb, 13). Die Aufgabe besteht darin, kreolische Ausdrücke erst von der CD anzuhören und sie dann ihrem französischen Äquivalent zuzuordnen. In dieser Aufgabe setzen die Autoren bei der Verwandtschaft der Kreolsprache mit dem Französischen an, von der die Schüler bei der Zuordnung der Ausdrücke profitieren können.

Zusammenfassend lässt sich feststellen: Im Unterschied zur thematischen Entsprechung in *Découvertes* wird in der untersuchten *À plus!*-Lektion mehr Wert auf Eigenaktivität der Schüler im Sinne von positivem Transfer zwischen verschiedenen Sprachen gelegt. Darüber hinaus werden in *À plus!* stärker die Parallelen zwischen Französisch und Kreolsprache, in *Découvertes* hingegen eher die Unterschiede hervorgehoben. Aus dieser unterschiedlichen Gewichtung ergeben sich bei der Arbeit mit *À plus!* weniger Anknüpfungsmöglichkeiten für die problematischen Aspekte diglossischer Konstellationen. In *Découvertes* werden diese zwar angedeutet, vertiefende Begründungszusammenhänge bleiben aber aus.

Diastratische und diaphasische Varietäten in *Découvertes* 4

Im Lehrerband von *Découvertes* 4 wird die Thematisierung des *français familier* für die Lektionen 1 und 4 angekündigt. Exemplarisch soll hier Lektion 1 näher betrachtet werden. Den Einstieg bildet eine Fotografie, die vier Jugendliche in einer Unterhaltung auf der Straße zeigt. Dazu sind verschiedene Aussagen der Jugendlichen abgedruckt, die Merkmale des *code parlé* aufweisen:

Merkmal	Beispiele
Lexik	les **potes** ; une affiche de **pub** ; je m'en **fous**.
Satzsegmentierung	Le look, je m'en fous.
Präsentativ C'est	C'est beau, la vie.
Gliederungspartikeln	[...] je m'appelle Coco, ... **enfin** Coralie.

Tabelle 1: Merkmale des *code parlé* in Lektion 1 von *Découvertes* 4 (vgl. Dcv 4 Sb, 10).

Die dargestellte informelle Kommunikationssituation unter Jugendlichen wäre eine plausible Grundlage für die Verwendung von Jugendsprache. Der einzige tatsächlich jugendsprachliche Ausdruck jedoch ist *les potes*, alle anderen Phänomene lassen sich dem *français familier* zuordnen. Zwar sind Varietäten nicht immer scharf voneinander abgrenzbar; gerade bei Jugendsprache sind sowohl diastratische als auch diaphasische Aspekte relevant. Jedoch wird hier der diastratische Aspekt weitgehend unterschlagen; vielmehr wird eine diastratisch markierte Sprache angekündigt und letztlich lediglich eine diaphasisch markierte präsentiert.

Desgleichen heißt es im Lehrerband, die verschiedenen Register würden in der Lektion *thematisiert*. Im Schülerbuch finden sich dazu aber an keiner Stelle Hinweise oder Übungen. Stattdessen wird in den zentralen Lektionstext *Le trafic d'étiquettes* (Dcv 4 Sb, 12f.), der den Handel mit gefälschten Mode-Etiketten an einer Schule zum Thema hat, der *subjonctif* eingebettet. Dies erweist sich als unglückliche Wahl: Der Text enthält überwiegend Passagen direkter Rede, in denen der *subjonctif* unpassend eingestreut wirkt. Hier zeigt sich eine grundsätzliche Problematik vieler Lehrbuchtexte: Sie stellen eine Textsorte ohne außerschulische kommunikative Funktion dar, was dazu führt, dass die Verwendung von Varietäten nicht durch eine soziale Situation motiviert ist. Der *Découvertes*-Lektionstext enthält zwar vereinzelt jugendsprachliches Vokabular, wie etwa *branché* und *ringard* (vgl. Dcv Sb 4, 12). Dieses Vokabular erscheint im Text aber auch dann, wenn eine altersneutrale Erzählinstanz in der 3. Person spricht – also kein Motiv für die Verwendung von Jugendsprache vorliegt. Plausible kommunikative Rahmenbedingungen für Jugendsprache fehlen also. Ihre Verwendung in den nicht-dialogischen Erzähler-Passagen beruht damit weder auf überzeugenden diastratischen noch auf diaphasischen Grundlagen.

Die Dialogpassagen hingegen sind zu Recht von konzeptioneller Mündlichkeit gekennzeichnet. Ein Beispiel:

> Oui, c'est fou, hein? Et grâce à elle, Marais a accepté que tu reviennes au lycée demain. Le seul truc un peu ouf, c'est que Marais a exigé qu'on fasse une exposition sur le thème : « la dictature des marques » (Dcv 4 Lb, 12).

Auf lexikalischer Ebene lässt sich *truc* dem *français familier* zuordnen. Gleiches gilt für die Konversion *ouf* und die Gliederungspartikel *hein*. Einzig die *subjonctif*-Formen passen in dieser Häufung nicht zu dem konzeptionell mündlichen Text und wirken künstlich eingestreut. Die Stimmigkeit der Dialoge *in sich* macht dabei das Fehlen einer Motivierung für Jugendsprache in den nicht-dialogischen Anteilen der Geschichte besonders deutlich. Die Verwendung eines neutraleren Registers innerhalb der Erzähler-Passagen hätte den Vorteil geboten, Unterschiede zwischen einem unmarkierten Register und jugendsprachlichen Elementen zu thematisieren. Die durchgängige Verwendung des *français familier* mit jugendsprachlichen Elementen aber erschwert eine solche Kontrastierung.

Im fakultativen Lektionsteil *Album* wird ein adaptierter Artikel aus dem französischen Jugendmagazin *OKAPI* angeboten, der dem *code parlé* entspricht und jugendsprachliches Vokabular (z.B. *draguer*) enthält. Seine Didaktisierung bezieht sich auf Textsorten, die im vorhergehenden *Pratique*-Teil der Lektion behandelt werden. Zeitungsartikeln wird dabei unter anderem das Kennzeichen eines sachlichen Tons und eines speziellen Layouts zugeschrieben (vgl. Dcv 4 Sb, 18). Die zughörige Aufgabe „Expliquez en allemand pourquoi ce texte est un article" (Dcv 4 Sb, 19) legt den Text von vornherein auf die Textsorte ‚Artikel' fest. Diese Vorwegnahme steht einer eigenständigen Analyse durch die Schüler im Weg und ist zudem inhaltlich fragwürdig: Das einzige Indiz für den Texttyp ‚Artikel' ist seine Quellenangabe. Der Stil hingegen ist alles andere als ‚sachlich' und das Layout hat durch die Anpassung an das Lehrwerk seinen Zeitschriftencharakter verloren. Das Vorliegen eines Artikels ist folglich nicht so eindeutig, wie es die Aufgabenformulierung suggeriert. Eine Alternative zu dieser Aufgabenstellung wäre, eben diese Abweichungen vom konventionellen Zeitungsstil zu beschreiben und Gründe für ihren Einsatz herauszuarbeiten (zum Beispiel: sprachliche Anpassung der Zeitschrift an ihre jugendliche Zielgruppe).

Die zitierten Ankündigungen im Lehrerbuch erweisen sich folglich als nur bedingt zutreffend. *Français familier* und Jugendsprache sind zwar präsent, werden aber nicht didaktisiert. Nachteilig wirkt sich die Einarbeitung der beiden Varietäten in künstliche Lehrbuchtexte aus, da diese im vorliegenden Fall keinen adäquaten kommunikativen Rahmen für ihre Verwendung darstellen. Derjenige Lektionstext, in dem Jugendsprache und *français familier* in einer plausiblen Umgebung vorkommen, befindet sich nur in der Peripherie der Lektion. Angesichts des Fehlens von Übungen, die die angekündigten Varietäten aufgreifen, kann von einer ‚Thematisierung' kaum gesprochen werden. Hieraus ergibt sich ein Missverhältnis zwischen den theoretisch formulierten Ansprüchen und ihrer tatsächlichen didaktischen Umsetzung.

Eine tatsächliche Berücksichtigung erfährt Jugendsprache hingegen im *Vocabulaire*-Teil der Lektion (Dcv 4 Sb, 135). Die dort präsentierte kontrastive Darstellung richtet sich am Faktor ‚Alter' aus: *Jugend*sprache wird der *Erwachsenen*sprache gegenübergestellt, die wiederum mit Standardsprache gleichgesetzt wird. Diese Struktur führt dazu, dass Merkmale, die altersindifferent dem *français familier* zuzuordnen sind, als jugendsprachlich dargestellt werden:

Merkmal	Jugendsprache	Erw.-, Standardsprache
1. Vokale werden verschluckt.	T'as creusé un trou dans la terre.	Tu as creusé un trou dans la terre.
2. Bei der Verneinung fällt das *ne* weg.	C'est pas bon.	Ce n'est pas bon.
3. Wörter werden abgekürzt.	C'est un mec sympa.	C'est un garçon sympathique.

Tabelle 2: Darstellung zu Jugendsprache in *Découvertes* 4 (vgl. Dcv 4 Sb, 135)

Diaphasische Aspekte werden also ausgeklammert und die Verwendung eines *code parlé* auf diastratische Aspekte reduziert. Die Allomorphie der 2. Person Plural (1.), die Ellipse bei der Negation (2.) und Wortkürzungen (3.) entsprechen genauso dem *code parlé* Erwachsener wie dem Jugendlicher. Diese Zuschreibung stellt aus linguistischer wie didaktischer Sicht eine nicht akzeptable Verkürzung dar. Zu Recht werden hingegen, in derselben Tabelle, folgende Merkmale als jugendsprachlich charakterisiert:

Merkmal	Jugendsprache	Erw.-, Standardsprache
4. Verwendung von Wörtern aus dem anglo-amerikanischen Sprachraum	- Benjamin est le plus cool du groupe.[...]	- Benjamin est le plus agréable du groupe.[...]
5. Einzelne Silben und Buchstaben werden vertauscht (*le verlan*).	- zarbi [...] - un beur	- bizzarre [...] - un Arabe
6. Verwendung sog. „Mode"-Wörter	Elle est hyper cool, cette nana.	Elle est très belle, cette fille.

Tabelle 3: Merkmale der französischen Jugendsprache in *Découvertes* 4 (vgl. ebda.)

Einzig die Umschreibung von *hyper cool* als *très belle* ist ungünstig, da sie das weite und vage Bedeutungsspektrum von *hyper cool* auf äußerliche Schönheit verengt. In diesem Punkt werden die Lehrwerkautoren dem jugendsprachlichen Ausdruck eventuell nicht ganz gerecht.

Diastratische und diaphasische Varietäten in *À plus!* 4 *cycle long*

Auf *français familier* und *code oral* als Gegenstand des *Dossier* 3 wird im Inhaltsverzeichnis von *À plus!* 4 verwiesen (vgl. Ap 4 Sb, 4). Die Textgrundlage der Lektion bildet ein adaptierter Zeitungsartikel aus *Le Monde* über die Unruhen in Vororten französischer Städte im Jahr 2005 (vgl. Ap 4 Sb, 62). In diesem Zusammenhang wird auf folgende Gegenüberstellung (in Ausschnitten) verwiesen:

français familier/code oral	français standard/code écrit
C'était pas facile.	Ce n'était pas facile.
T'es arabe.	Tu es arabe.
Y a des gens.	Il y a des gens.
Ma mère, elle cherche une maison.	Ma mère cherche une maison.
On est d'abord de Marseille.	Nous sommes d'abord de Marseille.
les minots (dans la région de Marseille)	les enfants

Tabelle 4: *français familier* und *français standard* in *À plus!* 4 (vgl. Ap 4 Sb, 68).

Im Unterschied zu der Darstellung in *Découvertes* (vgl. Tabellen 2 und 3) handelt es sich um eine diaphasisch basierte Gegenüberstellung zweier Register. Entsprechend wird der Faktor ‚Alter' beiseite gelassen. Dadurch wird eine missverständliche Gleichsetzung von *français familier* mit Jugendsprache vermieden. Mit der differenzierenden Anmerkung, der Gebrauch von *les minots* für *les enfants* beschränke sich auf die *région de Marseille*, ist zudem ein diatopischer Aspekt eingebracht.

Zu Sprachregistern werden in *À plus!* Standard-, Umgangs-, und Jugendsprache gezählt. Jugendsprache jedoch ist nach der hier zugrunde gelegten Auffassung nicht als situationsabhängiges Stilregister sondern als Soziolekt, also als spezifische Sprache einer bestimmten sozialen Gruppe zu verstehen. Der weitgefasste Registerbegriff in *À plus!* 4 manifestiert sich beispielsweise in Übung 3 der Lektion (Ap 4 Sb, 64). Dort sollen die Schüler Vermutungen zur Bedeutung bestimmter nonstandardlicher, vor allem jugendsprachlicher Ausdrücke äußern und im *français standard* wiedergeben. Unter anderem sind dies *il déchire grave* und *kiffer*. Die in den Lehrer-Handreichungen vorgeschlagene Lösung (vgl. Ap 4 HRU, 114 f.) steht dabei im Widerspruch zur Aufgabenstellung: Der jugendsprachliche Ausdruck *ça déchire* etwa wird übersetzt als *c'est vraiment cool*; als Lösung zu *kiffer* wird unter anderem *flasher* genannt. Die Lösungsvorschläge nehmen also den geforderten Wechsel in die Standardsprache gar nicht vor, sondern verbleiben in der Jugendsprache. Die Lösungen im Schülerbuch hingegen sind lediglich im *français standard* verfasst (vgl. Ap 4 Sb, 110). Für die Schüler bleibt es also bei einer Übersetzungstätigkeit von einer Varietät in den Standard, bei der sie weder für die Situationsgebundenheit von Jugendsprache, noch für deren lexikalische Besonderheiten sensibilisiert werden.

Im Vokabelteil der Lektion findet sich zusätzlich eine separate Darstellung zum *verlan*:

> *Verlan* ist eine in der französischen Jugendsprache verbreitete Spielsprache, in der die Reihenfolge der Silben vertauscht wird. [...] Viele Wörter sind in das umgangssprachliche Französisch übernommen worden, wie beispielsweise *Beurs* (von *Arabes*). Die besondere Schwierigkeit [...] besteht darin, zu erkennen, welche Silben vertauscht werden [...] (Ap 4 Sb, 137).

Verlan wird hier richtig als Teil der Jugendsprache bezeichnet, und zu Recht wird auf die teilweise Übernahme dieser Formen in die Umgangssprache hingewiesen. Nicht ersichtlich hingegen ist die Funktion dieser Sprachform. Durch Bezug auf deutsche Jugendsprache kann dies aber leicht ergänzt werden. Deutlich wird bei einem solchen vergleichenden Ansatz zudem, dass *verlan* ein originäres Phänomen der französischen Sprache ist.

Diastratische und diaphasische Varietäten in *Découvertes* 5 *Passerelle*

Eine weitaus problematischere Darstellung des *verlan* findet sich im 5. Band von *Découvertes*. Im Inhaltsverzeichnis wird für Text A des *Dossier 2* als Kommunikationsziel „2 Sprachregister anwenden" (Dcv 5 Sb, 2) angegeben. Entsprechend enthält der Lektionstext nonstandardliche Ausdrücke wie *un gosse*, *zoner* und *des tifs*, die in Fußnoten semantisiert werden und mit dem Registerhinweis ‚fam.' gekennzeichnet (Dcv 5 Sb, 19) sind. Die Grundlage der zugehörigen Übungen bilden folgende Texte:

(1) Je zone depuis toujours dans ma cité et j'en ai marre parce qu'on dit toujours des trucs nuls sur les banlieues [...]. C'est vrai que dans ma cité, c'est pas vraiment le pied! Y a rien à foutre, y a pas de boulot, pas de fric, alors les gosses taguent les murs [...]! Mais y a pas que ça. D'abord, y a les potes, on se connaît tous, on écoute de la zique branchée et on flippe pas devant les flics, nous. On s'en fout! (Phil, 15 ans)

(2) Moi, je n'habite pas en banlieue. Je n'y suis jamais allée quand j'étais enfant. Quand on parle des banlieues, j'ai peur. Je vois tout de suite la violence, la drogue, la police. Il y a beaucoup de problèmes là-bas parce qu'il n'y a pas de travail [...]. Il y a beaucoup d'étrangers qui vivent là et ne font rien. Ils ne pensent qu'aux vêtements de marque et à la drogue. Mais il y a aussi des choses positives dans les banlieues, comme les enfants qui font de la musique ou du théâtre [...]. (Marion, 15 ans) (Dcv 5 Sb, 21)

Als Gebergruppe der französischen Jugendsprache gelten „die aus unterprivilegierten französischen und aus Immigrantenfamilien stammenden Jugendlichen der Wohnsiedlungen der Vorstädte" (Scherfer 2003, 154). Dieser Aspekt wird in den beiden vorliegenden Aussagen in problematischer Weise hervorgehoben. Die Sprache des ersten Textes ist doppelt diastratisch markiert: Zum einen erklärt sie sich aus dem Alter des Sprechers, zum anderen weist der Text eine hohe Dichte an Merkmalen des *français populaire* auf und ist somit auch schichtspezifisch markiert. Es handelt sich also um Jugendsprache in Verknüpfung mit einem diastratischen Aspekt im engsten Sinne: die Anbindung an eine unterprivilegierte soziale Schicht. Dies wird aber nur implizit dargestellt und in der Aufgabenstellung nicht aufgegriffen, deren Formulierung *langue des jeunes* den Faktor ‚Alter' betont.

Besonders durch die Kontrastierung mit Text (2) wird deutlich, dass Sprache hier in der Funktion eines sozialen Markers dargestellt wird. Die Figur Marion ist ebenfalls eine Jugendliche, benutzt als Nicht-*banlieue*-Bewohnerin aber Standardsprache. Der generalisierenden Redeweise von einer Sprache, die von Jugendlichen *allgemein* gebraucht wird, wird auf der gleichen Buchseite widersprochen. Im *Vocabulaire*-Teil wird zudem eine qualitative Dimension eingebracht: „Die Jugendlichen [der *cités*, B.S.] haben oft schlechte Französischkenntnisse (sie erfinden sich ihre eigene Sprache, z.b. den Verlan) und eine schlechte Schulbildung; die Gewaltbereitschaft ist hoch" (Dcv 5 Sb, 101). Die Darstellung des *verlan* als Folge schlechter Französischkenntnisse ist eindimensional und missverständlich. Verlanisierte Ausdrücke sind in allen sozialen Schichten Frankreichs nachweisbar und einige haben überdies Eingang in die Standardsprache gefunden. Außerdem lässt sich die Anwendung der teilweise komplexen Bauprinzipien des *verlan* nicht mit unzureichenden Sprachkenntnissen begründen. Daher wäre es aus sprachwissenschaftlicher und didaktischer Sicht vorteilhafter, die Darstellung weniger auf qualitative als auf funktionale Aspekte des *verlan*, wie etwa Abgrenzung, auszurichten.

Auch die Aufgabenstellungen zu den zitierten Texten heben die Standardsprache als qualitative Richtschnur hervor: Die Schüler sollen den ersten Text zunächst ins *français standard* übersetzen, um dann die beiden Stellungnahmen miteinander zu vergleichen (vgl. Dcv 5 Sb, 21). Dieser Vorgang suggeriert eine qualitative Verbesserung vom „schlechten" zum „guten" Französisch, der mit dem sprachwissenschaftlichen Konzept des zunächst wertfreien Nebeneinanders verschiedener Varietäten kaum vereinbar ist.

Diastratische und diaphasische Varietäten in *À plus!* 5

À plus! führt im fünften Band anhand einer Unterhaltung zwischen Jugendlichen über das *baccalauréat* weitere Elemente des *français familier* ein (vgl. Ap 5 Sb, 35). Diese sollen von den Schülern zunächst aus dem Text herausgesucht, ins Deutsche übersetzt und schließlich auf ihre Unterschiede zum *français standard* hin überprüft werden (Übung 8, Ap 5 Sb, 39). Die Lehrer-Handreichungen sehen dabei eine Zuordnung dieser Merkmale zu den Bereichen Lexik oder Morphosyntax vor, die metasprachliche Abstraktionsfähigkeit erfordert und damit das Anspruchsniveau gegenüber dem Vorgängerband steigert. Die Übersetzungstätigkeit von einer Varietät in den Standard bietet hingegen keine methodische Weiterführung.

Mit der Fokussierung auf die diaphasische Varietät des *français familier* vermeidet *À plus!* in diesem Lektionsteil die geschilderte problematische Hervorhebung von schichtspezifischen Sprachmerkmalen. Gegenüber *Découvertes* liegt der umgekehrte Fall vor: Der diaphasische Aspekt wird gegenüber dem diastratischen stärker gewichtet. So wird zwar der Gefahr von Pauschalisierung und Werturteilen ausgewichen, Anschlussmöglichkeiten zur Problematisierung von Soziolekten und sozialer Markierung durch Sprache allgemein ergeben sich jedoch nicht.

Fachsprachen in *À plus!* 4 *cycle long* und *Découvertes* 4

Diesem Beitrag wird ein weites Verständnis von Fachsprache zugrunde gelegt, damit sich in den Lehrwerken auch fachsprachenähnliche Wortfelder erfassen lassen. Sie spielen im Zusammenhang mit Landeskunde, in diesem Fall mit Geschichte, eine Rolle. In *Dossier* 2, einer Einheit zu „wichtigen Eckdaten der deutsch-französischen Geschichte" (Ap 4 Sb, 3) sollen die Schüler alle Wörter aus dem Lektionstext heraussuchen, die sich auf Geschichte und Politik beziehen (Übung 3, Ap 4 Sb, 33). Dies sind beispielsweise *le traité de Verdun, la Réforme de Luther, le siècle des Lumières, la Révolution française* (vgl. Ap 4 HRU, 55). *À plus!* 4 bietet damit eine Übung, die auf die Besonderheiten der in der Lektion auftretenden Sprache aufmerksam macht. Weiterführend lassen sich im Unterricht anhand des Vokabulars fachsprachentypische Wortbildungsmuster thematisieren, wie etwa die Komposition von Substantiv und Adjektiv nach dem Muster *terme générique + terme(s) différenciateur(s)* im Beispiel *la Révoution française*.

Fachsprachen in *Découvertes* 5 *Passerelle*

Im *Vocabulaire*-Teil zu Lektion 1 (Dcv 5 Sb, 95) wird die Fachsprache der Informatik thematisiert. An den dort aufgeführten Beispielen lässt sich im Unterricht der Einfluss der englischen Sprache auf das Französische illustrieren. Besonders bieten sich dabei Wortbildungsmuster an, etwa am Beispiel der Zusammensetzung des Derivats *blogueuse* aus dem englischen Stamm *blog-* und dem französischen Suffix *-euse*.

Eine didaktische Erweiterung lässt sich damit erreichen, die Schüler ein Wortfeld ‚Informatik und Computer' erstellen zu lassen. Dabei stellen sie fest, dass im Französischen für die meisten Gegenstände und Sachverhalte aus diesem Bereich ein französisches Wort zur Verfügung steht, wohingegen im Deutschen überwiegend die englischen Begriffe übernommen werden.

Zusammenfassung

Abschließend lässt sich feststellen, dass die analysierten Lehrwerke der vielschichtigen inneren Architektur der Sprache unter quantitativen Gesichtspunkten durchaus gerecht werden. Die Qualität ihrer Didaktisierung hingegen erweist sich als unterschiedlich. Ein strukturelles Problem in der Präsentation besteht etwa darin, dass künstliche Lehrbuchtexte den verschiedenen Varietäten keine authentischen kommunikativen Rahmenbedingungen bieten und somit in einem widersprüchlichen Verhältnis zu ihnen stehen. Die Lehrwerke sind, schwerpunktmäßig in den fakultativen Lektionsteilen, um ein Angebot an authentischen Dokumenten bemüht, reduzieren aber gleichzeitig die Didaktisierung dieser Teile auf ein Minimum.

Dort, wo Varietäten im Zentrum der Lektionen stehen, fallen zwei Hauptprobleme auf: Zum einen sind die Übungen meist einseitig auf die Übersetzungsrichtung von der Varietät zum Standard festgelegt. Zum anderen nehmen zwar beide Lehrwerke Bezug auf fachwissenschaftliche Terminologie und Literatur, die Konzepte decken sich aber teilweise nicht mit dem jeweiligen fachwissenschaftlichen Verständnis, ja widersprechen ihm sogar.

Der varietätenlinguistische Blick auf *À plus!* und *Découvertes* hat insgesamt gezeigt, dass Sprachwissenschaft und Didaktik einander nicht so sprachlos gegenüberstehen, wie ihnen zuweilen unterstellt wird. Bezieht man jedoch etwa den linguistischen Diskurs um Varietäten auf Lehrmaterial, wie es hier geschehen ist, so zeigt sich, dass die beiden Fächer nicht *dieselbe* Sprache sprechen. Erkenntnisse der Linguistik weisen eine Komplexität auf, deren schlichte Überführung in den Unterricht didaktisch nicht vertretbar und zudem unrealistisch wäre. Es ist daher sinnvoll, sie den Bedürfnissen des Sprachunterrichts anzugleichen. Dennoch ist die Aufgabe von Unterricht, den Schülern wissenschaftlich verantwortbare Inhalte mit auf den Weg zu geben. Vor diesem Hintergrund können Linguisten und Didaktiker nur ermuntert werden, im Gespräch zu bleiben.

Bibliographie

ALAMARGOT, Gérard et al. 2007. *Découvertes* Band 4. Stuttgart: Klett.
ALAMARGOT, Gérard et al. 2008. *Découvertes Passerelle* Band 5. Stuttgart: Klett.
EBERTZ, Mirja et al. 2007. *Découvertes* Band 4. Lehrerbuch. Stuttgart: Klett.
EBERTZ, Mirja et al. 2008. *Découvertes Passerelle* Band 5. Lehrerbuch. Stuttgart: Klett.
EUROPARAT. 2001. *Gemeinsamer europäischer Referenzrahmen für Sprachen: Lehren, lernen, beurteilen.* Berlin: Langenscheidt.
GREGOR, Gertraud. 2008. *À plus!* 4 *cycle long.* Berlin: Cornelsen.
GREGOR, Gertraud. 2008. *À plus!* 5 *cycle long.* Berlin: Cornelsen.
SCHERFER, Peter. 2003. „Jugendsprache in Frankreich", in: Neuland, Eva. ed. *Jugendsprache – Jugendliteratur – Jugendkultur. Interdisziplinäre Beiträge zu sprachkulturellen Ausdrucksformen Jugendlicher.* Frankfurt a.M.: Lang, 149-168.
HOLTUS, Günter. 1990. „Gliederung der Sprachräume", in: Holtus, Günter & Metzeltin, Michael & Schmitt, Christian. edd. *Lexikon der Romanistischen Linguistik (LRL), Bd. V,I: Französisch.* Tübingen: Niemeyer, 571-595.
KULTUSMINISTERKONFERENZ. 2003. *Bildungsstandards für die erste Fremdsprache Englisch/ Französisch für den Mittleren Schulabschluss. Beschluss vom 4.12.2003.*
http://www.kmk.org/fileadmin/veroeffentlichungen_beschluesse/2003/2003_12_04-BS-erste-Fremdsprache.pdf [13.01.2011].
WIENERS, Daniela. 2008. *À plus!* 4 *cycle long.* Handreichungen für den Unterricht. Berlin: Cornelsen.
WIENERS, Daniela. 2009. *À plus!* 5 *cycle long.* Handreichungen für den Unterricht. Berlin: Cornelsen.

Diatopische Varietäten des Französischen, Minderheitensprachen und Bilinguismus im transkulturellen Fremdsprachenunterricht

Daniel Reimann (Würzburg)

1. Untersuchungsgegenstand, Untersuchungsziel, Methode und Korpus

Französisch ist eine Weltsprache. Dieser Gemeinplatz impliziert, dass das Französische über zahlreiche diatopische Varietäten verfügt – die, wenn Französisch tatsächlich als Weltsprache gelernt und gelehrt werden soll, zumindest in Grundzügen auch in den Französischunterricht einbezogen werden müssen. Dies ist bisher nur eingeschränkt der Fall. Immerhin hat der frankophone Kulturraum in den letzten Jahren zunehmend Einzug in Französisch-Lehrwerke und in den Französischunterricht gehalten,[1] oftmals sogar in explizit mit „Franco-phonie" (etymologische Trennung D.R.) überschriebenen Kapiteln, allerdings wurde dabei der sprachliche Aspekt häufig weitgehend ausgeblendet. Man könnte daher von einem „Frankophonie-Paradox" des gegenwärtigen Französischunterrichts sprechen:

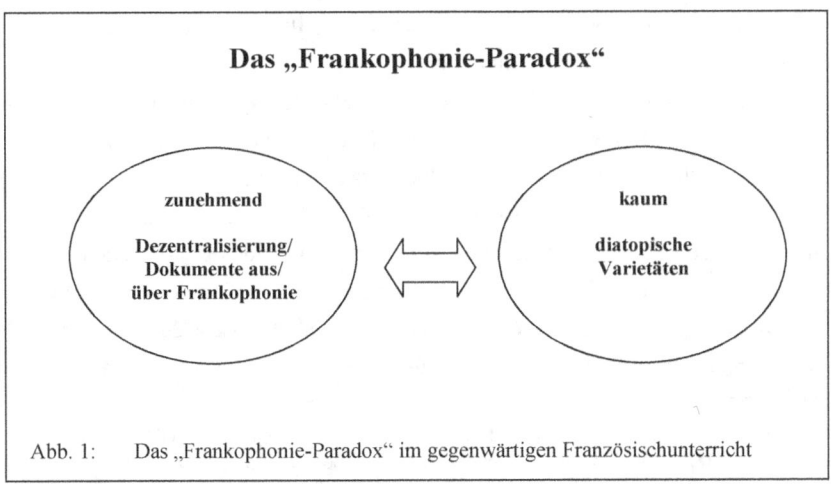

Abb. 1: Das „Frankophonie-Paradox" im gegenwärtigen Französischunterricht

---

[1] Vgl. einführend auch Decke-Cornill & Küster (2010, 231).

Gerade in Zeiten eines inter- und transkulturell ausgerichteten Fremdsprachenunterrichts kommt der Einbeziehung diatopischer Varietäten als Grundlage einer Auseinandersetzung mit verschiedenen frankophonen Kulturen und letztlich als Basis einer aus meiner Sicht anzustrebenden transkulturellen kommunikativen Kompetenz[2] besondere Bedeutung zu. Zugleich kann das Bewusstsein über Varietäten innerhalb einer Sprache eine zusätzliche Grundlage für die Entwicklung von Mehrsprachigkeit sein (vgl. Leitzke-Ungerer 2008).

Um eine Standortbestimmung vornehmen und auf dieser Basis Empfehlungen für den künftigen Französischunterricht ableiten zu können, wurden ausgewählte Komponenten von vier aktuellen Lehrwerken für Französisch als 2. Fremdsprache an Realschulen und Gymnasien (jeweils zwei Lehrwerkreihen) untersucht, i.e. insgesamt 18 Lehrbücher und die begleitenden Audio-CDs aus den Lehrwerkreihen *Tous ensemble, Tout va bien, À plus* und *Découvertes*. Bei der Auswahl der Lehrgänge waren die Listen der für den Französischunterricht in Bayern lernmittelfrei zugelassenen Lehrwerke[3] sowie die paritätische Berücksichtigung der Schularten Realschule und Gymnasium ausschlaggebend.

Im Sinne des transkulturellen Lernens werden nicht nur die Okkurrenzen diatopischer Varietäten des Französischen, sondern auch die Thematisierung von Minderheitensprachen in der Frankophonie sowie des individuellen Bilinguismus' untersucht. Das Vorgehen des ersten Hauptteils zur Begründung des Konzepts der transkulturellen kommunikativen Kompetenz ist konzeptionell-hermeneutisch, der zweite Hauptteil folgt der Methodik der allgemeinen bzw. auf spezifische Fragestellungen zugeschnittenen Lehrwerkanalyse (vgl. z.B. Michler 2005, Fäcke 2000, Frings 2006, 153-280, Leitzke-Ungerer 2008).

Der Beitrag gliedert sich daher wie folgt: Zunächst sollen wichtige, teils auch jüngere, linguistische Bezugsgrößen zur Bestimmung des diatopischen Varietätenspektrums im Hinblick auf die genannte fremdsprachendidaktische Fragestellung zusammengeführt werden. Sodann wird das Konzept der transkulturellen kommunikativen Kompetenz eingeführt, das den theoretischen Rahmen für

---

[2] Ich verstehe darunter, entsprechend zu Byrams Begriff der interkulturellen *kommunikativen* (Herv. D.R.) Kompetenz (welche sich von bloßer interkultureller Kompetenz unterscheidet, vgl. Byram 1997, 70ff.), eine transkulturelle Kompetenz (s.u.), die sich auf Fremdsprachenkompetenz stützt.

[3] Vgl. http://www.km.bayern.de/lehrer/unterricht-und-schulleben/lernmittel.html (05.01.2011).

die Integration des französischen Varietätenspektrums in den Fremdsprachenunterricht bildet. Es folgen die Lehrwerkanalyse, die Interpretation der erhobenen Daten und schließlich die Schlussfolgerungen für die künftige Lehrwerkgestaltung, die natürlich Anregungen für den Französischunterricht insgesamt implizieren.

2. Linguistische Bezugsgrößen: *français langue pluricentrique* und perzeptive Varietätenlinguistik

Die genaue Sprecherzahl des Französischen ist umstritten und schwierig zu bestimmen. Geht man mit Bossong 2009 davon aus, dass Französisch weltweit für 390 Millionen Menschen „als Primär-, Staats- oder Verkehrssprache Geltung besitzt", von denen nur gut 61 Millionen in Frankreich leben (Bossong 2009, 160 bzw. 159) – das ja selbst auch ein diatopisches Varietätenspektrum aufweist –, ist angesichts des auf das Mutterland entfallenden Anteils von nur 15,67% des Spreicheranteils klar, dass die außereuropäische Frankophonie im Französischunterricht stärker berücksichtigt werden müsste als bisher.

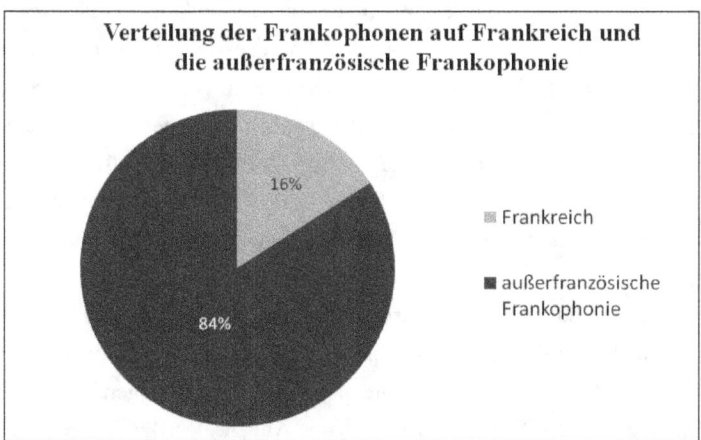

Abb. 2: Relation der Sprecherzahlen 'Frankophone in Frankreich' vs. 'Frankophone außerhalb Frankreichs'

Ein interessantes jüngeres linguistisches Gedankenmodell, das dieser Tatsache Rechnung trägt, ist das des von Bernhard Pöll eingeführten Plurizentrismus der französischen Sprache („le français langue pluricentrique", Pöll 2005). Pöll führt detailliert und an einzelnen Fallbeispielen aus, dass nicht mehr von einer einzigen französischen Sprachnorm gesprochen werden kann. Insbesondere das Französische Kanadas, des subsaharischen Afrika, Belgiens und der Schweiz finden bei ihm Berücksichtigung.

Ein weiteres für den Alltag und für die Begründung inter- und transkultureller kommunikativer Kompetenz zentrales Phänomen ist die Wahrnehmung u.a. diatopischer Varietäten durch den jeweiligen Adressaten eines Sprechaktes. Dies wurde aus romanistisch-linguistischer Perspektive jüngst in einigen (Pilot-)Studien systematisch untersucht: Thomas Krefeld und Elissa Pustka begründen mit dem von ihnen herausgegebenen Band das Konzept einer „Perzeptiven Varietätenlinguistik" (Krefeld & Pustka 2010a, vgl. Krefeld & Pustka 2010b), das Vorläufer wie etwa die ‚perzeptive Dialektologie' um einen theoretischen Überbau bereichern möchte (vgl. Krefeld & Pustka 2010b, bes. 9f.). In diesem Rahmen wird die Wahrnehmung verschiedener diatopischer Varietäten durch Sprecher anderer Varietäten empirisch untersucht. Im vorliegenden Band sind für das Französische die Beiträge Boughton (2010), Pustka (2010) und Bellonie (2010) relevant: Durch sie wird u.a. exemplarisch die Wahrnehmung südfranzösischer Akzente durch Sprecher aus Toulouse und Paris sowie des *accent antillais* und des *accent parisien* auf Martinique illustriert. Punktuell treten solche Sprecherurteile auch im untersuchten Lehrwerkkorpus auf (s.u., bes. im Realschullehrwerk *Tous ensemble 4*, aber auch in *Découvertes 2*). Aus fremdsprachendidaktischer Sicht wäre ferner die Untersuchung der Perzeption und Evaluation lernersprachlicher Varietäten nach dem Modell der perzeptiven Varietätenlinguistik ein Desiderat.

Lehrkräfte, Bildungsplaner, Lehrwerkautoren und Fremdsprachendidaktiker, die sich mit dem insbesondere diatopischen Varietätenspektrum des Französischen auseinander setzen wollen, können derzeit u.a. auf folgende linguistische Referenzen zurückgreifen: Entsprechend der Anlage der Bände oberflächliche, aber einen ersten Überblick vermittelnde Veröffentlichungen sind aktuelle Einführungen in die französische Sprachwissenschaft wie Sokol (2007) oder Stein (2010). Für eher sprachenpolitische denn linguistische Aspekte der Frankophonie darf Erfurt (2005) als eine grundlegende Einführung gelten, noch immer grundlegend, sowohl im Hinblick auf die jeweilige soziolinguistische Situation

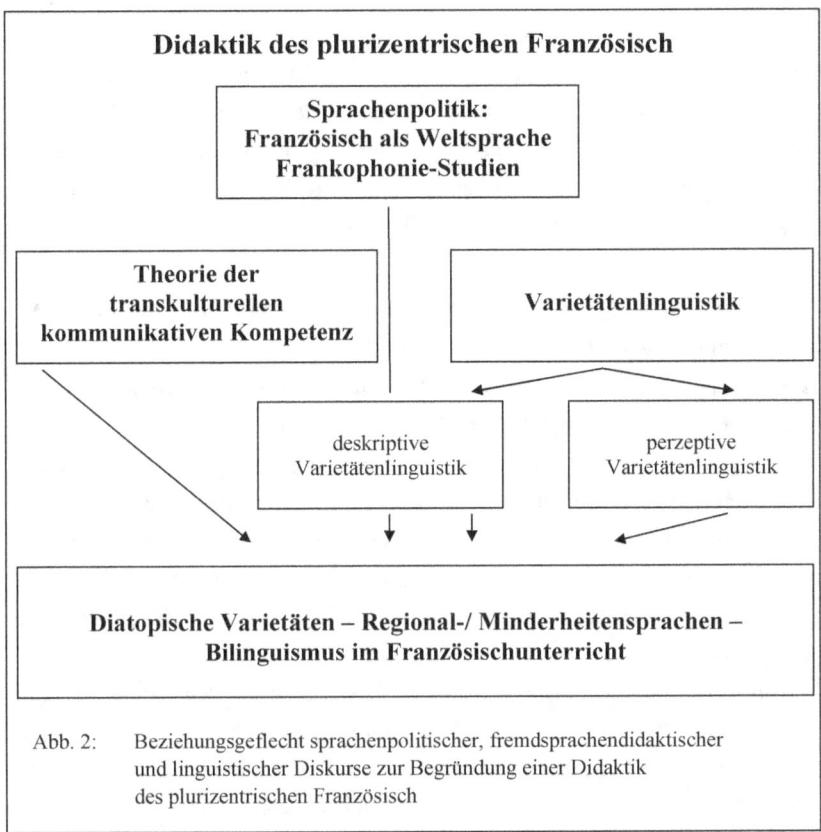

Abb. 2: Beziehungsgeflecht sprachenpolitischer, fremdsprachendidaktischer und linguistischer Diskurse zur Begründung einer Didaktik des plurizentrischen Französisch

als auch bezüglich wesentlicher interner Eigenheiten darf der Band Pöll (1998) zum *Französisch[en] außerhalb Frankreichs* gelten. Eine erste Einführung in diatopische Varietäten des Französischen bieten die Artikel 7 und 10 bis 13 des *Handbuch[s] Französisch* (Kolboom & Kotschi & Reichel 2008). Tiefergehende Einleitungen bieten die betreffenden Artikel des *Lexikon[s] der Romanistischen Linguistik* (bes. Band V, 1: Artikel 326-335, S. 595-816, Band VII: Artikel 490, S. 662-679, Holtus & Metzeltin & Schmitt 1990 bzw. 1998). Aus den Handbüchern zur Sprach- und Kommunikationswissenschaft ist insbesondere Artikel 164 des Bandes HSK 23.2 (*Romanische Sprachgeschichte*) relevant (Christian Schmitt zu „Alloglotte Sprechergruppen in den romanischen Sprachräumen: Frankreich", Schmitt 2006). Vertiefungen einzelner Fragestellungen bieten etwa die Kompositbände Stein (2000) und Stolz & Bakker & Salas Palomo (2009), eine konzise, aber gut lesbare Einführung in das Französische in Afrika bietet Derscher (2009), linguistisch und didaktisch fundierte Unterrichtsreihen zum Französischen in Belgien, Luxemburg und Afrika, zum Korsischen und Elsässischen sowie zu Französisch basierten Kreolsprachen liefern Stümper, Mauell, Terhorst, Schroden und Thelen (jeweils 2006).

3. Das Konzept der transkulturellen kommunikativen Kompetenz
3.1 Landeskunde und interkulturelles Lernen

In jüngerer Zeit wird die in der fremdsprachendidaktischen Diskussion inzwischen etablierte Begriffsdyade „Landeskunde und interkulturelles Lernen"[4] zunehmend um das Konzept des transkulturellen Lernens ergänzt. Zwar wurde in die amtlichen Veröffentlichungen gerade einmal der Begriff des interkulturellen Lernens aufgenommen (vgl. etwa die bayerischen Lehrpläne von 2004ff.) und die Diskussion ist keineswegs abgeschlossen, aber die Aufnahme eines eigenen Eintrags in das jüngste *Handbuch Fremdsprachendidaktik* (Freitag 2010) spiegelt eine zunehmende Akzeptanz des Begriffs.

Während die fremdsprachendidaktische Diskussion um den Landeskundeunterricht ihren Höhepunkt in den 1970er Jahren erreicht hat und dieser im Wesentlichen eine Vermittlung von Faktenwissen über die jeweilige Zielkultur intendiert (vgl. z.B. Leupold 2007), ist interkulturelle Kompetenz ein Konzept, das verstärkt seit den 1990er Jahren Einzug in die Fremdsprachendidaktik gehalten hat und, vereinfacht gesprochen, darauf abzielt, sich selbst und den Anderen zu erkennen und zu akzeptieren (vgl. den zentralen Begriff des „Fremdverstehens") (z.B. Hu 2010, Bredella 2010), das aber die Grenze zwischen den beiden Sphären betont (vgl. auch das Präfix *inter* – zwischen). Das Konzept der Transkulturalität, das im Kontext postmoderner Hybriditätsdebatten zu verorten ist (vgl. etwa Welsch 1994 u.ö.), zielt auf eine Überwindung (vgl. *trans* – über, hinüber) solcher Grenzen ab.

---

[4] Einführend z.B. Meißner (2003), Leupold (2007) und Vences (2007) (jeweils mit weiterführender Bibliographie).

Im Folgenden soll zunächst kurz das Konzept des interkulturellen Lernens diskutiert werden, um auf dieser Grundlage seine Erweiterung zum transkulturellen Lernen zu begründen. Das Grundanliegen der Diskussion um das interkulturelle Lernen resümiert Hu (2010, 75) wie folgt:

> Neben der offensichtlichen Präsenz anderer Kulturen durch Globalisierungsprozesse, Migration und zunehmende grenzüberschreitende Mobilität war ein Grund für diese neue Ausrichtung gerade auch der Wunsch, der Gefahr der Trivialisierung von Fremdsprachenunterricht entgegenzuarbeiten, die man bei bestimmten Formen Kommunikativen Unterrichts beobachten konnte.

Diese Gefahr besteht aktuell im kompetenz- und fertigkeitsorientierten Fremdsprachenunterricht erneut. Nachhaltig mitgestaltet wurde das Konzept der interkulturellen Kompetenz durch das Gießener Graduiertenkolleg „Didaktik des Fremdverstehens" (1991-2001). Auf dem Weg zum interkulturellen Verstehen spielen z.b. für Lothar Bredella Interpretationsprozesse eine zentrale Rolle (vgl. zuletzt Bredella 2010, 123), die für ihn vorrangig im (rezeptionsästhetisch begründeten) Literaturunterricht initiiert werden können: Hier können Vorverständnis und Erwartungen artikuliert, Deutungen angeregt und im Rezeptionsgespräch die „Abhängigkeit des Verstehens von den eigenen Vorannahmen bewusst [gemacht] werden" (Bredella & Delanoy 1999, 15). Fünf zentrale Aspekte des Fremdverstehens qua interkulturellen Verstehens sollen an dieser Stelle in Erinnerung gerufen werden: 1. „Differenz zwischen Eigenem und Fremdem [ist] die Voraussetzung des Verstehens. Könnten wir nicht zwischen eigenen und fremden Auffassungen unterscheiden, wäre Verstehen sinnlos." (Bredella 2010, 122), 2. „Eigenes und Fremdes sind keine ontologischen, sondern relationale und dynamische Begriffe. Das Fremde kann zum Eigenen und das Eigene zum Fremden werden." (ebd.), 3. Fremdverstehen beschränkt sich nicht auf eine Übernahme der Innenperspektive der Zielkultur: Die Außenperspektive ist vielmehr erforderlich, um das, was verstanden wird, kritisch reflektieren zu können. (vgl. art. cit., 120), 4. Interpretationen von Eigenem und Fremdem ergeben ein Drittes (vgl. art. cit., 123), 5. „Kulturen sind heterogen, und zwischen ihnen kommt es zu Überschneidungen und Überlagerungen [... Wir dürfen andere] nicht auf ihre Kultur reduzieren [...], sondern [müssen] sie in dem spannungsreichen Verhältnis von individuellen und kollektiven Identitäten sehen." (art. cit., 121). Durch interkulturelles Lernen sollen mithin Fähigkeiten wie Perspektivwechsel, Empathie und Relativierung ethnographischer Perspektiven entwickelt und Einstellungen wie Offenheit und Neugier befördert werden (vgl. z.b. Bredella 1999, Hu 2010, 76).

Ein inzwischen vielfach rezipiertes Modell der interkulturellen kommunikativen Kompetenz wurde 1997 von Michael Byram vorgeschlagen: Es sieht eine explizite Ergänzung interkultureller Kompetenz, die Byram als untereinander vernetzte (Teil-)Kompetenzen auf kognitiver, affektiver, volitionaler und ethischer Ebene annimmt, um fremdsprachliche kommunikative, soziolinguistische und diskursive Kompetenzen vor (Byram 1997, 48).

3.2 Differenzen zwischen interkultureller und transkultureller Kompetenz

Kritiken am Konzept des Fremdverstehens bzw. des interkulturellen Verstehens betreffen überwiegend die Tatsache, dass aus seinem Ansatz auch ein Herabwürdigen des Fremden herrühren kann und dass Grenzen nicht überschritten, sondern gezogen werden (z.b. Welsch 1994). Zwar weist etwa Bredella (2010) diese Vorwürfe begründet zurück (122), dennoch stellt sich aus meiner Sicht die Frage, ob ergänzend zum Begriff des interkulturellen Verstehens bzw. des Fremdverstehens (vgl. bereits die erwähnten semantischen Implikationen des Präfix *inter-* und die Etymologie des Wortes „Fremd-Verstehen") ein weiterer Begriff zur Bezeichnung der Kommunikation über sprachliche und kulturelle Grenzen hinweg mehr terminologische und konzeptionelle Klarheit im Hinblick auf die aktuellen Zielsetzungen des Fremdsprachenunterrichts schaffen könnte. Tatsächlich erkennt heute auch Bredella als seinerzeit in Gießen federführender Fürsprecher des Konzepts des Fremdverstehens / interkulturellen Verstehens an, dass ein Unterschied zwischen interkulturellem Verstehen und interkultureller Verständigung besteht, und dass für letztere der Begriff „transkulturell" gebraucht werden könnte:

> Die interkulturelle Verständigung ist demgegenüber an einer anderen Zielsetzung ausgerichtet. Auch hier entsteht ein Drittes, aber es erfüllt eine ganz andere Funktion als das Dritte beim interkulturellen Verstehen. Man kann es ‚transkulturell' nennen, weil es nicht daran gemessen wird, ob das Gegenüber verstanden wird, sondern vielmehr daran, ob gemeinsame Auffassungen und Ziele entwickelt werden. Für Verständigung ist konstitutiv, dass sie auf die Mitwirkung des anderen angewiesen ist. (Bredella 2010, 123f.)

Tatsächlich erkennt auch Bredella die interkulturelle Verständigung als übergeordnetes Ziel des Fremdsprachenunterrichts an, da diese dessen welt- und friedenspolitische Dimension begründet:

> Während Verstehen auf die Veränderung der eigenen Sicht- und Verhaltensweisen gerichtet ist, kann Verständigung nur gelingen, wenn auch der andere bereit ist, seine Sicht- und Verhaltensweisen zu verändern. Sie wird notwendig, um zu verhindern, dass kulturelle, religiöse, ethnische und nationale Konflikte mit Gewalt gelöst werden, aber sie kann nicht von einer Seite erzwungen werden. (Bredella 2010, 124)

Im Hinblick auf größere begriffliche Trennschärfe könnte also, wie auch von Bredella eingeräumt, neben dem Konzept des „interkulturellen Verstehens" das der „transkulturellen Verständigung" angenommen werden. Mit der Anerkennung der Heterogenität der Kulturen und der multiplen Identifikationsangebote für das Individuum, aber auch mit der Postulierung eines „Dritten" (s.o.) impliziert Bredellas Konzeption von interkulturellem Verstehen bereits zentrale Aspekte dessen, was der Transkulturalitäts-Diskurs zu seinen zentralen Ausgangspunkten erhebt:

> Im Sinne des kulturphilosophischen Ansatzes von Wolfgang Welsch [...] fungiert das Konzept der Transkulturalität als Gegenmodell zur Vorstellung in sich geschlossener Kulturen und beruht auf der Annahme, dass moderne Gesellschaften und zeitgenössische Kulturen von internen Differenzen und externen Vernetzungen geprägt und von gegenseitigen Durchdringungen und Hybridisierungen durchzogen sind. [...] Zugleich beruht das Konzept der Transkulturalität auf der Vorstellung, dass einem Individuum aufgrund der Vielfalt kultureller Lebensweisen und Lebensformen innerhalb einer Gesellschaft eine Vielzahl unterschiedlicher Identifikationsangebote zur Verfügung stehen. Die Identifikation mit multiplen kulturellen Identitäten führt zur Entwicklung transkultureller Identitätsentwürfe. (Freitag 2010, 125f.)[5]

3.3 Transkulturelles Lernen in den Erziehungswissenschaften

Früher als in die Fremdsprachendidaktik hat das Konzept der Transkulturalität Einzug in die Erziehungswissenschaften gehalten. Einer der ersten Beiträge in den deutschen Erziehungswissenschaften ist Schöfthaler (1984). Auch hier geht

---

[5] Zwar ist das Transkulturalitäts-Konzept von Wolfgang Welsch ein wichtiger Referenzpunkt für die entsprechende fremdsprachendidaktische Konzeption, doch wird es in seiner Einseitigkeit und seiner Grenzziehung zwischen Interkulturalität und Transkulturalität zunehmend kritisiert, so z.B. Delanoy (2008, bes. 96ff.). Verwandte, aber teils anders konnotierte Transkulturalitätsbegriffe finden sich z.B. in der Literaturwissenschaft, insbesondere in der Lateinamerikanistik, etwa seit Rama (1982) (einführend vgl. Morales Saravia 2008).

man von einer „komplexen kulturellen Identität" des Individuums aus (Flechsig 2000, 1, vgl. art. cit., 3). Aspekte der Transkulturalität haben grundlegende Auswirkungen auf die Identitätsbildung, insofern die verschiedenen „Bezugssysteme mit unterschiedlichen Anteilen wirksam sein" können (Flechsig 2000, 4):

> Interkulturelle Zusammenarbeit und interkulturelle Kommunikation beruhen auf der Annahme, daß die beteiligten Personen ihre eigenen kulturellen Orientierungen zwar beibehalten, jedoch lernen, die kulturellen Orientierungen der jeweils anderen zu verstehen, zu akzeptieren und nachzuvollziehen. […] Rückwirkungen auf die eigenen kulturellen Orientierungen kann es dabei geben, sie sind aber nicht unbedingt intendiert. Bei der transkulturellen Zusammenarbeit und beim transkulturellen Lernen ist eine solche Rückwirkung und die Veränderung der eigenen kulturellen Orientierungen intendiert. Es geht darum, daß Menschen unterschiedlicher kultureller Orientierung gemeinsam (neue) Lebenspraxis entwickeln, die in ihrem jeweiligen kulturellen Bezugsrahmen (noch) nicht vorhanden ist. (Flechsig 2000, 8).

Man sieht, zunächst in migrationspädagogischem Kontext, in transkultureller Erziehung, anders als im interkulturellen Lernen und in „multikultureller Erziehung", welche auf eine Integration von Minderheiten in bestehende Gesellschaftsstrukturen zielen, eine Erziehung, die „Kinder von Mehrheiten *und* Minderheiten" betrifft (Schöfthaler 1984, 16). Eine Grundlage des erziehungswissenschaftlichen Transkulturalitäts-Konzepts, die ich, mit Fäcke (2006, 19), unbedingt auf dessen fremdsprachendidaktische Fortführung übertragen wissen will,[6] ist die Tatsache, dass Transkulturalität nicht auf kulturelle Nivellierung abzielt, sondern kulturelle Differenzen *per definitionem* voraussetzt:

---

[6] Ein in den Kulturwissenschaften früh eruierter Aspekt der Transkulturalität impliziert auch über die Kulturen Gemeinsames (vgl. Welsch 2000, 336) und kann somit in seinen fremdsprachendidaktischen Implikationen auch als auf Nivellierung kultureller Unterschiede zielend verstanden werden (vgl. z.B. Gogolin 2007, 98; Bredella 2010, 122f.: Gogolin spricht etwa von „transkulturell gültige[n] essenzielle[n] Normen" (98), Bredella von „transkulturelle[n] Begriffe[n] wie Geburt, Tod, Liebe, Hass und transkulturelle[n] Vorstellungen über Beziehungen zwischen den Geschlechtern, zwischen Alt und Jung und zwischen individuellen und kollektiven Identitäten" (122f.), die erforderlich seien, „um die Differenz zwischen Eigenem und Fremdem überhaupt in den Blick zu bekommen" (122)). Eckerth & Wendt (2003b, 11) sprechen von einer „Art kulturelle[r] Universalgrammatik alle[r] Kulturen", Küster (2003, 44f.) verortet sie im Kontext universalistischer Ansätze in der Pädagogik. Würde man diesen Aspekt von Transkulturalität ausschließlich berücksichtigen, könnten zielkulturelle Inhalte aus dem Fremdsprachenunterricht verschwinden. Dies ist eine mögliche Kritik an einem einseitigen Transkulturalitätsbegriff, die etwa Rössler (2008) geäußert hat (allerdings kann man aus kulturrelativistischer Sicht annehmen, dass

Hervorzuheben ist bei diesem Gedanken, daß transkulturelle Erziehung also nicht dazu tendiert, Monokulturen generell und eine Welt-Monokultur im besonderen zu unterstützen oder zu entwickeln; sie ist immer auch auf die Weiterführung von Einzelkulturen gerichtet, seien es Mehrheits- oder Minderheitskulturen. [...] Transkulturalität setzt die Vielfalt kultureller Bezugssysteme voraus. (Flechsig 2000, 2)

Wichtige Bedingungen für das Gelingen transkultureller Kommunikation sind „[...] wechselseitige Akzeptanz und intensive Kommunikation ebenso wie die Kooperation an Aufgaben von gemeinsamer Bedeutung und die Erzeugung neuer kultureller Entwürfe" (Flechsig 2000, 3). Die Abgrenzung zum interkulturellen Lernen formuliert Karl-Heinz Flechsig als Vertreter einer transkulturellen Pädagogik wie folgt:

> Interkulturalität betont zumeist den Aspekt der *Differenzen* und stellt das Bemühen um das Verstehen „des Fremden" und „des Anderen" in den Mittelpunkt. Transkulturalität betont den Aspekt des *Gemeinsamen* und sucht nach Anschlussmöglichkeiten „im Eigenen", welche Grundlagen für transkulturelle Entwicklungsmöglichkeiten bilden können. Das gilt dann jeweils für alle an einem „transkulturellen Projekt" beteiligten Personen. [... Beim interkulturellen Lernen] geht [es] darum, die kulturellen Orientierungen und das Verhalten von Menschen zu verstehen, die in anderen Ländern wohnen oder aus anderen Ländern kommen. Es geht darum, diese Orientierungen und dieses Verhalten zu akzeptieren. Und es geht darum, auf diese Orientierungen und auf diese Haltungen in angemessener Weise zu reagieren und es ggf. sogar zu übernehmen – so wie es ist. (Flechsig 2000, 5)

„Verstehen", „akzeptieren", „reagieren" und ggf. „übernehmen" sind also zentrale Vorgänge in einem so verstandenen Konzept des interkulturellen Lernens. Weiterhin postuliert Flechsig, dass im Rahmen des transkulturellen Lernens „zum Fremdverstehen das Selbstverstehen" hinzutritt (Flechsig 2000, 5). Bezüglich dieser Abgrenzung ist freilich festzustellen, dass der genannte Übergang auch von weit gefassten Begriffen interkulturellen Lernens erfasst wird (s.o.). Folgerichtig – und aus meiner Sicht zu Recht – bezeichnet Flechsig transkulturelles Lernen „als eine (letzte) Stufe interkulturellen Lernens" (Flechsig 2000, 5;

---

auch der Blick auf ‚transkulturelle Mythen' ein jeweils anderer sein kann, vgl. Küster 2003, 48). Rössler folgert in ihrem Beitrag – angesichts des von ihr zugrunde gelegten Transkulturalitätsbegriffs völlig zu Recht – dass Betonung der Eigenkultur und der Transkulturalität gleichermaßen zu einer Entkulturalisierung bzw. inhaltlichen Entleerung des Fremdsprachenunterrichts führen; für sie bedeutet Festhalten am traditionellen Konzept der Interkulturalität auch Einbringen von (ziel-)kulturellen, von der eigenen Kultur divergenten Inhalten. Auf den von mir aufgrund der aktuellen Forschungslage zu Grunde gelegten Transkulturalitäts-Begriff treffen diese Vorwürfe jedoch nicht zu.

vgl. Meyer 1991). Transkulturelles Lernen hat letztlich eine übergreifende pädagogische Dimension:

> Transkulturelles Lernen kann somit zu [...] einer großen pädagogischen Gegenwartsaufgabe werden. Es zielt auf die Entwicklung von Kompetenzen, die Menschen mit unterschiedlichem kulturellen Hintergrund befähigen, auf lokaler wie auf globaler Ebene Aufgaben zu bearbeiten und Lösungen zu finden, die sowohl auf die Erhaltung und Weiterentwicklung eigener kultureller Identität als auch [die] Ermöglichung gemeinsamer Lebens- und Überlebensleistungen gerichtet sind. Transkulturelles Lernen ist somit eine Absage sowohl an Kulturseparatismus und Fundamentalismus jeder Art als auch an Tendenzen globaler Monokultur. (Flechsig 2000, 9)[7]

Transkulturelles Lernen kann in schulischen Kontexten im Grunde in allen Fächern induziert werden; der Fremdsprachenunterricht indes ist ein privilegierter Ort zur Umsetzung dieses welt- und friedenspolitischen Anliegens.

3.4 Transkulturelles Lernen in der Fremdsprachendidaktik

Transkulturelle Gedanken im Sinne einer Grenzüberschreitung *ante litteram* formulieren bereits die sog. Stuttgarter Thesen zum Landeskundeunterricht aus dem Jahr 1982 in dem Begriff „transnational", der aber zunächst ohne unmittelbare Folgen geblieben ist (Robert-Bosch-Stiftung & Deutsch-Französisches Institut 1982; vgl. z.B. Küster 2003a, 47; Krumm 2007, 139f.). Nach Eckerth & Wendt (2003) tritt der Begriff „transkulturell" in der Fremdsprachendidaktik erstmals bei Baumgratz-Gangel (1990) auf. Für Hallet (2002) wird der Fremdsprachenunterricht zu einem (trans-)kulturellen Begegnungs- und Aushandlungsraum qua *third space* im Sinne Bhabhas. Eckerth & Wendt (2003b) und Fäcke (z.B. 2003, 2006) vollziehen, ausgehend von den genannten Grundannahmen der Transkulturalitäts-Debatte und der transkulturellen Pädagogik, insofern einen Paradigmenwechsel, als sie Transkulturalität im Kontext einer konstruktivistischen Didaktik verorten. Damit erfolgt eine Überführung der hermeneutisch und rezeptionsästhetisch basierten Didaktik des Fremdverstehens in das heute maßgebliche Lehr- und Lernparadigma des Konstruktivismus. Fäcke (2006) etwa kritisiert das Leserkonzept der Rezeptionsästhetik (3f., 17) und in der Folge auf dieser begründete literaturdidaktische Ansätze (z.B. Bredella) als zu abstrakt

---

[7] Das ethische und politische Potential der Transkulturalität unterstreicht aus fremdsprachendidaktischer Perspektive auch Fäcke (2006, bes. 285f).

(12f., 36); sie lehnt den auf hermeneutischen Grundlagen basierenden Begriff des interkulturellen Lernens (14) ebenso ab wie das Konzept des „Fremdverstehens" und stellt ihnen das dynamischere, auf kognitionstheoretischen und konstruktivistischen Ansätzen beruhende Konzept der Transkulturalität gegenüber (13f., 17 u.ö.; vorsichtiger argumentiert Küster (2003b, z.B. 69ff., 370)). Transkulturalität erscheint insofern als „positiver Gegenentwurf zu Konzepten der „Interkulturalität"" (Freitag 2010, 127), womit freilich wiederum eine Grenze zwischen zwei in ihren Grundanliegen eng verwandten Ansätzen gezogen wird.

Mit Werner Delanoy bin ich der Auffassung, dass – parallel zum entsprechenden kulturwissenschaftlichen Diskurs (vgl. z.B. Antor 2006) – eine Verbindung von inter- und transkulturellem Lernen im Fremdsprachenunterricht möglich ist (z.B. Delanoy 2008, 98ff.):

> So impliziert ein hermeneutisches und ‚interkulturelles' Dialogverständnis, das interkulturellen Ansätzen zugrunde liegt, das Moment der kulturellen Grenzüberschreitung und Veränderung. Wenn Dialog im Sinne einer kontinuierlichen *negotiation of meaning* verstanden wird, führt der interkulturelle Dialog [...] zu Dezentrierung und zur Transformation ursprünglicher Sichtweisen. [...] Daher hält Delanoy interkulturelle Ansätze für vereinbar mit einer transkulturellen Agenda, solange sie interne kulturelle Differenzen nicht ausblenden, kulturelle Heterogenität und Hybridität respektieren und einem dynamischen, heterogenen, hybriden und diskursiven Verständnis von Kulturen verpflichtet sind. (Freitag 2010, 127f.)

In Erweiterung des von der romanistischen Fremdsprachendidaktik zunächst vor allem auf in Migrationskontexten entstandene Inhalte bzw. auf Rezipienten in Migrationskontexten bezogenen Transkulturalitätskonzepts auf alle Fremdsprachenlernende einerseits[8] und in Weiterführung des von Byram eingeführten Begriffs der interkulturellen kommunikativen Kompetenz andererseits (Byram 1997, s.o.) erachte ich transkulturelle kommunikative Kompetenz als den idea-

---

[8] Die Erweiterung auf alle Fremdsprachenlernende setzt einen konstruktivistischen Lernbegriff voraus und erklärt sich weiterhin daraus, dass sich alle Schülerinnen und Schüler der oben genannten multiplen kulturellen Identifikationsangeboten bedienen können bzw. unbewusst bedienen. Anknüpfungspunkte in nahe verwandten Bezugsdisziplinen der Fremdsprachendidaktik finden sich z.B. in Thomas Krefelds Studien zur Migrationslinguistik und dem dort ausgeführten Konzept des ´gelebten Kommunikationsraums´ qua *espace vécu/ spazio vissuto* (z.B. Krefeld 2004, 19f.), das in Anlehnung an die französische Geographie (z.B. Chevalier 1974) entwickelt und u.a. von Melchior (2009) weitergeführt wurde. Frühe fremdsprachendidaktische Reflexionen zu einem ungezwungenen Umgang mit Zwei- und Mehrsprachigkeit finden sich z.B. in Butzkamm (1973) und Weinrich (1983).

len Zielzustand eines jeden Fremdsprachenlernens und gehe damit weiter als etwa Fäcke (2006) oder Schumann (2008)[9], die Transkulturalität überwiegend bzw. ausschließlich als „Lebensweise von Personen mit Migrationshintergrund" (Schumann 2008, 14) verstehen.[10] Zugleich schlage ich ein integrierendes, taxonomisch gestuftes Modell vor, wobei die Taxonomie von Landeskunde, Inter- und Transkulturalität gleichzeitig die Chronologie der diesbezüglichen Forschung wie auch, in Grundzügen, die des individuellen Lernprozesses widerspiegelt: Landeskunde, inter- und transkulturelle Kompetenz widersprechen sich nicht, sondern ergänzen sich insofern, als landeskundliches Wissen Grundlage für den Aufbau interkultureller Kompetenz sein kann, diese wiederum, d.h. die (Er-)Kenntnis des Selbst und des Anderen, unabdingbare Voraussetzung zum späteren Erreichen einer tatsächlichen transkulturellen Kompetenz.[11]

Dabei gehe ich von zwei Dimensionen transkultureller Kompetenz aus: zum einen, im eher etymologischen Sinn, als einer Kompetenz, welche, in Vervollkommnung interkultureller Kompetenz, über die im Fremdverstehen begründete Toleranz derselben hinaus idealtypisch zu einer Überwindung kommunikativer Grenzen oder Barrieren zwischen zwei oder mehreren konkreten Sprach- und

---

[9] De Florio-Hansen (2000) sieht transkulturelles Lernen in gemeinsamen Produkten von Fremdsprachenlernenden verschiedener Kulturen möglich und deutet damit ein interessantes Handlungsfeld transkulturellen Lernens an, verengt den Begriff aber ebenfalls sehr.

[10] Zwar bringt Adelheid Schumann das Verhältnis zwischen Interkulturalität und Transkulturalität geglückt auf den Punkt, indem sie formuliert, dass es sich „weder um Gegensätze noch um Synonyme [handelt], sondern vielmehr um zwei sich komplementierende Vorstellungen" (2008, 83), andererseits setzt sie eindeutig zu kurz greifende Definitionen an, wenn sie folgert: „[…] die Transkulturalität [stellt] den Gegenstand der Erkenntnis und die Interkulturalität das Verfahren der Erkenntnis [dar]." (art. cit., 83f.). Auch differenziert sie nicht, wie etwa Bredella (2010, s.o.) zwischen Verstehen und Verständigung, was ihre Argumentation wenig überzeugend wirken lässt (2008, 83).

[11] Es handelt sich, wie graphisch angedeutet, um einander überlagernde Sphären oder Schwerpunktsetzungen, nicht um klar trennbare Abfolgen, wie sie etwa Wolfgang Pütz für Landeskunde und interkulturelles Lernen postuliert hat, was z.B. Leupold (2007, 128) zu Recht kritisiert: interkulturelles Lernen kann gleichzeitig zum oder sogar vor dem landeskundlichen Lernen einsetzen usw.; dennoch ist eine spürbare Erweiterung interkultureller Kompetenz nur auf der Grundlage vertiefter landeskundlicher Kenntnisse möglich, d.h., der Lernprozess wird in seinen Schwerpunkten durchaus der genannten Reihenfolge Landeskunde – interkulturelles Lernen – transkulturelles Lernen entsprechen.

Kulturräumen führt (also z.B. im Gespräch zwischen einem deutschen und einem französischen Kommunikationspartner), wobei diese durchaus als different gedacht werden (vgl. z.B. Flechsig 2000, 2). Zum anderen ergibt sich die Notwendigkeit transkultureller Kompetenz aus der nicht mehr zu verleugnenden permanenten Verflechtung verschiedenster Kulturen in einer globalisierten Welt, welche zur Integration idealerweise weltweiter – mehr als nur homogen gedachter, einzelne Sprach- und Kulturräume betreffender – kommunikativer Bedürfnisse, Handlungen und Kompetenzen führt. Ein solches Modell lässt sich vereinfacht wie folgt veranschaulichen:

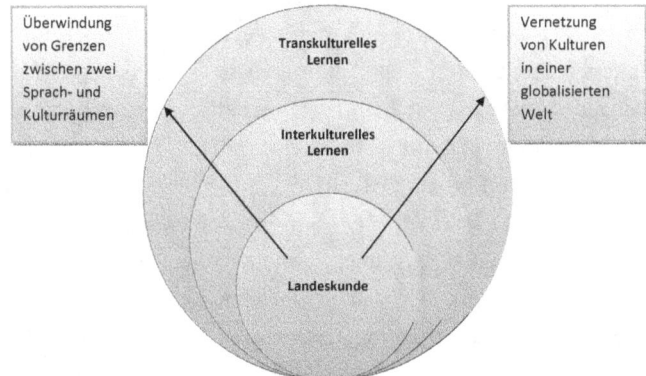

Abb. 4: Integrierendes Modell von Landeskunde, inter- und transkulturellem Lernen im Fremdsprachenunterricht

Aus dieser Darstellung wird deutlich, dass Landeskunde, inter- und transkulturelles Lernen einander ergänzende, nicht unabhängig voneinander zu denkende Lern- und Lehrbereiche des Fremdsprachenunterrichts sind, die zur Verwirklichung von dessen welt- und friedenspolitischen Bildungszielen gleichermaßen unabdinglich sind. Die Erweiterung des Begriffspaars „Landeskunde und interkulturelles Lernen" um den Begriff des „transkulturellen Lernens" im oben eruierten Sinn trägt zu mehr terminologischer und konzeptioneller Trennschärfe bei. Die aus transkulturellem Lernen resultierende transkulturelle Kompetenz bzw. transkulturelle kommunikative Kompetenz könnte mit Gewinn in künftige Fassungen von Bildungsstandards einbezogen werden (vgl. Reimann 2011).

4. Lehrwerkanalyse: Diatopische Varietäten, Minderheitensprachen und Bilinguismus in Lehrwerken für Realschulen und Gymnasien

Gegenstand dieses Kapitels sind die vier Lehrwerke *Tous ensemble, Tout va bien, A plus!* und *Découvertes*. Analysiert wurden jeweils das Lehrbuch und die Audio-CD (Schüler-CD) mit den Texten des Lehrbuches.

Tous ensemble

Tous ensemble 1 [TE1] enthält insgesamt 28 Lektionstexte (einschließlich der längeren Lesetexte der je drei „Plateaux" [P] und „Modules" [M]). Regionale Varietäten des Französischen treten – im Grunde auch lediglich als Entlehnungen aus autochthonen Sprachen und als Anthroponyme – nur bezogen auf eine in Frankreich lebende senegalesische Familie in Gestalt des Lexems „un yassa" (stark gewürztes Reisgericht z.b. mit Hühnerfleisch) (TE1, 7A, S. 67, 36, TE1, 7B, S. 70 passim (inklusive Photo), TE1, 7C, S. 71) bzw. in Form der Namen Amadou und Abdou auf (TE1, 7C, S. 71 (inklusive Zeichnungen, wie auch S. 66f.)). Auf der Schüler-CD ist in derselben Lektion ein senegalesischer Akzent v.a. bei der Großmutter der Familie in abgeschwächter, didaktisierter Ausprägung v.a. auf prosodischer Ebene und im Bereich der Einzellaute bezüglich der Nasale festzustellen (CD2, Tracks 1, 2-4 und 6), während zuvor in Plateau 2 eine im Québec lebende Familie keinen hörbaren regionalen Einschlag hat (CD1, Track, 81). Aus dem bretonischen Substrat in die französische Hochsprache übernommen sind das Lexem „un menhir" (TE1, P3, S. 86, 11, inklusive Photo) bzw. das Toponym Carnac (TE1, P3, S.86, 12). Möglicher individueller Bilinguismus wird implizit durch den Eigennamen Farid (ab TE1, 2b, S.17, inklusive Photo) sowie in Bezug auf die senegalesische Familie evoziert.

Tous ensemble 2 [TE2] enthält 27 Lektionstexte (einschließliche „Plateaux" [P] und „Modules" [M]). In diesem Band sind keine expliziten Okkurrenzen diatopischer Varietäten des Französischen nachgewiesen. Das betrifft bedauerlicherweise auch die Audio-CD: Möglichkeiten, die Lernenden etwa mit dialektalen Züge des südfranzösischen Sprachraums vertraut zu machen, werden z.B. in den in Toulouse situierten Texten ausgelassen (CD2, Track 30-32, 53-55). Allerdings wird Bilinguismus an mehreren Stellen erwähnt bzw. angedeutet: implizit geschieht dies wiederum durch Namen von Lehrwerkspersonen wie Aïcha (TE2,

S. 18, ex. 3), Naïma (TE2, 5 D'abord, S. 60) und Farid (TE2, M4, S. 86). Explizit wird Bilinguismus indes in Bezug auf den Raï-Interpreten Faudel thematisiert (TE2, P2, S. 47). Dabei werden sprachliche und kulturelle Überlagerungen zugleich ins Feld geführt:

> Farid: Le rap, ce n'est pas mal. Mais je préfère le raï. C'est un mélange de musique arabe avec des textes français. Mon chanteur préféré, c'est Faudel [...]. Faudel, c'est „Bienvenue" en arabe. (TE2, S. 47)

Sodann werden Faudel in einer Sprechblase folgende Worte in den Mund gelegt: „Je suis né en France en 1978. Mes parents sont d'Algérie. Je chante en français et en arabe" (TE2, S. 47). Ferner wird ein Liedtext in Auszügen zitiert, der exemplarisch für transkulturelle Sprachmischung steht:

> [...] tellement je t'aime, passionnément,
> Tellement je t'aime, à la folie,
> Tellement nebghik, nmout aalik,
> Tellement nebghik, nsaqssi aalik, [...]. (TE2, P 2, S. 47).

Allerdings werden gerade in diesem Abschnitt Figuren mit arabischer bzw. quebecer Herkunft auf der Schüler-CD nicht mit hörbar einschlägigen Sprechern besetzt (CD1, Track 67-78, bes. 69, 77). In Lektion 5 wird sodann eine Musikgruppe aus Toulouse vorgestellt, die einen arabischen Namen trägt, der im Französischen „beur" bedeutet und somit auf die ethnische Zusammensetzung der Gruppe verweist:

> [...] Le nom „Zebda" vient de l'arabe et veut dire „beur". [...]. Les trois chanteurs du groupe Mouss, Magyd et Hakim sont nés en France, mais leurs parents viennent du Maghreb (Tunisie, Algérie, Maroc). [...], TE2, L 5, Sur place, S. 59, 3-10).

Tous ensemble 3 [TE3] enthält 26 Lektionstexte einschließlich „Plateaux" [P] und „Modules" [M]. Unter den regionalen Varietäten des Französischen okkurriert einzig das kanadische Französisch (TE3, 6A, S. 63). Dies wird in einem Text, der eine Begegnung von Jugendlichen verschiedener Herkunft beim Theaterfestival in Avignon thematisiert, auch explizit metalinguistisch benannt:

> [...] Luc: Est-ce qu'il y a encore un peu de place dans votre char?
> Didier: Dans notre char?
> Luc: Euh, je veux dire: dans votre voiture. Tu sais, au Québec, nous avons quelques mots qui sont différents. [...]. (TE3, 6A, S. 63, 20-25).

In diesem Fall wird die kanadische Aussprache Lucs auch im Hörtext angedeutet (bes. in den Bereichen Prosodie und Phonetik der Nasale: CD2, 23ff. und 27ff.).

Wiederum ausschließlich implizit wird arabisch-französischer Bilinguismus vor dem Hintergrund transkultureller Identitäten in Lektion 4 eingeführt, in der die Familie Khadra im Zentrum steht (vgl. die Anthroponyme Khadra, Laïla, Aziz und Fatou, TE3, 4, S. 40-45). Dabei ist angesichts offensichtlich sehr traditioneller Familienstrukturen – dominanter Bruder, der die Vaterrolle übernimmt, sobald dieser außer Haus ist – hervorzuheben, dass keines der Familienmitglieder, auch nicht der Bruder Aziz, auf der Audio-CD eine hörbar arabisierende Aussprache hat. Dies muss als unauthentisch gelten. In „Sur place" wird die in Frankreich als Tochter einer Marokkanerin und eines Algeriers geborene Sängerin Amel Bent vorgestellt, die sich im letzten Satz des der Zeitschrift *Okapi* entnommenen Textes ausdrücklich zu ihrer transkulturellen Identität bekennt: „Lorsqu´on a deux cultures, pourquoi choisir?" (TE3, Sur place 4, S. 47).

Das Fehlen diatopischer Varietäten des Französischen, aber auch von Regionalsprachen Frankreichs in Lehrbuch und Hörtexten ist insofern besonders bedauerlich, als die Lektionen quer durch Frankreich führen (bes. L1: Toulouse, L6: Avignon, aber auch L2: Grenoble (Verweise auf das Frankoprovenzalische denkbar), L3: Paris, L4: Seine-Saint-Denis (Verweise auf arabisierende Aussprache möglich, s.o., aber auch S. 50, Ü 3: Senegal), L5: Lyon).

Tous ensemble 4 [TE4] enthält insgesamt 24 Lektionstexte. Die vordere Umschlagkarte illustriert außer Frankreich „L´Amérique francophone", die hintere die gesamte Frankophonie. Individueller Bilinguismus wird implizit evoziert, wenn es z.B. heißt, dass Despadienne aus Zentralafrika Französisch spricht (TE4, L2B, S. 24) oder wenn in Frankreich lebende Jugendliche die Namen Nasser, Larbi, Malia oder Karim tragen (TE4, L1A, S. 11, L1B, S. 14); auf der Begleit-CD weisen Nasser, Lolita und Malia schwächere, Larbi deutlich wahrnehmbare Abweichungen von der Aussprache des Standardfranzösischen auf (CD1, Tracks 8f.). Er tritt auch im Fall der frankophonen Einwohnerin von Martinique, Régine, die in ihre französische Aussage den kreolischen Ausdruck „Pa ni pwoblem!" einfließen lässt (TE4, L4A, S. 51, 34), auf sowie im Fall der Senegalesen, die zweisprachig mit den eigentlich redundanten Worten „Nanga def, bonjour!" (TE4, L4C, S. 57, 5) grüßen. In einer Kombinationsübung zum Hörverstehen sollen die Schülerinnen und Schüler arabische mit entsprechenden französischen Lexemen identifizieren (TE4, L4C, S. 58, Ü 3).

Schwerpunkte im Hinblick auf das frankophone Varietätenspektrum sind indes Martinique (TE4, L4A), Madagaskar (TE4, L4B), der Senegal (TE4, L4A, B) und Südfrankreich (TE4, L5). Dabei sind vereinzelt metasprachliche, auch laienlinguistische Bemerkungen anzutreffen, sodann Toponyme und entlehnte Lexeme aus autochthonen Sprachen und französische Lexeme, die sich besonders auf Realien des betreffenden Gebiets beziehen.

In Bezug auf Südfrankreich sind zum einen Abweichungen von der Standard-Aussprache auf der Audio-CD sowie Sprecherurteile über Aussprache und Kommunikationsstile nachgewiesen (s.u.), andererseits lässt das Anthroponym Pagano eindeutig auf die südfranzösische Herkunft des betreffenden Ehepaares schließen (TE4, L5A, S. 63, 11 u.ö.; vgl. Dauzat & Morlet 1961, s.v. Pagan). Im Bereich der Toponomastik ist der Straßenname „la Canebière" (Marseille) belegt (TE4, L5C, S. 69, 13).

In Bezug auf Madagaskar okkurrieren das Lexem „babakoto" („petit grand père", TE4, L4, D'abord, S. 50, 11), das Toponym Antananarivo (TE4, L4B, S. 54, 2) und der Personenname Maroankatsaka (TE4, L4B, S. 55, 2), mit Bezug auf den Senegal der Ortsname Dakar (TE4, L4C, S. 57, 1) und das Anthroponym „Babakar" (TE4, L4A, S. 51, 17).

Französische Lexeme – teilweise ursprünglich auch regionalen Ursprungs –, die sich insbesondere auf die Realia eines bestimmten (Sprach-)Raumes beziehen, sind z.B. im Falle der Region *Provence-Alpes-Côte d'Azur* „les calanques" (TE4, L5C, S. 68, 16), „le pistou" (ebd., 36), „l'aïoli" (ebd., 39), „les croquets marseillais" (ebd., 46) sowie „le pressoir" und „le champ de lavande" (TE4, L5B, S. 66, 13, 16). In Bezug auf Kulturräume der Frankophonie sind u.a. zu verzeichnen: für Martinique „Dimanche gras" (TE4, L4A, S. 51, 17), „la biguine" (Tanz, ebd. 5f.), „dessert à la mangue" (TE4, L4A, S. 53, Ü 6) sowie die kreolischen Wörter „béké" (weißer Antillais, TE4, L4A, S. 51, 24) und „zoreil" (Übersee-Franzose, ebd.). In Bezug auf Madagaskar okkurrieren die Lexeme „la rizière" (TE4, L4B, S. 54, 18), „bambou géant" (ebd., 30) und „les lémuriens" (Synonym zu „les babakotos", ebd., 7).

Abweichungen vom Standardfranzösischen auf der Aussprache-Ebene treten insbesondere in den Zitaten/ O-Tönen frankophoner senegalesischer Sprecher im Text „Vivre et survivre en Afrique" (S. 57) zu Tage (CD2, Tracks 12-16). Außerdem hat ein älteres Ehepaar, M. und Mme Pagano, aus der Gegend um Aix-en-Provence eine eindeutig diatopisch markierte Aussprache (TE4, L5A und 5B, CD2, Tracks 22-27, v.a. 25ff.). In diesem Fall werden auch laienlinguistische Einschätzungen von diatopischen Aussprachevarietäten thematisiert, wenn Mme Pagano die zugezogene Familie Lebrun fragt: „Et vous, vous êtes nouveaux dans la région? Vous n´avez pas l´accent du Midi!" (TE4, L5A, S. 63, 36f.).

Die Relativität der Perzeption von diatopischen Färbungen der Aussprache wird ferner in folgender Frage einer Antillen-Bewohnerin an einen Studenten aus Québec deutlich: „Mais tu as un petit accent, non? Tu viens de France?" (ebd., 27f.). Auf der Audio-CD ist in diesem Fall nur ein leichter Akzent von Régine, dagegen ein sehr starker frankokanadischer Akzent bei Eric festzustellen (CD2, Tracks 3-5, Eric bereits 1-2). Die sprachliche Situation in Martinique wird dann auch im Übungsteil wiederholt reflektiert (S. 52, Ü 1, 6; S. 53, Ü 5).

Ferner okkurriert in einem weiteren Fall ein laienlinguistisches, hier selbstironisches Sprecherbewusstsein über gefühlte diatopische Varianzen von Kommunikationsstilen, wenn Mme Pagano ihren Ehemann wegen einer Übertreibung mit folgenden Worten rügt: „Tu es bien du Midi, toi! Il faut toujours que tu exagères" (TE4, L5B, S. 66, 31f.).

Eine ausgelassene Gelegenheit zur Auseinandersetzung mit diatopischen Varietäten Frankreichs stellt zweifelsohne die in Lille situierte Lektion 2 da; hier wäre aus heutiger Sicht eine Einbeziehung des Films *Bienvenue chez les Ch'tis* denkbar.[12]

Tout va bien

Tout va bien 1 [TVB1] enthält 26 Lektionstexte in den 9 „Unités" [U] und drei „Révision"-Einheiten [R]. Diatopische Varietäten des Französischen werden nur in einem Info-Kasten „Savoir vivre" erwähnt, und zwar auf der Ebene der

---

[12] Methodische Vorschläge z.B. in Elflein & Wanitschek (2009) und Heiderich (2010).

nonverbalen Kommunikation: hier wird die regional variierende Zahl der „bise(s)" thematisiert (TVB1, U1A, S. 14 Savoir vivre). Zwar bleibt das Buch oberflächlich, indem es nicht die in einzelnen Regionen üblichen Zahlen erwähnt, doch zeichnet es sich dennoch dadurch besonders positiv aus, dass es im gesamten Korpus neben *Découvertes 1* (s.u.) das einzige Lehrwerk ist, das diatopische Varietäten im Bereich der nonverbalen Kommunikation thematisiert.[13] Regionale Kulturspezifika thematisierende gemeinfranzösische Lexeme sind in einer auf die Bretagne bezogenen Lektion im Wort „crêpes" repräsentiert (TVB1, U8, S. 119 passim).

Minderheitensprachen Frankreichs begegnen in dem bretonischen Toponym Brest (TVB1, U2B, S. 24, Ü 10) und in dem ebenfalls bretonischen Anthroponym Kermarrec, welches immerhin bereits im allerersten Lektionstext auftritt (TVB1, U1A, S. 13) – und zwar unmittelbar neben dem arabischen Vornamen Karim, wodurch der transkulturelle Charakter der französischen Gesellschaft besonders unterstrichen wird. Dieser wird in einer Transformationsübung in Unité 2B aufgegriffen, in der die Herkunft u.a. dieser beiden Personen benannt wird: „[...] Je suis Karim. Je suis de Paris. [...] Je suis Mme Kermarrec. Je suis de Brest." (TVB1, U2B, S. 24, Ü 10). Weitere arabische Vornamen sind Aïcha und Aziz (TVB1, U1A, S. 12f.).

Der Bilinguismus von *beur*-Kindern wird in einer comicartigen Partyszene explizit thematisiert: „Et moi, je parle français et arabe." (TVB1, U3A, S. 33). Mehrsprachigkeit wird am Anfang des Lehrwerks durch den Deutsch-Franzosen Daniel inszeniert, der in einem deutsch-französischen Mischtext sich in ungezwungener – hier freilich didaktisch reflektierter – Sprachmischung[14] manifestierende Transkulturalität verkörpert: „*Bonjour, je m'appelle* Daniel. Ich spreche französisch und deutsch, denn ich habe eine französische *maman* und einen deutschen *papa*. [...]." (TVB1, U1A, S. 12).

Französisch basierte Kreolsprachen werden in Révision 1B in Bezug auf La Réunion erwähnt. Eine französische Schülerin listet in ihrer Vorstellung auf,

---

[13] Einführend zu einer auf das Französische bezogenen Didaktik der nonverbalen Kommunikation vgl. Reimann (2000).
[14] Vgl. Weinrich (1983) und Butzkamm (2004, bes. 139-145); zuletzt aufgegriffen in Butzkamm (2009, v.a. 188-192).

welche Sprachen sie und ihre Eltern sprechen: „[…] Moi, je parle français, anglais et allemand. Mes parents sont de La Réunion, ils parlent créole", in einer Fußnote wird erläutert: „créole […] Neben der Amtssprache Französisch sprechen die Einwohner eine eigene Sprache, kreolisch" (TVB1, R1B, S.48) – wünschenswert wäre hier eine Erwähnung der französisch-basierten Ursprünge des Kreols von La Réunion gewesen.

Eine ausgelassene Gelegenheit, Regionalsprachen und diatopische Varietäten zu thematisieren, stellt Unité 9 zum Thema „Vacances" dar, in der verschiedene französische Regionen vorgestellt werden (u.a. Normandie, Auvergne, Provence). Auf der Audio-CD weisen weder Sprecherinnen und Sprecher, die aus den verschiedenen Regionen Frankreichs kommen, noch die bilingualen Sprecher irgendeine phonetische oder prosodische Markierung ihrer Aussprache auf.

Tout va bien 2 [TVB2] stellt 16 Lektionstexte in 8 Unités [U] und zwei „Révisions" [R] bereit. Regionalsprachen in frankophonen Gebieten fließen nur über den Namen einer belgischen Konditorei, der „pâtisserie Meert", in das Lehrbuch ein (TVB2, U4B, S. 66, 18). Auch die Aufnahmen der Schüler-CDs zu TVB2 weisen trotz der verschiedenen Situierung der Lektionen bzw. der Herkunft des Lehrbuchpersonals (z.B. Grenoble, Lille, Belgien) keinerlei regionale Färbung auf, selbst der Akzent deutscher Schüler ist offensichtlich von muttersprachlich frankophonen Sprechern (vgl. Sprecherverzeichnis auf dem Cover der CDs) (schlecht) imitiert.

Tout va bien 3 [TVB3] beinhaltet 16 Lektionstexte in 7 Unités [U] und zwei „Révisions" [R]. Ähnlich wie in Band 1 die auf die Bretagne bezogenen „crêpes" okkurrieren auch hier standardsprachliche Lexeme, die regionalspezifische Sachverhalte thematisieren, namentlich „cidre" und „calvados" in einer in der Normandie situierten Lektion (TVB3, U1, S. 10). Dort besitzt wiederum die Familie Maertens einen Bauernhof – das Auftreten eines flämischen Namens (vgl. Dauzat & Morlet 1961, s.v. Merten) in der Normandie zeugt wiederum von der transkulturellen Hybridisierung (nicht nur) der französischen Gesellschaft. Das künstliche, amerikanisierende Toponym „plage de Ohama" bezeichnet wiederum einen Ort, der als *lieu de mémoire* von europäischer, wenn nicht sogar weltweiter Bedeutung gelten darf.[15]

Situationen der Zwei- oder Mehrsprachigkeit werden an drei Stellen thematisiert: zum einen im Photo zu einer Übung, auf dem das Ortsschild des elsässischen Ortes „Offendorf" abgebildet ist (TVB3, 4A, S. 76, Ü 6), zum anderen in einer in Rätsel-Form präsentierten „Savoir-vivre"-Box über Belgien („Tu connais un pays où on parle le néerlandais, l'allemand et le français?", TVB3, 2A, S. 30) sowie in einer Info-Box über den Senegal: „Le Sénégal est un pays d'Afrique où on parle français parce que jusqu'en 1960, il était une colonie française" (TVB3, 4A, S. 73, Savoir vivre). Ein solcher Hinweis ist im untersuchten Lehrbuchkorpus bereits als äußerst selten hervorzuheben.

In dem vorausgehenden Lektionstext treten auch wiederum autochthone Anthroponyme auf („famille Bakouche", „Jenna", TVB3, 4A, S. 73, 50) und es wird auch persönlicher Bilinguismus verschiedener Ausprägung bei senegalesischen Einwanderern erwähnt:

> [...] Jenna et ses frères sont nés en France. Leurs parents viennent du Sénégal. [...] Pour les immigrés, trouver un travail, c'est souvent moins facile que pour les Français. L'oncle de ma corres qui ne parle pas bien français est au chômage et reste souvent à la maison. [...] (TVB3, U4A, S. 73, 50-53)

Dass aus individuellem Bilinguismus eine positive Einstellung zu Sprachen hervorgehen kann, wird anhand des Musikstars MC Solaar exemplifiziert:

> [...] Il est né au Sénégal [...]. À l'âge de six mois, il est arrivé dans la région parisienne avec ses parents et il y est resté. Après son bac, il a fait des études de langues. [...], TVB3, U5A, S. 104, Savoir vivre).

Auch im Falle von TVB3 weisen die Schüler-CDs keine Texte mit irgendwie gearteten regionalen Färbungen auf.

Tout va bien 4 [TVB4] liefert 14 Lektionstexte, von denen insbesondere die der Lektion 2 zum Thema Frankophonie für die hier verhandelte Fragestellung relevant sind. Dort finden sich explizit metalinguistische Passagen und Photos zu den verschiedenen Regionen (z.B. S. 26; vgl. auch Landkarte im vorderen Umschlag).

---

[15] Grundlegend zur Bedeutung von *lieux de mémoire* zur Herausbildung transkultureller Identitäten Reimann (2009).

In diesem Kontext werden die sprachliche Situation Kameruns aus der Perspektive einer französischen Journalistin („On y parle plusieurs langues, surtout le français, mais aussi l'anglais dans certaines régions.", TVB4, Point de vue 1, S. 50, 12), in einem Lesetext die sprachliche Realität der Insel La Réunion (TVB4, Point de vue 4, S. 80, 7) und in einem Informationstext die Kanadas beschrieben (TVB4, Point de vue 4, S. 83).

Ferner werden autochthonen afrikanischen Sprachen entstammende Toponyme („Bamako", TVB4, L. 2A, Ü 11, „Yaounde", TVB4, Point de vue 1, S. 50, Ü 1) und Anthroponyme („M Ékani", TVB4, Point de vue 1, S. 52, „Bocar", TVB4, Point de vue 1, S. 54, Ü 9) integriert.

In Bezug auf La Réunion wird die Entstehung des entsprechenden Kreols und – etwas holzschnittartig – die heutige sprachliche Situation skizziert und in einer sich anschließenden Übung (TVB4, Point de vue 4, S. 81, Ü 2) weiterführend thematisiert:

> [...] Ces cultures différentes ont crée une nouvelle langue, un mélange de langues comme le français, l'anglais et l'espagnol – le créole qui est parlé comme langue maternelle par 86,5% des Réunionnais. [...] A l'école, les jeunes apprennent le français, les maths, [...]. Mais à la maison, ils parlent créole, pas français comme en métropole. [...]
> (TVB4, Point de vue 4, S. 80, 16-18)

Französisch-arabischer Bilinguismus und Anthroponyme arabischer Herkunft okkurrieren auch in TVB4, etwa in Bezug auf Karim (bes. TVB4, L1B, S. 20, Ü 2); ebenso Bedürfnislehnwörter arabischen bzw. berberischen Ursprungs („couscous", TVB4, Point de vue 1, S. 54, Ü 9, vgl. Picoche 2002, s.v.).

Die zurückhaltende Nutzung der sich aus den Lektionstexten und Übungen ergebenden Möglichkeiten, die Schülerinnen und Schüler auch in Hörtexten mit diatopischen Varietäten des Französischen bzw. mit Abweichungen von der Normaussprache infolge von Bilinguismus zu konfrontieren, setzt sich auch in TVB4 fort. Allein in der Hörverstehensübung TVB4, Point de vue 4, S. 82, Ü 6 weist ein Kind aus einer noch Kreol sprechenden Familie aus La Réunion einen leichten Akzent auf.

A plus!

À plus 1 [AP1] enthält 37 Lektionstexte in insgesamt acht „Unités", davon in je einer „Unité Supplémentaire" und einer „Unité Révision". Die Verbreitung des

Französischen in der Welt und letztlich damit verbundene diatopische Varietäten werden implizit bereits in einer Arbeitsanweisung der einführenden Doppelseite vor U1 benannt: „[...] Sicherlich wisst ihr schon einiges über die Sprache und die Länder, in denen Französisch gesprochen wird." (AP1, S. 9).

Individueller Bilinguismus und die (trans-)kulturelle Hybridisierung der französischen Gesellschaft werden implizit in den Namen Rachid, Tarik und Aïcha manifest (Erstbeleg jeweils AP1, U1, S. 10; AP1, U1, S.14; AP1, U5, S.75).

Eine ausgelassene Möglichkeit zur Erwähnung von Regionalsprachen stellt auf jeden Fall die Situierung der Lehrwerkhandlung in Lyon dar. Auch spiegelt sich individueller Bilinguismus auf den Schüler-CDs in keinem Fall in einer von der Norm abweichenden Aussprache der betroffenen Charaktere.

À plus! 2 [AP2] beinhaltet 32 Lektionstexte in insgesamt acht „Unités" (davon je eine „Unité Supplémentaire" und eine „Unité Révision"). Diatopische Varietäten des Französischen treten einzig in dem im Québec üblichen Lexem „le taxage" für standardfranzösisch „le racket" auf („Chez les ados québécois, le racket a pour nom „taxage" [...].", AP2, U4, S.78, Ü 9).

Die Zweisprachigkeit einer Region und damit verbundene individuelle Mehrsprachigkeit werden in einer in der Bretagne situierten Lektion in Toponymen und Lexemen evoziert: „Breizh" („„„Breizh", qu´est-ce que ça veut dire?"/ „Donnez le nom de trois villes bretonnes", AP2, U6, S. 96, Ü 2 – hier sollen sich die Schüler erfreulicherweise entdeckend, z.B. anhand des für die Lehrwerkreihe *À plus!* charakteristischen und positiv hervorhebenswerten „Petit dictionnaire de civilisation", mit bretonischen Toponymen auseinandersetzen) und „kenavo" (AP2, U6, S. 103, Ü 1). Ferner werden auf Seite 110 folgende bretonische Wörter illustriert und jeweils mit französischer, englischer und deutscher Übersetzung versehen: „ar peulvan" (le menhir), „ar grampouezenn" (la crêpe), „ar vamm" (la mère), „an tad" (le père), „kenavo!" (au revoir) (AP2, U6, S. 110, Entracte).

In einem Lektionstext der Unité 6 werden ferner explizit metasprachliche Hinweise über Sprachenpolitik und die sprachliche Situation in der Bretagne in der Vergangenheit gegeben, wenn ein Jugendlicher mit seinem Großvater spricht:

- Vous parliez breton à l'école?
- Non, nous devions parler français. C'était la langue de l'école. Mes parents parlaient français avec l'instituteur ou à la mairie mais breton à la maison. Mais je le parlais avec eux eux. Le français, c'était la langue de l'instituteur. Il était très sévère. Il était interdit de parler breton. Il s'appelait Monsieur Hubert Picard, notre instituteur, et il n'était pas de chez nous. Sa mère venait de Paris, comme les touristes. [...] (AP2, U6, S. 103, 23-32).

Ferner tritt auch in dieser Lektion das eine gastronomische Spezialität der Bretagne bezeichnende französische Lexem „crêpes" auf (AP2, U6, S. 103, 47).

Die Mehrsprachigkeit der Schweiz wird in einer dort situierten „Séquence supplémentaire" evoziert, in der sich die Schülerinnen und Schüler einleitend – wiederum mit Hilfe des „Petit dictionnaire de civilisation" und des Internets – u.a. über die Frage „Quelles langues parle-t-on en Suisse?" informieren sollen, sodann einige Photos aus der französischsprachigen Schweiz mit den Hinweisen: „La Suisse romande, c'est ... [...] des régions comme le Valais ou le Fribourg où les habitants sont bilingues" versehen sind und in einer Sprechblase die individuelle Mehrsprachigkeit einer Einheimischen in der Interaktion mit den Insassen eines Wagens mit Münchner Kennzeichen verdeutlicht wird („Je peux vous aider? Kann ich Ihnen helfen?") (AP2, Séquence supplémentaire 2, S. 116, auf der Audio-CD hat die Person im Französischen einen schweizerischen Akzent, CD2, Track 19, s.u.).

Der arabisch-französische Bilinguismus innerhalb Frankreichs wird auch in diesem Band etwa anhand des Anthroponyms „Mehdi Dalache" zumindest mittelbar evoziert (AP2, U1, S. 11, Approche). Gelegenheiten, diatopische Varietäten des Französischen und Minderheitensprachen innerhalb der Frankophonie zu thematisieren, hätten in einigen weiteren Lektionen bestanden, da der zweite Band des Lehrwerks an sich schon erfreulicherweise früh verschiedene einzelne Texte bzw. Lektionen bietet, die in unterschiedlichen Regionen der Frankophonie situiert sind: Belgien und die Schweiz (vgl. Karte Vorderumschlag – wenigstens auf die schweizerische Bildung der Kardinalzahlen hätte z.B. auf S. 116 eingegangen werden können, indem man die Zahl

Abb. 5
(aus: AP2, S. 110)

54 etwa durch ebenso plausible 74, 84 oder 94 ersetzt hätte) sind ebenso vertreten wie transozeanische Varietäten (Unité Révision: Haïti, Tahiti, Guadeloupe, Martinique). Auch die von der Schriftfassung des Buches gebotenen Gelegenheiten, diatopisch geprägte Aussprachevarianten aufzugreifen, werden auf den Schüler-CDs bis auf eine Ausnahme (schweizerisches Französisch: CD2, Track 19) ausgelassen.

À plus! 3 [AP3] stellt 28 Lektionstexte in acht Lektionen (sechs „Unités" [U], einer „Unité supplémentaire" und einer „Unité Révision") bereit. Diatopische Varietäten werden insbesondere in Form des kanadischen Französisch aufgegriffen, gerade auch in der in Québec situierten Lektion 6. Hier schreibt ein Schüler einen Bericht über ein Feriencamp. Zunächst erwähnt er die Etymologie des entlehnten Toponyms „Gaspésie" in seiner Parallelität zu lateinisch-basierten Toponymen vom Typ „FINIS TERRAE" („Le nom de Gaspésie vient d'un mot micmac qui veut dire „là où finit la terre" [...], AP3, U6, S. 94, 4f.), sodann werden in demselben Text einige lexikalische Entsprechungen zwischen der französischen Standardsprache und dem Französischen Québecs aufgezeigt und dabei Informationen über die frankokanadische Sprachgeschichte sowie implizite Hinweise auf die offizielle frankokanadische Sprachpolitik gegeben:

> C'est marrant, les Québécois sont quelquefois plus français que les Français. Ils n'envoient pas des „mails" mais des „courriels", pour eux une „voiture" c'est un „char", comme au Moyen-Âge. Mais il n'y a pas seulement des mots de vieux français dans leur langue, il y a aussi des mots anglais: ils disent „cooker" pour „faire la cuisine". [...]. (AP3, U6, S. 94, 18-24).

Sehr positiv ist eine Zuordnungsübung zur Wiederholung und selbst erschließenden Vertiefung französisch-frankokanadischer Äquivalenzen in derselben Lektion zu werten (AP3, U6, S. 97, Ü 8a), welche die Rezeption von diatopisch markierten Texten schulen soll.

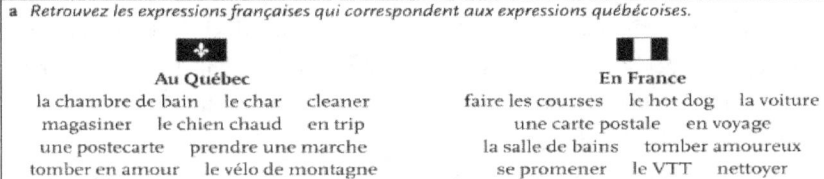

Abb. 6 (aus: AP3, S. 97)

Tatsächlich soll in der sich anschließenden Hörverstehensübung 8b ein mit kanadischen Lexemen versetzter Text resümiert werden. Dieser Text wirkt allerdings insofern inauthentisch, als die Aussprache vollkommen dem Standard Frankreichs entspricht, was in extremem Kontrast zur gehäuften Verwendung frankokanadischen Vokabulars steht (CD2, Track 14).

Standardfranzösische, aber auf regionale Eigenheiten Bezug nehmende Lexeme sind ebenfalls in der Kanada gewidmeten Lektion durch „sirop d'érable" repräsentiert (AP3, U6, S. 99, 40f., auch ebd., Ü 3), aus indigenen Sprachen übernommene Lehnwörter durch „un tipi d'Indien" und „un caribou" (jeweils durch Photos semantisiert, AP3, U6, S. 105, Entracte).

Die Mehrsprachigkeit Québecs sollen sich die Schüler in einer Ansätze der Portfolio-Arbeit aufgreifenden Aufgabe eigenständig erschließen („Rassemble des informations sur le Québec et ses habitants, les langues qu'on y parle, [...]", AP3, U6, S. 103, Ü 7). In der sich anschließenden Übung 8 sind anhand zweier Statistiken die Sprachverhältnisse in Kanada insgesamt und im Québec zu vergleichen, wobei zunächst nur zwischen Englisch, Französisch und „autres langues" differenziert, dann aber eine eigentlich in Verbund mit Übung 7 redundante Internet-Recherche zu der Frage: „Quelles sont les autres langues parlées au Canada?" angeregt wird (AP3, U6, S. 104, Ü 8).

Implizit werden diatopische Varietäten des Französischen ferner durch die Erwähnung frankophoner Jugendliteratur, deren Handlung in Belgien, Kinshasa bzw. in Québec situiert ist, thematisiert (AP3, U4, S. 68f.).

Außer im oben genannten Fall werden weitere Gelegenheiten, die Lernenden mit von der Norm abweichenden Aussprachephänomenen zu konfrontieren, ausgelassen, etwa CD1, Track 12 (Jugendlicher aus Québec, franko-italienische Schülerin).

À plus 4 [AP4] enthält 23 Lektionstexte in insgesamt vier Dossiers [D]. Angesichts der Situierung der Texte in Marseille und dem Maghreb (vgl. Karten in Vorder- und Rückumschlag) bieten sich zahlreiche Möglichkeiten zur Thematisierung diatopischer Varietäten des Französischen, von Minderheitensprachen und von Fällen des Bilinguismus.

Implizit werden diese Phänomene bereits durch die Nennung von Jacques Cartier einerseits und Zinédine Zidane andererseits in einer Übung in D1 evoziert (AP4, D1, S. 19, Ü 5). Weiterhin geschieht dies in der Skizze dezidiert transkultureller (gerade auch deutsch-französischer) Biographien in D2 (z.b. Karl Lagerfeld, Romy Schneider: AP4, D2, S.. 54f.). Ins Standardfranzösische integrierte Lexeme und Anthroponyme provenzalischen Ursprungs bzw. mit unverkennbarem Bezug auf die südfranzösische Kultursphäre spiegeln sich in dem in Marseille angesiedelten Kapitel in „calanques", „bouillabaisse" und in dem Namen „(Henri) Espérandieu" (AP4, D3, S. 56f., 10, 45 bzw. 7, vgl. Dauzat & Morlet 1961, s.v. Espérendieu). Weiterhin okkurriert das ins Französische aufgenommene arabische Lexem „taboulé" (AP4, D4, S. 91, Ü 7).

Individueller Bilinguismus und südfranzösischer Sprachraum spiegeln sich weiterhin in der Geschichte über das Leben des Fußballers Zidane, wenn in Erinnerung gerufen wird, dass seine Eltern zu Beginn der Fünfziger Jahre aus Algerien eingewandert sind (AP4, D3, S. 58, 5), sein Heimatviertel „quartier de la Castellane" (AP4, D3, S. 58, 4) und sein Jugendtrainer „Santanero" heißen (AP4, D.3, S. 59, Comic).

Nur implizit wird arabisch-französischer Bilinguismus in einem Text über die Unruhen des Herbsts 2005 (AP4, D3, S. 62) sowie in einem anderen über die französische Bedeutung des Wortes „Maghreb" / „Djazirat Al Maghrib" (AP4, D4, S. 76, 5-8) erwähnt. In dem ersten Text werden immerhin die Zitate bzw. O-Töne in der Audio-Fassung mit einem leichten arabischen Akzent gelesen (CD2, Track 6). In kurzen Informationsskizzen zu den Ländern des Maghreb werden die dort gesprochenen Sprachen jeweils explizit erwähnt und so die Mehrsprachigkeit dieser Staaten unterstrichen (AP4, D4, S. 76f.).

Implizit werden gerade auch arabisch-französischer bzw. berberisch-arabischer Bilinguismus anhand einer in französischer Sprache wiedergegebenen berberischen Erzählung (AP4, D4, S. 82) sowie anhand eines Berichts über Marrakech (AP4, D4, S. 84, 19: „On peut aussi se faire prédire son avenir (quand on parle arabe ou berbère!)"), explizit anhand des bereits in TE2, P 2, S. 47 zitierten Lieds „Tellement n´brick/ Tellement je t´aime" von Faudel vor Augen geführt (AP4, D4, S. 93, Entracte).

Allerdings wird im weiteren Verlauf des Dossiers 4 „Le monde francophone: Le Maghreb" die Gelegenheit, verschiedene Ausprägungen des Bilinguismus zu problematisieren, ebenso ausgelassen wie in Dossier 2 die Möglichkeit, z.B. die auf die Hugenotten zurückgehende, letztendlich bis in die Siebziger Jahre des Zwanzigsten Jahrhunderts belegte Frankophonie im Gebiet des heutigen Deutschland (lediglich implizit AP4, D2, S. 37, Ü 6)[16] oder den Sonderfall des Bilinguismus Friedrichs II. von Preußen (vgl. bes. AP4, D2, S. 38f.)[17] zu thematisieren.

Im Unterschied zum Lehrbuch ist in Bezug auf die Schüler-CD äußerst positiv festzuhalten, dass gerade Lektion 4 zahlreiche längere (mehrminütige) Textpassagen enthält, welche die Schülerinnen und Schüler mit einer arabischen Aussprache vertraut machen (fünf Portraits von Jugendlichen, CD2, Tracks 14f., sogar der „Conte berbère", Track 16, wird mit einer entsprechenden Färbung der Aussprache vorgetragen).

À plus 5 [AP5] stellt 25 Lektionstexte in zehn Lehreinheiten (fünf Dossiers [D], einer „Préparation au second cycle" [P] und vier „Bilans" [B]) zur Verfügung. Der Vorderumschlag bildet eine Weltkarte unter Hervorhebung der Frankophonie ab, die des Rückumschlags repräsentiert Afrika. Insofern ist hier besonders mit einer Thematisierung diatopischer Varietäten des Französischen, aber auch von Situationen des Bilinguismus und des Sprachkontakts zu rechnen.

In Bezug auf La Guadeloupe sind das Lexem „[banane] poyô" (L1, S. 11, 45) sowie ein Hinweise über die Ursprünge des entsprechenden Kreols und die aktuelle sprachliche Situation zu verzeichnen:

> Les premiers colons français venus surtout de Normandie et de Bretagne parlaient un français simple qui s´est peu à peu modifié au contact des langues africaines que parlaient les esclaves noirs. Ainsi est né le créole qui est devenu la langue de tous le Guadeloupéens. (AP5, L1, S. 11, 47-52)

Besonders verdienstvoll ist in diesem Zusammenhang die auch als Hörtext verfügbare Zuordnungsübung „en créole – en français" in AP5, L1, S. 13, Ü 5:

---

[16] Einführend vgl. Reimann (2006, mit weiterführender Bibliographie).
[17] Vgl. besonders Petersilka (2005).

Diatopische Varietäten im transkulturellen Fremdsprachenunterricht 153

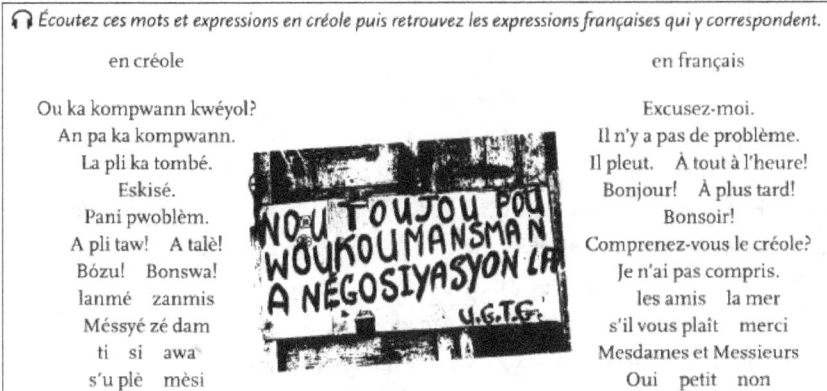

🎧 *Écoutez ces mots et expressions en créole puis retrouvez les expressions françaises qui y correspondent.*

en créole	en français
Ou ka kompwann kwéyol?	Excusez-moi.
An pa ka kompwann.	Il n'y a pas de problème.
La pli ka tombé.	Il pleut. À tout à l'heure!
Eskisé.	Bonjour! À plus tard!
Pani pwoblèm.	Bonsoir!
A pli taw! A talè!	Comprenez-vous le créole?
Bózu! Bonswa!	Je n'ai pas compris.
lanmé zanmis	les amis la mer
Méssyé zé dam	s'il vous plaît merci
ti si awa	Mesdames et Messieurs
s'u plè mèsi	Oui petit non

Abb. 7 (aus: AP5, S. 13)

Auch ansonsten ist dieser Band des Lehrwerks mit anschaulichen Hörproben verschiedener Artikulationen des Französischen versehen: Tatsächlich spricht bereits den ersten Hörtext der CD ein zweisprachiger Schüler aus Guadeloupe, dessen Französisch einen hörbaren Akzent aufweist. Außerdem wird hier ein Lied im Kreol Guadeloupes wiedergegeben (CD1, Tr. 2). Auch in dem Interview mit dem Fußballer Lilian Thuram sind sowohl der leichte Akzent des Sportlers als auch der stark afrikanische Einschlag des Reporters kamerunesischer Herkunft Achille Mbembe[18] unverkennbar (CD1, Tr 9f.). Hervorhebenswert ist ferner ein Wetterbericht für Guadeloupe, der ebenfalls von einem regionale Aussprachecharakteristika aufweisenden Sprecher vorgetragen wird (CD1, Track 15).

In Lektion 5 „Visages de l'Afrique" sind im Lehrbuch metalinguistische Informationen über die sprachliche Situation Afrikas, ins Französische übernommene Fremdwörter afrikanischer Herkunft, französische Wörter, die in ihrer Okkurrenz einen eindeutigen Regionalbezug aufweisen sowie Toponyme afrikanischer Provenienz nachgewiesen. So heißt es in der Reisereportage aus Mali:

> Dans les rues, nous entendons des langues que nous ne comprenons pas: le bambara, le peulh? Mais à la poste, à la banque où nous avons changé de l'argent, on parle français (AP5, L5, S. 94, 7-13)

---

[18] Zur Vita vgl. z.B. http://fr.wikipedia.org/wiki/Achille_Mbembe#R.C3.A9f.C3.A9rences (05.01.2011).

Als Toponyme okkurrieren: Koulikoro, Tombouctou, Sikasso, Hombori, Kita, als in einen frankophonen Text integriertes autochthones Lexem „calao" (Vogelart, AP5, L5, S. 106, 18, vgl. Rey & Rey-Debove 1993, s.v.), als auf charakteristische Realien Afrikas Bezug nehmendes französisches Lexem „la case" (ebd., 26). Weiterhin wird auf der Audio-CD zu L5 die prosodische und phonetische Ebene der Sprache mehrfach in diatopisch markierter Form manifest: seien dies eine Sprecherin aus dem Senegal und ein Sprecher aus der Elfenbeinküste in CD2, Track 18, seien es Zitate bzw. O-Töne in der Reisereportage zu Mali (CD2, Tracks 19-22), das Lied von Amadou und Miriam (CD2, Track 26) oder ein originalsprachlicher Song von Mory Kanté (CD2, Track 28).

Natürliche Sprachmischung in einer Austauschsituation wird am Sprachenpaar Deutsch-Französisch in AP5, L3, S. 56f. vor Augen geführt. Auf der Schüler-CD hat ferner ein Schüler maghrebinischer Herkunft einen hörbaren Akzent (CD1, Track 24/ AP5, L2, S. 39, Ü 10).

Eine ausgelassene Gelegenheit zur Thematisierung diatopischer Varietäten stellt sowohl im Lehrbuch als auch auf der Audio-CD der lange Text über den Viaduc de Millau dar: Hier hätten z.B. in den O-Tönen zumindest auf der Audio-CD Eigenheiten regionaler Sprecher berücksichtigt werden können (AP5, L4, S. 86f. bzw. CD2, Track 13-16).

Dévouvertes

Découvertes 1 [Déc1] enthält 20 Lektionstexte in neun Lektionen [L] und drei „Plateaux" [P]. Anders als in AP2 (Séquence supplémentaire, S. 116) im Falle der Schweiz wird hier im Rahmen einer Einkaufsszene in Belgien die Gelegenheit wahrgenommen, ansatzweise auf Eigenheiten der Bildung der Kardinalzahlen im belgischen Französisch einzugehen („septante", Déc1, L8, S. 98, 55):

> „[...] Voilà, ça fait quatre euros septante centimes, s'il te plaît", répond la dame. „Euh ... Pardon? Ça fait combien? Quatre euros sept combien?" „... soixante-dix centimes. Nous, en Belgique, nous disons septante et pas soixante-dix", explique la dame. „C'est bien ici! Septante, c'est facile ... [...]" (loc. cit., 55-62)

Ähnlich wie in TVB1, U1A, S. 14 werden regionalfranzösische Divergenzen in Bezug auf die nonverbale Kommunikation am Beispiel der „bise" thematisiert, hier allerdings mit einer konkreten Anzahl, bezogen auf nur eine Region

("Quand Mme Kermorgant [sort], son grand-père [l']accompagne toujours à la porte. Il [la] remercie et il fait trois bises à la „petite", comme il dit." (Déc1, L9A, S. 114, Ü 11).[19] Andererseits halten auch in Déc1 vereinzelt anthroponyme Lexeme aus französischen Regionalsprachen Einzug (wiederum bretonisch „kenavo" – „au revoir", Déc1, L9B, S. 115, 40, ebenso L9B, S. 116, Ü 1, 5; vgl. in AP2, U6, S. 110, Entracte; weiterhin die Namen „Loïc" und „Kermorgant" (vgl. Dauzat & Morlet 1961, s.v. ker), Déc1, L9A, S. 114, Ü 11), ebenso aus dem Arabischen ins Französische aufgenommene Entlehnungen wie „le souk" (Déc1, L9A, S. 109, 52f.; der Text ist ebenso wie AP4, D4, S. 84 in Marrakech situiert).

Die sprachliche Entwicklung in der Bretagne wird ähnlich wie in TVB1, U1A, S. 14 (Referenz dort ist die Großeltern-Generation, s.o.) in Déc1, L9, S. 117, Ü 6 thematisiert („Anne et Yann: Non, nous ne parlons pas le breton, mais nos parents le parlent"). Weitere Möglichkeiten, diatopische Varietäten des Französischen in Belgien (Déc1, L8, außer der Bildung der Kardinalzahl „septante", s.o.) und des Französischen im benachbarten Nord-Pas-de-Calais (vgl. Déc1, L7) zu thematisieren, werden nicht wahrgenommen.

Individueller Bilinguismus Französisch-Arabisch wird von einer der Protagonistinnen der Lehrwerkgeschichten, Malika, veranschaulicht, wenn sie auf einer Postkarte von einem Besuch bei ihren Großeltern in Marokko berichtet (Déc1, L9A, S. 109, 54ff.: „Mon grand-père parle le français et l'arabe. Moi, je n'ai pas parlé l'arabe depuis des années. Mais je le comprends."; der Sachverhalt wird in einer dem Training des Leseverstehens dienenden Zuordnungsübung Déc1, L91, S. 110, Ü 1b aufgegriffen).

Mehrsprachigkeit und natürliche Sprachmischung, die als Ausdruck transkultureller Identität gelten dürfen, werden immer wieder am Sprachenpaar Deutsch-Französisch implizit oder explizit veranschaulicht, meist bezogen auf Austauschsituationen oder auf lernersprachliche Varietäten (z.B. Déc1, L1, S. 9, Entrée: „Hallo! Ich bin Christian. Ich komme aus Berlin und wohne erst seit einer

---

[19] Zuvor ist bereits auf die „bise" in Bezug auf Unterschiede in der nonverbalen Kommunikation zwischen Deutschland und Frankreich eingegangen worden (Déc1, 8, S. 98, 68-70: „Christian [Deutsch-Franzose] veut faire la bise à Julia [Deutsche] mais elle ne veut pas! „Mais on fait la bise, chez nous en France!").

Woche in Paris. Meine Mutter ist Französin, mein Vater Deutscher.", Déc1, L1, S.11, 38-41: „[Lehrerin] Mme Bertrand: Chut! Silence! Voici un nouveau: Christian Beckmann. Herzlich willkommen, Christian!", 47: „Emma [Französin]: Guten Tag, Christian!"; Übersetzungsübung mit gemischtsprachigen Missverständnissen Déc1, P1, S. 41, Ü3; Déc1, L8, S. 97f. (*passim*, Hör- und Lesetext zu einer Schüleraustausch-Situation; Déc1, P3, S. 119, Ü2, z.B. Christian: „Ach was! Je ne suis pas d´accord avec toi!")).

Bedauerlicherweise finden die oben genannten Befunde keine Entsprechungen in den Hörtexten: hier wird z.B. keine spezifisch belgische Aussprache deutlich, selbst deutsche Schüler haben praktisch keinen Akzent (z.B. CD2, Track 19).

Découvertes 2 [Déc2] beinhaltet 23 Lektionstexte in 8 „Leçons" [L] und 3 „Plateaux" [P]. Im Verhältnis zu Déc1 werden diatopische Varietäten des Französischen, Minderheitensprachen und Bilinguismus bedauerlicherweise deutlich weniger berücksichtigt. Immerhin ist in diesem Band insofern ein bedeutendes Alleinstellungsmerkmal innerhalb des gesamten Korpus nachzuweisen, als nur hier auch prosodische Aspekte des Varietätenspektrums und deren Rezeption beim Adressaten einer Äußerung explizit thematisiert werden (vgl. das Untersuchungsfeld der perzeptiven Varietätenlinguistik, Krefeld & Pustka 2010a). Zunächst beklagt sich die aus Paris nach Toulouse umgezogene Schülerin Emma u.a. über die Aussprache in der neuen Umgebung („Je n´ai pas d´amis ici. En plus, avec leur accent, je ne comprends rien.", Déc2, L2, S. 23, Bild 4; dies findet allerdings auf der Audio-CD keinerlei Niederschlag, denn als wenig später eine Schülerin aus Toulouse Emma anspricht, hat deren Französisch keinerlei regionale Färbung (CD1, Track 19f.).

Danach werden die Zentralität und der die Norm bestimmende Charakter des Französischen der Île-de-France hinterfragt, was im Sinne eines transkulturellen Fremdsprachenunterrichts zur Relativierung tradierter Wahrnehmungsschemata und Dominanzstrukturen beitragen kann: Angesichts eines Videoprojekts von Emmas neuer Schule in Toulouse mit einer Schule in Dakar haben die senegalesischen Jugendlichen Bedenken bezüglich der Perzeption ihrer Aussprache bei den südfranzösischen Jugendlichen, können sich aber mit dem Gedanken trösten, dass auch Emma einen deutlich hörbaren „Akzent" hat:

A Dakar, on pense que les Français vont rigoler quand ils vont entendre leur accent d´Afrique. Emma va comprendre ça. A Toulouse, on parle souvent à Emma de son accent de Paris! On entend bien son accent sur la vidéo. (Déc2, L4, S. 58, Ü 4b).

Im Bereich der Lexik wird mit „cassoulet" ein regionalfranzösisches Wort eingeführt, das in die Standardsprache Einzug gehalten hat (Déc2, L2, S. 26, Ü 3). Ferner wird in einer Hörverständnisübung auf Besonderheiten der Zählung in Belgien bzw. der Schweiz eingegangen („huitante", „nonante", Déc2, L9, S. 125, Ü 5).

Die Mehrsprachigkeit (auch) frankophoner Gebiete wird in einer Information zur sprachlichen Situation der Schweiz erwähnt („Dans le canton des Grisons, on parle encore le romanche. Le romanche est aussi une langue romane comme le français et l´italien, mais beaucoup plus rare", Déc2, L9, S. 125, Info F). Bedauerlicherweise wird die Gelegenheit, die Lernenden auf der Audio-CD auch mit prosodischen und phonetischen Eigenheiten des Schweizerischen Französisch zu konfrontieren, ausgelassen (z.B. CD2, Track 36).

Ferner werden auch in Déc2 arabisch-französischer Bilinguismus thematisiert und ausgewählte arabische Lexeme semantisiert (Déc2, L8B, S. 112: „zenzela" – „tremblement de terre"; vgl. Bezugnahmen auf arabische Ursprünge in literarischen Texten und Liedern Déc2, L8, S. 118 (und 203), Album).

Dennoch werden auch in Déc2 Gelegenheiten zur weiteren Thematisierung gerade auch diatopischer Varietäten des Französischen ausgelassen, z.B. angesichts der Situierung von L2 und L3 in Toulouse und L7 in den Pyrenäen.

Découvertes 3 [Déc3] ist um 24 Lektionstexte in elf Einheiten (5 Lektionen [L], drei „Modules" [M], zwei „Plateaux" [P] und einem „Supplément" [S]) konstruiert. Die geographische Situierung der einzelnen Kapitel u.a. in der Normandie (L1), Burgund (L2), der Bretagne (L5), dem Süden Frankreichs (L4, M1, M2) und in Kanada (M3) hätte die Thematisierung zahlreicher diatopischer Varietäten des Französischen und Minderheitensprachen Frankreichs erlaubt. Indes werden – jenseits standardfranzösischen Vokabulars, das regionalspezifische Besonderheiten bezeichnet („moutarde", „pain d´épice", „[bonbons de] cassis", z.B. Déc3, L2, S. 23, Déc3, L2, S. 26, Ü 4; „le mistral", M2, S. 77, 15, „les calanques", M2, S. 83, „sirop d´érable", M3, S. 86, 47) kaum diatopische Varietäten des Französischen eingeführt. Einzig kanadisches „icette" statt „ici" ist in Déc3 (M3, S. 85, 18-22) belegt. Daneben werden wiederum prosodische Eigenheiten thematisiert:

> Bastien: Moi, c'est Bastien. Je viens d'„icitte", de la Gaspésie". [...] Daniel: Dis-donc, t'as un drôle d'accent, toi. Tu viens d'où? D'icitte? C'est une ville? Bastien: Mais non! „Icitte", ça veut dire „ici". On parle autrement chez nous au Québec.

Die *language awareness* Jugendlicher in Québec ist Thema in Déc3, M3, S. 91, 9, (individuelle) Mehrsprachigkeit in Kanada in ihrer künstlerischen Modellierung ist durch das Lied „Femme like U" von K-Maro repräsentiert (Déc3, M3, S. 88, Ü 4 und 5).

Implizit werden in Anthroponymen auch in Déc3 Minderheitensprachen auf französischem Territorium thematisiert: so etwa in den Namen Nouria oder Babaka (Déc3, L3, S. 32); im Lexem „sanza" (Déc3, M3, S. 89) wird Sprachmischung zwischen Französisch und afrikanischen Sprachen manifest. Allerdings findet dies auf der Audio-CD keine Entsprechung: Weder Nuria noch „notre copain du Sénégal" (S. 32, 4) weisen eine diatopisch markierte Aussprache auf (CD1, Tracks 24-28). Selbiges gilt zunächst auch für das in der Schriftfassung weitgehend absente innerfranzösische Varietätenspektrum: Die Jugendlichen aus Nizza in L4 sprechen im Hinblick auf die Aussprache vollkommen neutrales Französisch (CD1, Track 34f.); sehr erfreulich ist indes, dass in M1 zwar eine 23jährige Feuerwehrfrau aus dem Var diatopisch nicht markiertes Französisch spricht, ein fünfzigjähriger Bauer allerdings deutlich hörbare regionale Eigenheiten aufweist (v.a. [ə], Nasale: CD2, Track 4f.).

Ebenso hervorhebenswert ist, dass auf CD2, Track 19 und 21 im Kontext von M3 „Le tour du monde francophone" zunächst phonetische und prosodische Eigenheiten des Französischen in Kanada, auf Martinique, im Senegal, in Belgien, Marokko und Louisiana anhand kurzer Hörproben verdeutlicht werden (deutlich v.a. in den Fällen Québec, Sénégal (Prosodie, [r]), Belgien (Prosodie) und Louisiana (englischer Einfluss auf Phonetik und Prosodie)), sodann in der Jugendbegegnung „La dictée des Amériques" v.a. ein kanadischer Sprecher und eine senegalesische Sprecherin eine deutlich vom Standard abweichende Aussprache an den Tag legen.

Découvertes 4 [Déc4] umfasst 26 Texte in 10 Einheiten (fünf „Leçons" [L], drei „Modules" [M], zwei „Plateaux" [P]). Auch in Déc4 kommen, trotz sich aus der erfreulichen Vielfalt der Schauplätze und Themen (z.B. französische Antillen, Elsass, Maghreb, Belgien) ergebender Gelegenheiten, diatopische Varietäten nur wenig zum Tragen.

Positiv ist die Konfrontation der Schüler mit französisch-basierten Kreolsprachen (z.B. Informationstext: „Le créole – sa sa yé?" und zweisprachiger „Info-F"-Kasten mit einem Dialog in Kreolisch und Französisch (Déc4, L5, S. 60).

Abb. 8 (aus: Déc4, S. 60)

Dies spiegelt sich auch in den Hörtexten der Schüler-CD: in CD2, Track 1 werden die Schülerinnen und Schüler sogleich mit einem kreolischen Lied konfrontiert (ebenso Track 19), während in Track 4 eine Sprecherin aus La Guadeloupe in eindeutig diatopisch markiertem Französisch ihre Insel vorstellt. In Track 12 wird von derselben Sprecherin die sprachliche Situation innerhalb einer Familie dargestellt ([...] „Heureusement, nos enfants ne parlent pas le créole. Je préfère qu'ils apprennent le français. [...]), was Anlass zu Problematisierungen der Diglossie im Unterrichtsgespräch bietet. In den Tracks 15 bis 18 „Manger, rire et danser" wird u.a. ein Rezept aus La Martinique mit entsprechendem Akzent vorgestellt.

Generell ist L5 des Bandes *Découvertes 4* mit seiner vertieften Auseinandersetzung mit vielfältigen Aspekten der Antillen im Hinblick auf die Entwicklung transkulturell ausgerichteter Lernarrangements als vorbildlich zu werten.

Daneben werden metasprachliche Informationen über die Rolle der französischen Sprache im Maghreb in einem Lesetext des Module 3 geliefert (Déc4, M3, S. 87, Ü 10). Individueller Bilinguismus wird anhand einer Übung zur Satzstellung am Beispiel einer Protagonistin des Lehrwerks, deren Sprachenbiographie bereits aus Déc1 bekannt ist (Déc1, L9A, S. 109, 54ff., Déc1, L91, S. 110, Ü 1b), thematisiert („Malika parle / l'arabe / le français / que / mieux", Déc4, M3, S. 88, Ü 11).

Bedauerlich ist, dass in Déc4, L2, S. 22f. – „stage d'archéologie" in Belgien – nicht bereits aus Déc1 bekannte sprachliche Eigenheiten des belgischen Französisch in Erinnerung gerufen und vertieft werden. In Bezug auf Leçon 3 ist einerseits zu bemängeln, dass in der in Straßburg situierten Einheit nicht auf die Minderheitensprache Deutsch im Elsass eingegangen wird, andererseits ist es erfreulich, dass vor dem Hintergrund des europäischen Charakters der Lektion individuelle Mehrsprachigkeit in Europa wiederholt thematisiert wird (bes. Déc4, L3, S. 31, 37).

Découvertes 5 [Déc5] liefert 31 Texte, verteilt auf 9 Kapitel (fünf Dossiers [D] und vier Einheiten „A la carte" [C]). Angesichts der Tatsache, dass es sich um einen Band handelt, der an der Schnittstelle zur Oberstufe eingesetzt wird und in dem gerade auch in Kapiteln zu den Themen „Leben auf dem Land" (D3) und „Frankophonie" (D5) zahlreiche Anlässe bestehen, in das französische Varietätenspektrum einzuführen, enthält er verhältnismäßig wenige Bezugnahmen auf diatopische Varietäten des Französischen.

In der Hörverständnisübung (Zuordnungsübung) Déc5, D5, S. 48, Ü 2 weist einzig Aminata aus Dakar einen hörbaren Akzent auf, Alisson aus Tahiti und Aimé aus La Réunion sprechen ohne für Schüler wahrnehmbare diatopische Markierung (CD1, Track 37).

Im Text „L'enfant noir" von Camara Laye ist das Lexem „la case" belegt, das insbesondere auch mit Bezug auf Afrika verwendet wird (Déc5, D5, S. 52, 5, vgl. Definition und erste Anwendungsbeispiele in Rey-Debove/ Rey 1993, s.v.: „Habitation traditionnelle, [...], dans certaines civilisations des pays tropicaux. *Cases africaines, antillaises.* [...]"). Auf der Audio-CD wird der Text ohne für die Schüler erkennbar diatopisch markierte Aussprache vorgetragen. Auf der Schüler-CD befindet sich mit CD1, Track 46 ein sich auf das Arbeitsbuch beziehender Text, der mit leicht senegalesischem (die Sprecherin stammt aus Dakar) Akzent vorgetragen wird.

Im Auszug aus „Kiffe kiffe demain" von Faïza Guène tritt neben dem Lexem „l'aïd" (Déc5, D2B, S. 22, 5) und dem schon früh (16. Jahrhundert, vgl. Picoche 2002, s.v.) aus dem Arabischen entlehnten „le henné" vor allem auf der Audio-CD der leichte Akzent der Autorin Faïza Guène selbst (CD1, Track 8) als Zeugnis arabisch-französischer Zweisprachigkeit und Sprachmischung zu Tage.

Ein lernersprachlicher Akzent im Französischen ist bei der deutschen Fremdsprachenassistentin in Draguignan unverkennbar (CD1, Track 27).

In C2 werden die Regionalsprachen Frankreichs erwähnt und auswahlartig in sprichwörtlichen Redewendungen exemplifiziert (Déc5, C2C, S. 72). Im Anhang des Buches befindet sich eine „Carte linguistique de la France", entnommen aus Walter 1988 (Déc5, S. 214) sowie eine Karte Afrikas, auf der die Funktion des Französischen in den verschiedenen Staaten eingezeichnet ist (Déc5, S. 216).

5. Zusammenfassung und Interpretation der Daten

Arabisch-französischer Bilinguismus, gerade auch von Jugendlichen in Frankreich, wird in allen vier untersuchten Lehrwerken wiederholt implizit, selten jedoch explizit und auf phonetischer und prosodischer Ebene thematisiert. Französisch basierte Kreolsprachen werden in allen untersuchten Lehrwerken, teilweise auch wiederholt und durch entdeckendes Lernen induzierende Aktivitäten, motivierend eingeführt. Auch deutsch-französische Zweisprachigkeit und lernersprachliche Varietäten werden *passim* thematisiert; in einem Fall wird der deutsche Akzent im Französischen auf der Audio-CD allerdings sehr ungeschickt imitiert (TVB2). Es wäre wünschenswert, dass gerade der arabisch-französische Bilinguismus zumindest auf rezeptiver Ebene systematischer in den Französischunterricht integriert würde – Gelegenheiten dazu ergeben sich aus der Anlage aller vorliegenden Lehrwerke.

Diatopische Varietäten, Kontakt-, Regional- bzw. Minderheitensprachen innerhalb der Frankophonie (einschließlich Frankreichs) werden insbesondere in den Bereichen Phonetik und Prosodie (Audio-CD), auf lexematischer Ebene (Entlehnungen: Fremd- und Lehnwörter, indirekt durch standardfranzösische

Lexeme mit eindeutigem Regionalbezug) sowie im Bereich der Anthroponyme und der Toponyme manifest. Innerhalb der diatopischen Varietäten des Französischen Frankreichs wird im untersuchten Korpus praktisch nur punktuell dem Bereich der *langue d'oc* – und hier wiederum vor allem dem Provenzalischen – Beachtung geschenkt (v.a. TE, Déc). Aus der europäischen Frankophonie werden ferner punktuell Eigenheiten des schweizerischen (AP, Déc) und des belgischen (TVB, Déc) Französisch thematisiert. Doch wie im Fall des Bilinguismus sind diese Hinweise wenig systematisch. Gerade auch im Bereich des Hörverstehens wäre z.B. eine vertieftere Auseinandersetzung mit dem Schweizerischen Französisch wünschenswert.

Unter den außereuropäischen Varietäten findet das Französische Kanadas (TE, AP, Déc, teils mehrfach und in Ansätzen vertiefend) die größte Beachtung. Dabei ist aber nicht festzustellen, dass innerhalb einer Lehrwerkreihe systematisch auf Vorkenntnisse aus den vorausgehenden Bänden aufgebaut würde. Die afrikanische Frankophonie wird immer wieder v.a. am Beispiel des Französischen Senegals bzw. senegalesischer Einwanderer in Frankreich präsentiert (in allen vier Lehrwerken). Punktuell treten frankophone Varietäten Kameruns (TVB, AP), Malis (AP), der Elfenbeinküste (AP), Madagaskars (TE) und der Insel La Réunion (TVB) auf.

Innerhalb des Spektrums der Regionalsprachen Frankreichs okkurriert das Bretonische am häufigsten (in allen vier Lehrwerken). Hier ist, wie im Falle des Französischen Kanadas, keine systematische Entwicklung der Auseinandersetzung mit dieser Regionalsprache innerhalb je eines Sprachkurses zu erkennen. Das Deutsche im Osten Frankreichs sowie germanisch-romanischer Sprachkontakt in Belgien und der Schweiz werden beinahe bzw. gar nicht erwähnt – dies ist bedauerlich, ergäben sich doch hier Anlässe, Modelle für einen natürlichen Bilinguismus und für einen ungezwungenen Umgang mit Mehrsprachigkeit zu liefern. Entsprechendes gilt auch für – politisch zugegebenermaßen brisantere – Sprachen wie Korsisch[20] oder Baskisch, aber auch für das Katalanische in Südfrankreich: Mit der Berücksichtigung dieser Sprachen, insbesondere auch des Katalanischen, könnte das Französische seiner Rolle als Brückensprache zur Er-

---

[20] Wie Südfrankreich, Korsika und Elsass durchaus in den Französischunterricht integriert werden können, zeigt Leitzke-Ungerer (2004).

schließung weiterer romanischer Sprachräume bzw. Sprachen, hier Spaniens, gerecht werden.

Diatopische Varietäten im Bereich der nonverbalen Kommunikation okkurrieren punktuell in zwei Lehrwerken (TVB, Déc). Eine weitere Besonderheit, die der Ausbildung von *language(s) awareness*[21] gerade auch im Hinblick auf das Varietätenspektrum dient, ist der Hinweis auf Sprecherurteile über andere diatopische Varietäten des Französischen (z.B. Sprecherin von den Antillen über kanadisches Französisch, Sprecherin aus dem Midi über Sprecher aus dem Bereich der *langue d'oïl*, Sprecher aus Senegal über Sprecherin aus Paris in Toulouse, TE4, Déc2). Diese Ansätze sind äußerst begrüßenswert und sollten in alle künftigen Lehrwerke integriert werden.

Insgesamt werden in den Lehrwerken für Gymnasien erwartungsgemäß diatopische Varietäten, Minderheitensprachen und Bilinguismus stärker berücksichtigt als in denen für Realschulen, allerdings stehen diese den Gymnasialbüchern nicht weit nach; insbesondere TE enthält zahlreiche und positive Beispiele, wie auch an Realschulen in das Varietätenspektrum eingeführt werden kann.

Abschließend ist festzuhalten, dass im untersuchten Korpus durchaus gute Ansätze vorhanden sind. Lehrer sollten diese Möglichkeiten auf jeden Fall für eine explizite Thematisierung diatopischer Varietäten nutzen und idealiter um weitere Lernanlässe ergänzen, um Französisch tatsächlich in seiner Dimension als Weltsprache zu vermitteln.

Besonders die Berücksichtigung Französisch-basierter Kreolsprachen in allen Lehrwerken ist positiv hervorzuheben. Doch sollte gerade diatopischen Varietäten des Französischen – auswahlartig – deutlich größere Beachtung geschenkt werden. Dies betrifft insbesondere die Ebene der mündlichen Rezeption. Hier könnten exemplarisch einzelne Varietäten ausgewählt werden, mit denen sich die Lernenden in den vier bzw. fünf Bänden eines Lehrwerks in einer systematischen Progression vertraut machen könnten. Ob z.B. dem quebecer Französisch in Anbetracht der relativ geringen Sprecherzahl und der extensiven Kontakte Deutschlands zu der Region tatsächlich die Aufmerksamkeit gewidmet werden muss, die ihm derzeit zuteil wird, und inwiefern es sich dabei nicht um eine

---

[21] Zum Begriff *languages awareness* im Kontext der Mehrsprachigkeitsdidaktik vgl. Meißner (1998, 107).

Folge eines verspäteten Eurozentrismus bzw. einer vorrangigen Orientierung an Nordamerika handelt, sei dahingestellt.

Zu denken wäre indes z.b. an die – in Grundzügen – systematische Auseinandersetzung mit je einer südfranzösische Varietät, ggf. einer weiteren europäischen Varietät (belgisches oder schweizerisches Französisch) sowie insbesondere auch mit einer afrikanischen Varietät. So könnte der Französischunterricht einen noch größeren Beitrag zur Entwicklung transkultureller kommunikativer Kompetenz leisten.

Korpus und Bibliographie:
Korpus:
À plus. Bände 1 bis 5. Bächle, Hans et al. Berlin: Cornelsen 2004-2008.
Découvertes. Bände 1 bis 5. Bruckmayer, Birgit et al. Stuttgart: Klett 2004-2008.
Tous ensemble. Bände 1 bis 4. Crismat, Anne et al. Stuttgart: Klett 2004-2007.
Tout va bien. Bände 1 bis 4. Belaval-Nink, Sandrine et al. Braunschweig: Diesterweg 2004-2006.

Bibliographie:

ANTOR, Heinz. 2006. ed. *Inter- und Transkulturelle Studien. Theoretische Grundlagen und interdisziplinäre Praxis.* Heidelberg: Winter.

BAUMGRATZ-GANGL, Gisela. 1990. *Persönlichkeitsentwicklung und Fremdsprachenerwerb. Transnationale und transkulturelle Kommunikationsfähigkeit im Französischunterricht.* Paderborn: Schöningh.

BAUSCH, Karl-Richard & CHRIST, Herbert & KRUMM, Hans-Jürgen. [5]2007. edd. *Handbuch Fremdsprachenunterricht.* Tübingen & Basel: Francke (unveränderter Nachdruck von [4]2003).

BAYERISCHES STAATSMINISTERIUM FÜR UNTERRICHT UND KULTUS. 2004ff. ed. *Lehrplan für das Gymnasium in Bayern.* Wolnzach: Kastner.

BELLONIE, Jean-David. 2010. „Repräsentation des *accent antillais* und des *accent parisien* in Martinique", in: Krefeld & Pustka 2010a, 266-287.

BOSSONG, Georg. 2009. *Die romanischen Sprachen. Eine vergleichende Einführung.* Hamburg: Buske.

BOUGHTON, Zoë. 2010. „Perzeption und Evaluation der Variation im gesprochenen Französisch", in: Krefeld & Pustka 2010a, 103-121.

BREDELLA, Lothar. 1999. „Zielsetzungen interkulturellen Fremdsprachenunterrichts", in: Bredella & Delanoy 1999, 85-120.

BREDELLA, Lothar. 2010. „Fremdverstehen und interkulturelles Verstehen", in: Hallet & Königs 2010, 120-125.

BREDELLA, Lothar & DELANOY, Werner. 1999. "Einleitung. Was ist interkultureller Fremdsprachenunterricht?", in: idem. edd. *Interkultureller Fremdsprachenunterricht*. Tübingen: Narr, 11-31, hier 15.
BUTZKAMM, Wolfgang. 1973. *Aufgeklärte Einsprachigkeit*. Heidelberg: Quelle & Meyer.
BUTZKAMM, Wolfgang. 2004. *Lust zum Lehren, Lust zum Lernen. Eine neue Methodik für den Fremdsprachenunterricht*. Tübingen & Basel: Francke.
BUTZKAMM, Wolfgang. 2009. *The Bilingual Reform. A Paradigm Shift in Foreign Language Teaching*. Tübingen: Narr.
BYRAM, Michael. 1997. *Teaching and Assessing Intercultural Communicative Competence*. Clevedon et al.: Multilingual Matters.
CHEVALIER, Jacques. 1974. "Espace de vie ou espace vécu? L´ambiguïté et les fondements de la notion d´espace vécu", in: *L´Espace géographique* 3, 68.
DAUZAT, Albert & MORLET, Marie-Thérèse. ³1961. *Dictionnaire étymologique des noms de famille et prénoms de France*. Paris: Larousse.
DECKE-CORNILL, Helene & KÜSTER, Lutz. 2010. *Fremdsprachendidaktik*. Tübingen: Narr.
DE FLORIO-HANSEN, Inez. 2000. "Interkulturalität als Voraussetzung für personale Autonomie und Authentizität", in: *Praxis des neusprachlichen Unterrichts* 3, 227-234.
DELANOY, Werner. 2008. "Transkulturalität und Literatur im Englischunterricht", in: *Fremdsprachen Lehren und Lernen* 37, 95-108.
DRESCHER, Martina. 2009. "Französisch in Westafrika zwischen endogener und exogener Norm: das Beispiel Burkina Faso", in: Stolz & Bakker & Salas Palomo, 41-80.
ECKERTH, Johannes & WENDT, Michael. 2003a. ed. *Interkulturelles und transkulturelles Lernen im Fremdsprachenunterricht* Frankfurt am Main et al.: Lang.
ECKERTH, Johannes & WENDT, Michael. 2003b. "Brauchen wir einen inter- und/ oder transkulturellen Fremdsprachenunterricht?", in: idem. 2003a, 9-21.
ELFLEIN, Ramona & WANITSCHEK, Julia. 2009. "Bienvenue chez les Ch´tis. Unterwegs in Frankreichs Norden", in: *Lehrer online* 28.07.2009, http://www.lehrer-online.de/chtis.php (04.01.2011).
ERFURT, Jürgen. 2005. *Frankophonie. Sprache – Diskurs – Politik*. Tübingen & Basel: UTB.
FÄCKE, Christiane. 2000. *Egalität - Differenz - Dekonstruktion eine inhaltskritische Analyse deutscher Französisch-Lehrwerke*. Hamburg: Kovač.
FÄCKE, Christiane. 2003. "Subjekt und Kontext: Interdependenzen im Blick auf Transkulturalität", in: Eckert & Wendt 2003a, 53-63.
FÄCKE, Christiane. 2006. *Transkulturalität und fremdsprachliche Literatur. Eine empirische Studie zu mentalen Prozessen von primär mono- oder bikulturell sozialisierten Jugendlichen*. Frankfurt a.M. et al.: Lang.
FÄCKE, Christiane & HÜLK, Walburga & KLEIN, Franz-Josef. edd. *Multiethnizität, Migration und Mehrsprachigkeit. Festschrift zum 65. Geburtstag von Adelheid Schumann*. Stuttgart: ibidem.
FRINGS, Michael. 2006a. *Mehrsprachigkeit und Romanische Sprachwissenschaft an Gymnasien? Eine Studie zum modernen Französisch-, Spanisch- und Italienischunterricht*. Stuttgart: ibidem.
FRINGS, Michael. 2006b. ed. *Sprachwissenschaftliche Projekte für den Französisch- und Spanischunterricht*. Stuttgart: ibidem.
FLECHSIG, Karl-Heinz. 2000. "Transkulturelles Lernen". Internes Arbeitspapier 2/2000. Göttingen: Institut für Interkulturelle Didaktik, http://www.erzwiss.uni-hamburg.de/Personal/

koerber/Lehre/2005wise/PolDid/VS/ FLECHSIG_2000_Transkulturelles_Lernen.pdf (12.01.2011).
FREITAG, Britta. 2010. „Transkulturelles Lernen", in: Hallet & Königs, 125-129.
GOGOLIN, Ingrid. 2007. „Interkulturelle Erziehung und das Lehren und Lernen fremder Sprachen", in: Bausch & Christ & Krumm, 96-102.
HALLET, Wolfgang. 2002. *Fremdsprachenunterricht als Spiel der Texte und Kulturen. Intertextualität als Paradigma einer kulturwissenschaftlichen Didaktik.* Trier: Wissenschaftlicher Verlag Trier.
HALLET, Wolfgang & KÖNIGS, Frank G. 2010. edd. *Handbuch Fremdsprachenunterricht.* Seelze-Velber: Kallmeyer.
HEIDERICH, Jens. 2010. „Bienvenue chez les Ch'tis. Mediale Inszenierung potenzierter Authentizität im Französischunterricht", in: Frings, Michael & Leitzke-Ungerer, Eva. edd. *Authentizität im Unterricht der romanischen Sprachen.* Stuttgart: ibidem.
HOLTUS, Günter & METZELTIN, Michael & SCHMITT, Christian. 1990. edd. *Lexikon der Romanistischen Linguistik (LRL). Band V,1: Französisch.* Tübingen: Niemeyer.
HOLTUS, Günter & METZELTIN, Michael & SCHMITT, Christian. 1998. edd. *Lexikon der Romanistischen Linguistik (LRL). Band VII: Kontakt, Migration und Kunstsprachen. Kontrastivität, Klassifikation und Typologie.* Tübingen: Niemeyer.
HU, Adelheid & LEUPOLD, Eynar. 2008. „Kompetenzorientierung und Französischunterricht", in: Tesch & Leupold & Köller, 51-84.
HU, Adelheid. 2010. „Interkulturelle Kommunikative Kompetenz", in: Hallet & Königs 2010, 75-79.
KOLBOOM, Ingo & KOTSCHI, Thomas & REICHEL, Edward. 2008. edd. *Handbuch Französisch.* Berlin: Erich Schmidt.
KREFELD, Thomas. 2004. *Einführung in die Migrationslinguistik.* Tübingen: Narr.
KREFELD, Thomas & PUSTKA, Elissa. 2010a. edd. *Perzeptive Varietätenlinguistik.* Frankfurt a.M. et al.: Lang.
KREFELD, Thomas & PUSTKA, Elissa. 2010b. „Für eine perzeptive Varietätenlinguistik", in: Krefeld & Pustka 2010a, 9-28.
KRUMM, Hans-Jürgen. 2007. „Curriculare Aspekte des interkulturellen Lernens und der interkulturellen Kommunikation", in: Bausch & Christ & Krumm, 138-144.
KÜSTER, Lutz. 2003a. „Der Gegensatz 'Transkulturalität' und 'Interkulturalität' aus Sicht der deutschen Erziehungswissenschaft – Anschlussmöglichkeiten für den Fremdsprachenunterricht?'", in: Eckerth & Wendt, 41-52.
KÜSTER, Lutz. 2003b. *Plurale Bildung im Fremdsprachenunterricht. Interkulturelle und ästhetisch-literarische Aspekte von Bildung an Beispielen romanistischer Fachdidaktik.* Frankfurt a.M. et al.: Lang.
LEITZKE-UNGERER, Eva. 2004. *Frankreichs Regionalkulturen im Französischunterricht. Projekte zur Bretagne, zu Okzitanien, Korsika und zum Elsass.* Frankfurt a.M.: Lang.
LEITZKE-UNGERER, Eva. 2008. „Mehrsprachigkeitsdidaktik und mehrsprachige Kommunikationssituationen in neueren Lehrwerken für den Französisch- und Spanischunterricht", in: Fäcke & Hülk & Klein, 105-124.
LEUPOLD, Eynar. 2007. „Landeskundliches Curriculum", in: Bausch & Christ & Krumm, 127-133.
LÜGER, Heinz-Helmut & RÖSSLER, Andrea. 2008. edd. *Wozu Bildungsstandards? Zwischen Input- und Outputorientierung in der Fremdsprachenvermittlung.* Landau: Verlag Empiri-

sche Pädagogik.
MAUELL, Julia. 2006. „Das Elsässische im Französischunterricht", in: Frings 2006b, 145-166.
MEIßNER, Franz-Joseph. 1998. „Mehrsprachigkeit in Richtlinienentwicklung und Aus- und Fortbildung von Lehrenden fremder Sprachen", in: idem & Reinfried, Marcus. edd. *Mehrsprachigkeitsdidaktik. Konzepte, Analysen, Lehrerfahrungen mit romanischen Fremdsprachen*. Tübingen: Narr, 93-108.
MEIßNER, Franz-Joseph. 2003. „Landeskunde versus interkulturelles Lernen und ihre zielsprachlichen Implikationen", in: *französisch heute* 34, 58-86.
MELCHIOR, Luca. 2009. *Sù pes Gjermaniis. Zwischen Dissoziation und Integration: Kommunikationsräume friaulischer Einwanderer in Bayern*. Frankfurt a.M. et al.: Lang.
MEYER, Meinert. 1991. „Developing Transcultural Competence. Case Studies of Advanced Foreign Language Learners", in: Buttjes, Dieter & Byram, Michael. edd. *Mediating Languages and Cultures. Towards an Intercultural Theory of Foreign Language Education*. Clevedon. Multilingual Matters, 136-158.
MICHLER, Christine. 2005. *Vier neuere Lehrwerke für den Französischunterricht auf dem Gymnasium. Eine kritische Fallstudie mit Empfehlungen für zukünftige Lehrwerke*. Augsburg: Wißner.
MORALES SARAVIA, José. 2008. „Transkulturation", in: Nünning, Ansgar. [4]2008. ed. *Metzler Lexikon Literatur- und Kulturtheorie*. Stuttgart & Weimar: Metzler, 726.
PETERSILKA, Corinna. 2005. *Die Zweisprachigkeit Friedrichs des Großen. Ein linguistisches Portrait*. Tübingen: Niemeyer.
PICOCHE, Jacqueline. 2002. *Dictionnaire étymologique du français*. Paris: Le Robert.
PÖLL, Bernhard. 1998. *Französisch außerhalb Frankreichs. Geschichte, Status und Profil regionaler und nationaler Varietäten*. Tübingen: Niemeyer.
PÖLL, Bernhard. 2005. *Le français langue pluricentrique. Études sur la variation diatopique d'une langue standard*. Frankfurt a.M. et al.: Lang.
PUSTKA, Elissa. 2010. „Der südfranzösische Akzent – in den Ohren von *Toulousains* und *Parisiens*", in: Krefeld & Pustka 2010a, 123-150.
RAMA, Ángel. 1982. *Transculturación narrativa en América Latina*. México et al.: Siglo XXI.
REIMANN, Daniel. 2000. „Französisch durch Gesten. Bausteine zu einer Didaktik der nonverbalen Kommunikation", in: *französisch heute* 1, 68-82.
REIMANN, Daniel. 2006. „Französisches Sprachgut im Deutschen als Spiegel der deutsch-französischen Beziehungen: Ein kulturgeschichtlicher Abriss", in: *französisch heute* 1, 48-67.
REIMANN, Daniel. 2008. „Erinnerungsorte im Fremdsprachenunterricht. Fachdidaktische Grundsatzüberlegungen und Lehrwerkanalyse am Beispiel des Italienischen", in: Becker, Norbert & Martin, Hannelore & Zieglmeier, Susanne. edd. *Vorschläge für die Praxis des Italienischunterrichts*. München: Verlag für deutsch-italienische Studien – Oldenbourg, 108-119.
REIMANN, Daniel. 2011 (im Druck). „Kontrastive Pragmatik und transkulturelle Kompetenz. Eine Analyse zweisprachiger Lerner- und Handwörterbücher Deutsch-Spanisch/ Spanisch-Deutsch", in: Sánchez-Prieto, Raúl. ed. *Aktuelle Forschungen zur kontrastiven Linguistik Spanisch – Deutsch*. Stuttgart: ibidem, 184-215.
REY, Alain & REY-DEBOVE, Josette. 1993. *Le nouveau Petit Robert. Dictionnaire alphabétique et analogique de la langue française*. Paris: Le Robert.
ROBERT-BOSCH-STIFTUNG & DEUTSCH-FRANZÖSISCHES INSTITUT. 1982. ed. *Fremdsprachen-*

unterricht und internationale Beziehungen. Stuttgarter Thesen zur Rolle der Landeskunde im Französischunterricht. Göttingen: Bleicher.

RÖSSLER, Andrea. 2008. „Standards ohne Stoff? Anmerkungen zum Verschwinden bildungsrelevanter Inhalte aus den curricularen Vorgaben für den Französisch- und Spanischunterricht", in: Lüger & Rössler, 35-58.

SCHMITT, Christian. 2006. „Alloglotte Sprechergruppen in den romanischen Sprachräumen: Galloromania", in: Wiegand, Herbert Ernst. ed. *Handbücher zur Sprach- und Kommunikationswissenschaft (HSK). Band 23, 2: Romanische Sprachgeschichte (Teilband 2)*. Berlin & New York: de Gruyter, 1857-1869.

SCHÖFTHALER, Traugott. 1984. „Multikulturelle und transkulturelle Erziehung – zwei Wege zu kosmopolitischen kulturellen Identitäten", in: *International Review of Education* 3, 11-24.

SCHRODEN, Verena. 2006. „Das Französische in Afrika", in: Frings 2006b, 209-230.

SCHUMANN, Adelheid. 2008. „Transkulturalität in der Romanistischen Literaturdidaktik. Kulturwissenschaftliche Grundlagen und didaktische Konzepte am Beispiel der *littérature beur*", in: *Fremdsprachen Lehren und Lernen* 37, 81-94.

SOKOL, Monika. ²2007. *Französische Sprachwissenschaft*. Tübingen: Narr.

STEIN, Achim. ³2010. *Einführung in die französische Sprachwissenschaft*. Stuttgart: Metzler.

STEIN, Peter. 2000. ed. *Frankophone Sprachvarietäten*. Tübingen: Stauffenburg.

STOLZ, Thomas & BAKKER, Dik & SALAS PALOMO, Rosa. 2009. edd. *Romanisierung in Afrika. Der Einfluss des Französischen, Italienischen, Portugiesischen und Spanischen auf die indigenen Sprachen Afrikas*. Bochum: Brockmeyer.

STÜMPER, Karin. 2006. „Korsika und das Korsische im Französischunterricht", in: Frings 2006b, 123-144.

TERHORST, Mareike. 2006. „Das Französische in Belgien und Luxemburg", in: Frings 2006b, 187-208.

TESCH, Bernd & LEUPOLD, Eynar & KÖLLER, Olaf. 2008. edd. *Bildungsstandards Französisch: konkret. Sekundarstufe I: Grundlagen, Aufgabenbeispiele und Unterrichtsanregungen*. Berlin: Cornelsen.

THELEN, Katja. 2006. „Frankokreolsprachen in Frankreichs D.O.M.", in: Frings 2006b, 231-248.

VENCES, Ursula. 2007. „Interkulturelles Lernen – weit mehr als Landeskunde", in: *Der fremdsprachliche Unterricht Spanisch* 16, 4-9.

WEINRICH, Harald. 1983. „Sprachmischung und Fremdsprachendidaktik", in: *Der fremdsprachliche Unterricht* 67, 207-214.

WELSCH, Wolfgang. 1994. „Transkulturalität. Lebensformen nach der Auflösung der Kulturen", in: Luger, Kurt & Renger, Rudi. edd. *Dialog der Kulturen. Die multikulturelle Gesellschaft und die Medien*. Wien et al.: Österreichischer Kunst- und Kulturverlag, 147-169.

WELSCH, Wolfgang. 1999. „Transculturality. The Puzzling Form of Cultures Today", in: Featherstone, Mike & Lash, Scott. edd. *Spaces of Culture. City, Nation, World*. London et al.: Sage, 194-213.

WELSCH, Wolfgang. 2000. „Transkulturalität. Zwischen Globalisierung und Partikularisierung", in: *Jahrbuch Deutsch als Fremdsprache* 26, 327-351.

Altfranzösisch in der Lehrerausbildung

Rainer Schlösser (Jena)

Einleitendes

Der folgende Text ist als Werbebotschaft für drei Adressatengruppen gedacht: Er appelliert an angehende Französischlehrer (mehr noch an die zahlenmäßig überlegenen Französischlehrerinnen, aber *Lehrer* ist hier wie im Folgenden eine generische und keine genusspezifische Form), die Beschäftigung mit mittelalterlichen Gegenständen der französischen Sprachwissenschaft nicht als mit unnötigem Ballast unnütz vertane Zeit und Energie anzusehen, sondern als herausragenden Gegenstand, um Mechanismen sprachlicher Veränderung zu erkennen, die übergeordnete Geltung beanspruchen können. Er appelliert an aktive Französischlehrer, sich der sprachgeschichtlichen Inhalte ihres Studiums zu erinnern und bei sich bietenden Gelegenheiten auf diese Geltung hinzuweisen. Und er appelliert an sprachwissenschaftliche Kollegen, in Lehrveranstaltungen zum Altfranzösischen solche Themen, die Anknüpfungen an Gegenwartsentwicklungen im Französischen und in anderen Sprachen ermöglichen und die im schulischen Französischunterricht angesprochen werden können, stärker zu fokussieren.

Wenn heute von *Romanistik* die Rede ist, so können mit diesem Begriff völlig unterschiedliche Dinge gemeint sein. Als wissenschaftliche Disziplin, die seit der ersten Hälfte des 19. Jahrhunderts am universitären Fächerkanon teilhat, umfasst sie die Beschäftigung mit all den Sprachen, die sich aus dem Latein der Antike entwickelt haben, also nicht nur mit dem Französischen, das erst seit kurzem aus seiner zentralen Stellung innerhalb dieser Disziplin weitgehend verdrängt ist, dem Spanischen, das ihm diese Position streitig macht, dem Italienischen, das beanspruchen kann, das Lateinische in seiner „Urheimat" fortzusetzen, sondern auch – natürlich – mit dem Portugiesischen, dem Rumänischen oder mit Sprachen, die man außerhalb des Faches oft nicht einmal dem Namen nach kennt, wie dem Okzitanischen, dem Rätoromanischen, dem Sardischen oder Dalmatischen. Auf das entwicklungsgeschichtliche Alleinstellungsmerkmal, das den Weg vom Lateinischen zu den romanischen Sprachen auszeichnet, komme ich gleich zu sprechen.

Sagt hingegen ein Student von sich: „Ich studiere Romanistik.", so hebt er dabei kaum auf die umfassende Bedeutung der gerade beschriebenen Universitätsdisziplin ab. In dieser Äußerung steht *Romanistik* vielmehr für entweder Französisch oder Spanisch oder Italienisch, selten für Portugiesisch oder Rumänisch und nie für eine der übrigen genannten Sprachen. Dem Umstand, dass Romanistik ursprünglich etwas anderes ist als das Studium einer einzigen Sprache, wird an den meisten Universitäten und in den meisten Studienordnungen dadurch Genüge getan, dass der Erwerb von Grundkenntnissen in mindestens einer weiteren romanischen Sprache obligatorisch ist und dass die Einheit der Romania – zumindest in den sprachwissenschaftlichen Lehrveranstaltungen – immer wieder thematisiert wird, für ein tiefer gehendes Verständnis der jeweiligen Sprache auch thematisiert werden muss.

Traditionell erheben die allermeisten Lehrpläne eines Französischstudiums – und nur um dieses geht es gemäß dem Titel dieses Beitrags im Folgenden – zwei Erfordernisse, die der überwiegende Teil der Studenten des Faches als Wermutstropfen empfindet und zumeist ohne nennenswerten Nachhaltigkeitseffekt absolviert: Das ist zum einen die Forderung nach dem Latinum oder anderweitig definierten Lateinkenntnissen und zum anderen die obligatorische Beschäftigung mit dem Altfranzösischen, der französischen Sprachstufe des Mittelalters, zwei Erfordernisse, die durchaus in Beziehung zueinander stehen.

Romanistik

Zentraler Gegenstand der Romanistik ist – auch wenn dieses Zentrum heutzutage von der es umgebenden Bebauung beinahe erdrückt und deswegen leicht übersehen wird – die Herausbildung der romanischen Sprachen aus dem Lateinischen. Die Einzigartigkeit dieser Entwicklung besteht bekanntlich darin, dass wir Wesen und Wirken von Sprachwandel sozusagen am lebendigen Objekt verfolgen können. Der Ausgangspunkt, das Lateinische, ist bekannt; ebenso bekannt ist der Endpunkt der Entwicklung, die romanischen Sprachen. Auch wenn man den beiden Widrigkeiten Rechnung trägt, dass zum einen das überlieferte Latein in erster Linie das sogenannte klassische ist und das tatsächlich relevante gesprochene Latein erst erschlossen werden muss, dass zum anderen die romanische Überlieferung abrupt beginnt, die schriftliche Dokumentation gerade der

Übergangsphase vom Vulgärlatein zum Romanischen eher spärlich ist, so sieht sich der Romanist dennoch einer Situation gegenüber, die in anderen komparatistischen Philologien nicht gegeben ist. Der Wandel als die Konstante in der Existenz einer Sprache, die vielfache Regelhaftigkeit und nicht Willkür von sprachlichem Wandel, die Systematisierung von Sprachwandelprozessen, die Beobachtung ähnlicher Prozesse in verschiedenen Sprachen, die Beeinflussungen verschiedener Sprachen untereinander – all das sind nicht nur Gegenstände, die ausschließlich in der romanischen Sprachwissenschaft thematisiert werden, sondern die in der Behandlung der mittelalterlichen Sprachstufen ihren besonderen Platz finden, ohne dass das Mittelalter ihr einziger Wirkungskreis wäre. Vor allem diese Beobachtung deutlich zu machen, sehe ich als wichtige Aufgabe der Lehrveranstaltungen zum Altfranzösischen an. Freilich gilt für diese wie für alle sprachwissenschaftlichen Inhalte, die während des Studiums vermittelt werden: Am Ende des Studiums soll für die übergroße Zahl von Absolventen eine wissenschaftlich fundierte Ausbildung stehen, aber keine Ausbildung zum Fachwissenschaftler. Der ideale Absolvent einer philologischen Ausbildung, der in aller Regel in die Welt hinaus und nicht in die Universität hinein will, ist ein sprachbewusster Mensch, d.h. er kann mit Sprache umgehen, er ist sensibel für die Erscheinungsformen von Sprache, er kann sprachliche Erscheinungen beurteilen und einordnen, er kann sich an Diskussionen sprachlicher Fragen (wie z.B. Orthographiereformen oder lexikalischer „Überfremdung") qualifiziert beteiligen. All das können heutige Absolventen nur bedingt oder sie unterscheiden sich in ihren Beiträgen nicht von Diskutanten ohne philologischen Hintergrund. Jedenfalls erscheint mir die oben beschriebene Sprachbewusstheit wesentlicher als die Vertrautheit mit ausgeklügelten linguistischen Theorien, die außerhalb des fachwissenschaftlichen Diskurses wenig Relevanz haben.

Aus dieser Erwartung soll nun keineswegs geschlossen werden, dass eine solche Sprachbewusstheit nur durch einen Altfranzösischunterricht in der Lehramtsausbildung erworben werden kann. Aber es soll sehr wohl die Behauptung aufgestellt werden, dass durch geeignete Stoffwahl und durch geeignete Pointierung der Altfranzösischunterricht mehr zu einer solchen Haltung beitragen kann, als man vielleicht vermutet und als vielleicht gegenwärtig umgesetzt wird.

Frühere Position des Altfranzösischen in der Ausbildung

Eine ebenso komprimierte wie seinerzeit erschwingliche Darstellung der historischen Grammatik der romanischen Sprachen aus den 1960er Jahren stammt von Heinrich Lausberg, und sie trägt trotz des beschriebenen Inhalts den pauschalen Titel *Romanische Sprachwissenschaft*. In Band I (1969, 11) heißt es im Abschnitt „Vorbedingungen des Studiums der romanischen Sprachwissenschaft": „Von den toten romanischen Sprachen sind das Altfranzösische und das Altprovenzalische sowohl sprachwissenschaftlich als auch im Hinblick auf die Literaturwissenschaft am wichtigsten: ihre detaillierte Beherrschung ist unabdingbar." Immerhin hat Lausberg wenige Seiten vorher zugestanden (1969, 8): „Hierbei ist der Begriff der Vorbedingung nicht überall chronologisch zu fassen: es ist also nicht nötig, zuerst alle Vorbedingungen zu erfüllen, um dann erst mit dem Studium der romanischen Sprachwissenschaft zu beginnen."

Im Einklang mit dieser damals selbstverständlichen und unangefochtenen Auffassung steht, dass bis vor nicht allzu langer Zeit eine mindestens zweisemestrige Ausbildung im Altfranzösischen und in manchen Bundesländern eine Altfranzösisch-Prüfung als obligatorischer oder zumindest fakultativer Prüfungsteil im Rahmen der Staatsexamensprüfung zum Standard gehörte.

Ein Vierteljahrhundert nach Lausberg haben Claude Thomasset und Karin Ueltschi als Publikum für ihre Handreichung *Pour lire l'ancien français* sogar Oberstufenschüler[1] im optimistischen Visier (1993, 8): „Le but de cet ouvrage est de donner aux étudiants de DEUG [diplôme d'études universitaires générales], voire aux lycéens des classes terminales, ainsi qu'à un public cultivé la possibilité de lire un texte d'ancien français."

Praxis des Altfranzösischunterrichts

Es liegt in der Tradition des Faches Romanistik, dass eine als „Altfranzösisch I" betitelte Lehrveranstaltung anders aufzufassen ist als ein Kurs „Französisch I". Während hier kein Zweifel besteht, dass den Gegenstand des Kurses die französische Gegenwartssprache ausmacht, haben wir es dort mit einer janusköpfi-

---

[1] Allerdings ist es, wie französische Studierende versichern, auch in Frankreich nicht die Regel, dass sich Schüler im muttersprachlichen Unterricht mit der mittelalterlichen Stufe der Sprache befassen.

gen Veranstaltung zu tun. Traditionellerweise erfolgt von der altfranzösischen Zeit der Blick zurück auf das Vulgärlateinische und ebenso wird der Blick nach vorn gerichtet auf zentrale Entwicklungen hin zur Gegenwartssprache. Um diesen Parforce-Ritt durch die französische Sprachentwicklung einigermaßen erfolgreich zu absolvieren, scheint eine Systematik unumgänglich, die zwar ein geordnetes Bild der einzelnen Entwicklungsschritte bietet, sich aber kaum dazu eignet, das Interesse für diese Epoche der französischen Sprachgeschichte zu wecken, geschweige denn, es wachzuhalten oder ihm eine in den Augen der Absolventen erkennbare Relevanz für die heutige Sprache zuzuschreiben. Es stellt sich die Frage, ob unter Verzicht auf eine Systematik, die der historischen Lautlehre mit ihrer erschöpfenden Behandlung von vokalischen und konsonantischen Entwicklungen in den unterschiedlichen lautlichen Umgebungen Priorität einräumt, der historischen Formenlehre ebenso große Beachtung schenkt und für die Syntax kaum mehr Zeit hat, es nicht förderlicher sein könnte, zum einen einen Text und nicht eine Systematik zum Ausgangspunkt zu erheben, und, als Konsequenz, zum anderen eklektisch vorzugehen und dabei das „Risiko" in Kauf zu nehmen, dass vermeintlich oder tatsächlich wichtige Aspekte unerwähnt bleiben. Natürlich ist dieses Vorgehen keineswegs neu, sondern wurde zum Beispiel schon von Gerhard Rohlfs in seinem altfranzösischen Lehrbuch zugrunde gelegt (Rohlfs 1960), im akademischen Unterricht aber eher sporadisch umgesetzt.

Altfranzösisch in Bachelor- und Master-Studiengängen

Zu den vielen englischen Schlagwörtern, mit denen die neuen Bachelor-Studiengänge für sich einnehmen wollen, gehört *employability* – ein Etikett, das hinsichtlich seiner Zielsetzung das früher häufig gehörte *Entrümpelung* ersetzt. Mit dem eleganter, effektiver und globaler klingenden Neologismus soll letztlich nichts anderes rechtfertigt werden als dass Studieninhalte, deren Verwertung unter Effizienzaspekten nicht auf Anhieb ersichtlich ist, aus dem Kanon zu verbannen seien. Dass man mit der Ausblendung des Mittelalters aus romanistischen Studiengängen (ausgerechnet in diesem Fach scheint die Bereitschaft dazu besonders hoch zu sein) gleich mehr als die Hälfte² der sprachlichen und literarischen Existenz einer Kulturgemeinschaft über Bord wirft, scheint nicht sonderlich zu irritieren. Jedenfalls lassen in möglichst kurzer Zeit zu absolvierende Studiengänge kaum noch eine intensive, geschweige denn wissenschaftlich zu nennende Beschäftigung mit den Gegenständen des Faches zu.³ Es ist von daher schon ein gewisser Erfolg, wenn es, wie in Jena, gelingt, das Altfranzösische im Wahlpflichtbereich zu etablieren, wenn es schon im Pflichtbereich mangels Zeitkapazität nicht mehr zu verankern ist. Ein Konsens, für bestimmte Wahlpflichtbereiche ausschließlich mittelalterliche Inhalte zur Wahl zu stellen, dürfte nicht so oft zu erreichen sein (Felbeck & Kramer 2009, 107). Es versteht sich, dass die von den BA-Studiengängen ausgehenden Zwänge nicht ohne Wirkung auch auf die Lehramtsstudiengänge bleiben, denn die Module für den einen Studiengang müssen natürlich „polyvalent" in Bezug auf den anderen Studiengang sein.

Das Angebot mittelalterlicher Studieninhalte ist die eine Seite, die andere – vielleicht schwierigere – Seite besteht darin, deutlich werden zu lassen, dass die Beschäftigung mit solchen Inhalten durchaus ihre Berechtigung hat. Dass insbesondere die Beschäftigung mit dem Altfranzösischen ihre Berechtigung im oben beschriebenen Sinn hat, nämlich im Laufe eines philologischen Studiums einen sprachbewussten Menschen (insbesondere Lehrer) zu formen, der diese Sprachbewusstheit in geeigneten Situationen an seine Schüler weitergeben kann, soll an einigen wenigen Beispielen gezeigt werden.

Anwendbarkeit für Französischlehrer im Französischunterricht

Für keinen Französischschüler ist das Französische die einzige Sprache, der er begegnet. Er verfügt über eine Muttersprache, zumeist Deutsch, und in den wenigsten Fällen ist Französisch die erste Fremdsprache, zumeist geht ihm Englisch voran. In höheren Stufen sind dem Französischen vielleicht andere Spra-

---

[2] Auch wenn in diesem Beitrag das Altfranzösische im Mittelpunkt steht, versteht sich, dass das Mittelfranzösische mitzurechnen ist und beide Epochen länger andauern als die neufranzösische.

[3] Nur *en passant* sei darauf verwiesen, dass ein dreijähriger Bachelor-Studiengang in *zwei* Fächern genauso lange dauert wie eine handwerkliche Ausbildung in *einem* Handwerk – oder umgekehrt, dass für eine handwerkliche Ausbildung doppelt so viel Zeit zugestanden wird wie für eine wissenschaftliche Ausbildung.

chen gefolgt, am ehesten Lateinisch oder Spanisch. Es existiert also ein breites sprachliches Spektrum, an das Beobachtungen zu Sprachwandel im allgemeinen oder zu Sprachwandelphänomenen einzelner Sprachen angeknüpft werden können. Ob und wann solche Phänomene behandelt werden können, hängt also sowohl von der unterrichteten Sprache ab als auch von der Sprachenfolge und dem Sprachangebot an der jeweiligen Schule. Jedenfalls lassen sich für alle denkbaren Konstellationen Gegenstände finden, die unterrichtstauglich sind und Sprachbewusstsein zu schaffen oder zu schärfen vermögen.

Alle beschriebenen Phänomene sind in der Sprachwissenschaft selbstverständlich hinlänglich bekannt und beschrieben, so dass es hier nicht um eine systematische Darstellung geht, die „Eulen nach Athen tragen" hieße. Vielmehr geht es darum, diese Phänomene aus ihrem nur Fachwissenschaftlern bekannten Dasein in historischen Grammatiken, Sprachgeschichten und Altfranzösischkursen herauszuholen und dafür zu werben, ihre unbezweifelbare Adäquatheit, Sprachentwicklung anschaulich zu machen, stärker zu nutzen.

Morphologischer Wandel im Vergleich

Zu den grundlegenden strukturellen Unterschieden zwischen dem Französischen (und den anderen romanischen Sprachen) einerseits und dem Lateinischen andererseits zählt der weitgehende Verlust des nominalen Flexionssystems und damit einhergehend die Herstellung der syntaktischen Beziehungen nicht durch Kasusmorpheme, sondern durch Wortstellung oder analytische präpositionale Konstruktionen. Diese radikale Umstrukturierung kündigt sich bereits im Vulgärlatein an und erfasst in der weiteren Entwicklung mit Ausnahme des Rumänischen alle romanischen Sprachen: klass.lat. *liber* MAGISTRI, aber vulgärlat. *liber* DE MAGISTRO und franz. *le livre* DU MAÎTRE; ebenso klass.lat. *librum* MAGISTRO *dono*, aber vulgärlat. *librum* AD MAGISTRO *dono* und franz. *je donne le livre* AU MAÎTRE.

Diese Entwicklung wird im Altfranzösischunterricht in der Regel völlig isoliert behandelt. Auf ihren – bis auf die genannte Ausnahme – panromanischen Charakter wird allenfalls verwiesen, aber dass es sich dabei um ein überhaupt nicht auf die romanische Entwicklung beschränktes Phänomen handelt, bleibt zumeist unerwähnt. Dass es ähnliche Entwicklungen in der griechischen Sprachgeschichte gibt[4], dass es Vergleichbares in manchen slawischen Sprachen gibt, mag für Romanisten dahingestellt bleiben. Durchaus nahe liegend ist hingegen der Blick auf die germanischen Sprachen, darunter auf die in der Schulwirklichkeit vorkommenden Sprachen Deutsch und Englisch.

Eine dem Lateinischen vergleichbare Nominalflexion besaßen als flektierende indogermanische Sprachen auch die historischen Sprachstufen der heutigen germanischen Sprachen. Weitgehend funktional ist diese noch im Isländischen und Färöischen. Die übrigen nordischen Sprachen und das Niederländische brauchen als schulisch kaum relevante Sprachen hier nicht zu interessieren, lohnenswert ist hingegen der Blick auf das Englische und das Deutsche.

Bis auf ganz wenige Rudimente hat das Englische, vor allem seit der mittelenglischen Periode, seine Nominalflexion (wie auch die Verbalflexion) aufgegeben. Im Ergebnis sind aus den synthetisch gebildeten Formen altengl. *þæs cnihtes*, mittelengl. *þe knyghtes* (Genitiv) und *þæm cnihte* bzw. *þe knyghte* (Dativ) zum Substantiv *cniht, knyght* ‚Ritter' die analytischen Bildungen *of the knight* (in Konkurrenz zu *the knight's*) und *to the knight* geworden. Die Flexionsendungen sind auf dem Weg vom Altenglischen zum Neuenglischen ebenso geschwunden wie auf dem Weg vom Lateinischen zu den romanischen Sprachen – im Englischen durch den Schwund unbetonter Auslautvokale, im Französischen und den anderen romanischen Sprachen infolge von durch vokalische Veränderungen hervorgerufenen Kasussynkretismus. Doch nicht nur darin gehen beide Sprachen parallel – auch die „Therapie" ist dieselbe: beide Sprachen ziehen nämlich zur Kompensation des entstandenen Bezeichnungsdefizits Richtungspräpositionen heran, die ursprünglich Abwendung bzw. Annäherung ausdrücken: hier *de* bzw. *ad*, dort *of* bzw. *to*.

Haben wir es im Englischen wie im Romanischen mit einer abgeschlossenen Entwicklung zu tun, die Parallelität in völlig unterschiedlichen Sprachentwicklungen offenlegt, so bietet der Blick aufs Deutsche bei entsprechender Schärfung geradezu Sensationelles: Die Vorgänge, die in den soeben betrachteten Sprachen zu deren heutigen Strukturen geführt haben, spielen sich im Deutschen gegenwärtig vor unseren Augen ab und belegen nicht nur die zeitlose Wirkung

---

[4] Zum präpositionalen Dativ im Griechischen seit byzantinischer Zeit vgl. Adrados (2002, 31), zum präpositionalen Genitiv Νεοελληνική Γραμματική (1978, 227).

bestimmter sprachlicher Mechanismen, sondern zeigen gleichzeitig, dass Sprachwandel keine Angelegenheit langer Zeiträume ist, sondern bei einiger Wachsamkeit alltäglich beobachtet werden kann. Auch das Deutsche hat die Nominalflexion, soweit die Substantive ihr unterlagen, weitgehend abgebaut. Die moderne Standardsprache kennt *grosso modo* nur noch (in der „starken" Flexion) ein Morphem für den Genitiv Singular (*des Bruders*) bei Maskulina und Neutra und eines für den Dativ Plural (*den Brüdern*) bei allen Genera. Man kann diesen Situation durchaus als Zwischenstation auf dem Weg auffassen, den die romanischen Sprachen und das Englische bereits zurückgelegt haben, denn die Umgangssprache, immer häufiger auch die in den Medien vom Grundsatz her verwendete Distanzsprache, belegt Äußerungen, die zwar dem guten Sprachgebrauch oder der standardsprachlichen Norm widersprechen, aber völlig in Einklang stehen mit den soeben beobachteten romanischen und englischen Entwicklungen. Sätze wie „Hast Du schon das neue Auto von meinem Bruder gesehen?" anstelle von „Hast Du schon das neue Auto meines Bruders gesehen?" sind umgangssprachlich vielfach akzeptiert. Und Äußerungen wie „In einer Feierstunde wurden die Abschlusszeugnisse an die Abiturienten überreicht" anstelle von „In einer Feierstunde wurden den Abiturienten die Abschlusszeugnisse überreicht" nehmen nicht nur nähesprachlich, sondern auch distanzsprachlich immer mehr zu und sind fast täglich in Radio- und Fernsehsendungen[5] zu hören oder in Zeitungen zu lesen. Es ist hier nicht der Ort, Vorhersagen darüber anzustellen, ob und wann solche Veränderungen auch im Deutschen zu einer Aufgabe der Nominalflexion führen. Jedenfalls wäre es keine überraschende oder gar außergewöhnliche Entwicklung, sondern eine, die uns andere Sprachen bereits vorgemacht haben.

Diminutiva

Eine entwicklungsgeschichtliche Parallele im romanischen und germanischen Bereich könnte die Aufmerksamkeit von Französischschülern wecken, die

---

[5] Um ein authentisches Beispiel zu zitieren: Während ich an diesem Beitrag schreibe, höre ich auf dem Sender Deutschlandradio Kultur in einer Dokumentation über die politische Situation in Belgien den in mehrfacher Hinsicht bemerkenswerten Satz „Der König hat ein Signal gegeben an Leterme." (11. Januar 2011, 12.45 Uhr).

gleichzeitig Latein lernen. Das gesprochene Latein bevorzugte bekanntlich Diminutiva, die das Simplex als unmarkiertes Wort verdrängten und zum Ausgangspunkt der heutigen romanischen Wörter wurden:

Schriftlatein	*Sprechlatein*	*Französisch*
SOL	SOLICULUM	soleil
APIS	APICULA	abeille
AURIS	AURICULA	oreille
VETUS	VETULUM	vieux/vieil
PAR	PARICULUM	pareil

Diese auf den ersten Blick und für den nicht sprachbewussten Schüler eher sonderbare Erscheinung, die nicht den diminuierenden, sondern den affektiven Gehalt der Diminutivmorpheme ausnutzt, ist bekanntlich keineswegs auf den lateinisch-romanischen Entwicklungsweg beschränkt. Wir treffen eine ähnliche Entwicklung auch im germanischen Sprachbereich an, besonders ausgeprägt im Niederländischen und in den rheinischen Varietäten des Deutschen. Gerade für Sprecher oder Kenner dieser Varietäten sind für den dortigen Sprachgebrauch alltägliche Beispiele besonders erhellend (hier ins Hochdeutsche transponiert): *Trink noch ein Tässchen! – Nimm noch ein paar Kartöffelchen! – Erbsen mit Möhrchen! – Kann ich ein Schokolädchen bekommen? – Kein Wölkchen am Himmel!* Auch die Vorliebe für entsprechend veränderte Vornamen passt in diesen Zusammenhang: *Kätchen, Dorchen, Röschen, Lieschen; Hänschen, Jüppchen* u.a.

Liaison

Die Regeln für die Liaison sind nicht nur komplex, sie sind zudem im Fluss. Besondere Probleme, die nicht selten selbst ausgebildete Französischlehrer nicht kennen, stellt die normgerechte Liaison von Wörtern wie *grand, quand*, auch *long* oder *sang* dar. Grevisse führt in *Le bon usage* ([13]2005, § 42a) aus:

- Les mots qui se terminent par *d* dans l'écriture se lient par [t]: *grand effort* [gʀɑ̃-tɛfɔʀ], *quand on* [kɑ̃-tɔ̃].

- Les mots qui se terminent par *g* dans l'écriture se lient par [k] dans la langue soignée: *Un long effort* [lõ-kɛfɔʀ], *Suer sang et eau* [sɑ̃-keo]; – *dans la Marseillaise, sang impur* [sɑ̃-k📖pyʀ].

Die durch die Präzisierung „dans la langue soignée" bereits angedeutete Differenzierung der beiden Fälle erläutert er: „L'usage ordinaire préfère [g]: [lõ-gɛfɔʀ], ou ne fait pas la liaison: [sɑ̃eo], [sɑ̃📖pyʀ]" (ebd.).

Beschränken wir uns hier auf das auffällige Verhalten des hochfrequenten Adjektivs *grand*, das in der Liaison Anlass zu einer ganzen Reihe von sprachhistorischen Beobachtungen gibt, deren Ausgangspunkt in den altfranzösischen Verhältnissen begründet ist und durchaus auch im schulischen Unterricht erläutert werden kann, um scheinbar widersprüchlichen und synchron unregelmäßigen Gebrauch durchschaubar zu machen. Je nach Vorwissen oder Sprachenfolge der Schüler lässt sich anhand des Lateinischen, des Spanischen, des Italienischen zeigen, dass das zugrunde liegende lateinische Adjektiv zu denjenigen mit einer einzigen Endung für das Maskulinum und das Femininum gehört (GRANDEM bzw. sp./it. *grande*, beide m./f.). Dies galt auch für das altfranzösische Adjektiv in der lautgerecht entstandenen Form *grant*[6] und sowohl die Schreibung mit *d* als auch die Anfügung einer vermeintlich fehlenden Feminin-Endung sind spätere latinisierende bzw. analogische Veränderungen.[7] Die Spuren der ursprünglichen Verhältnisse können durchaus auch im Französischunterricht ausgemacht werden, *grand-mère*, *grand-chose* und die Brüsseler *Grand-Place*, die also sonderbarerweise nicht die maskuline Adjektivform aufweisen, sondern eine veraltete feminine Form, gehören sicherlich zu den geläufigsten.

Orthographie

Vielfache Gelegenheiten zu auch in der Schule durchaus angebrachten Bemerkungen, die das scheinbare Chaos zumindest teilweise durchschaubar machen, bietet die französische Orthographie. Kaum einem Schüler – und auch keinem

---

[6] Bei dieser Gelegenheit (Entwicklung von lat. GRANDEM zu altfranz. *grant*) ließe sich zudem auch auf die dem Altfranzösischen und dem heutigen Deutsch gemeinsame Auslautverhärtung hinweisen, deren Existenz und Wirkung anscheinend nicht zum im Deutschunterricht vermittelten Allgemeingut gehören.

[7] Vgl. auch die Darstellungen bei Rheinfelder II (^{2}1976, § 125) oder Wolf & Hupka (1981, §§ 188, 189).

Studenten, der sich nicht mit dem Altfranzösischen beschäftigt hat – ist bewusst, dass die heutige Graphie des Französischen großenteils die Lautung des Altfranzösischen wiedergibt, dass etwa *eau* ‚Wasser' tatsächlich einmal als Triphthong gesprochen wurde, dass *haut* ‚hoch' tatsächlich einmal [haut] lautete. Ein erklärender Hinweis, dass die „unregelmäßige" Aussprache von *oignon* die historisch richtige, die „regelmäßige" Aussprache von *éloigner* hingegen die historisch falsche ist, würde sicherlich die Merkfähigkeit für Erstere signifikant erhöhen. Der ideographische Aspekt der französischen Orthographie macht interne Strukturen des Lexembestands (*faim* wegen *famine*, aber *fin* wegen *final*) ebenso deutlich wie etymologische Zusammenhänge mit dem Lateinischen (*doigt* wegen DIGITUM) oder innerfranzösische Entwicklungen (*fête* mit Zirkumflex wegen altfr. *feste*, vgl. dt. *Fest*; *hôtel* wegen altfr. *hostel*, vgl. engl. *hostel*; *château* wegen altfr. *chastel*, vgl. span. *castillo*, engl. *castle*).

Französisches im Englischen

Der Wortschatz romanischer Herkunft macht bekanntlich einen beträchtlichen Anteil[8] des englischen Lexikons aus. Für Französischlerner, die in der Regel ja schon Englisch als vorangehende Sprache lernen, sind solche lexikalischen Gemeinsamkeiten vielfach eine Brücke zum französischen Wortschatz[9], wie eine mehr oder weniger wahllose Zusammenstellung einiger Beispiele zeigt:

to astonish	étonner	money	monnaie
bottle	bouteille	noun	nom
butcher	boucher	to nourish	nourrir
to catch	chaser	to pay	payer
chair	chaise	peace	paix
chimney	cheminée	people	people
crown	couronne	to please	plaisir
to cry	crier	poor	pauvre
to doubt	douter	power	pouvoir
easy	aise	to pray	prier
error	erreur	to punish	punir

---

[8] Leitner (2009, 61) beziffert seinen Anteil auf ein Drittel (ansonsten halten die sprachgeschichtlichen Aussagen zu den französischen Entlehnungen des Englischen nicht immer dem romanistischen Blick stand).

[9] Bezüglich der Brücke, die sie französischen Englischlernern bieten, sei auf das amüsante Eingangsbeispiel bei Albert Gier (2000, 9) verwiesen.

to escape	échapper	to push	pousser
to fail	faillir	to receive	recevoir
fair	foire	to save	sauver
to finish	finir	to search	chercher
flower	fleur	stranger	étranger
hour	heure	table	table
to join	joindre	to try	trier
journey	journée	to use	user
joy	joie	to vanish	évanouir

Die dem Sprachwissenschaftler offenkundige etymologische Verbindung zwischen den englischen und französischen Wörtern eröffnet sich dem Lerner (und dem Nicht-Sprachwissenschaftler) in manchen Fällen erst durch deutlichen Fingerzeig und führt zu einem „Aha-Erlebnis", welches das Memorieren beträchtlich erleichtert.

Solche Zusammenhänge sollten in der Ausbildung eines Französischlehrers durchaus thematisiert werden. Viele von ihnen studieren gleichzeitig Englisch, und in Darstellungen zur englischen Sprachgeschichte findet der französische Einfluss breiten Raum.[10] Es versteht sich, dass der Hinweis auf solche Parallelen im Schulunterricht nicht Ausgangspunkt für ein ausführliches Propädeutikum in französischer (oder englischer) Sprachgeschichte sein kann. Dass sich aus solchen Wörtern freilich unterschiedliche Entlehnungszeiten herauslesen lassen, dass sie unterschiedliche geographische Herkunft verraten, dass sie Zeugnis für interessante Bedeutungsentwicklungen liefern, dass sie in gewisser Weise die Lebenswelt der englischen Gesellschaft zur Zeit der Übernahme widerspiegeln – all das kann zu gegebener Zeit durchaus von Interesse sein, vorausgesetzt es ist dem Lehrer bewusst.

Personalpronomina

Insbesondere diejenigen Schüler, die neben Französisch auch Lateinisch oder eine andere romanische Sprache, in erster Linie wohl Spanisch, seltener Italienisch lernen, werden in Konfrontation gerade mit diesen Sprachen die unterschiedliche Verwendung der Subjektpronomina konstatieren. Das Neufranzösi-

---

[10] Beispielhaft sei nur die umfangreiche und detaillierte Darstellung in den verschiedenen Kapiteln in Albert C. Baughs (1959) vielfach neu aufgelegter Sprachgeschichte genannt.

sche ist (neben dem Rätoromanischen) diejenige romanische Sprache, die die obligatorische Setzung des Subjektpronomens bei nichtnominalem Subjekt verlangt. Im Altfranzösischen ist dieses Pronomen noch ebenso wenig erforderlich wie im Lateinischen und wie in den anderen romanischen Sprachen der Gegenwart:

Altfranzösisch	*Neufranzösisch*	*Spanisch*
• guart [gwart]	je garde [gaʀd]	guardo
• guardes [gwardəs]	tu gardes [gaʀd]	guardas
• guardet [gwardət]	elle garde [gaʀd]	guarda
• guardons [gwardõns]	nous gardons	guardamos
• guardez [gwardets]	vous gardez	guardáis
• guardent [gwardənt]	elles gardent [gaʀd]	guardan

Der durch die Orthographie des Neufranzösischen verstellte Blick auf die phonische Realität macht sofort deutlich, worin dieses unter gesamtromanischem Aspekt ungewöhnliche Verhalten des heutigen Französisch begründet liegt: Das Verstummen auslautender Vokale und Konsonanten hat dazu geführt, dass eine Reihe von Formen sich in ihrer phonischen Realisierung nicht mehr voneinander unterscheiden, dass in der Folge die Funktion der ehemals hörbaren Personalendungen von den entsprechenden Pronomina übernommen wird und diese ihren ehemals hervorhebenden Charakter verlieren, den sie im Altfranzösischen und in den übrigen romanischen Sprachen vorrangig haben.[11]

Fazit

Ein Altfranzösischunterricht in der ehrwürdigen Tradition des Faches als systematische Betrachtung der Sprachentwicklung vom Vulgärlateinischen bis zum frühen Französischen ist nicht mehr zeitgemäß und in den neuen Studiengängen schwierig zu verankern. Das bedeutet nicht, dass eine Beschäftigung mit dieser Epoche des Französischen nutzlos, irrelevant oder realitätsfern wäre. Im Gegen-

---

[11] Ein anderes Problem, das aber in diesem Zusammenhang durchaus thematisiert werden kann, ist als Konsequenz dieser Entwicklung die weitere Ausdehnung der fast durchgängig generalisierten Verbform auf die erste Person Plural (nous gardons > on garde), die mit der Homophonie der Verbformen in Verbindung gebracht wird (Krassin 1994, 107-117).

teil ist kaum ein Gegenstand so geeignet, den Wandel als wesentlichen Bestandteil von Sprache anschaulich zu machen. Elemente des Altfranzösischunterrichts für diese exemplarische Darstellung von Sprachwandel können (und sollten) jedoch mehr als bisher auf gleiche Tendenzen in anderen, bekannten Sprachen verweisen und damit eine gewisse Universalität von historischen Entwicklungen deutlich machen. Dadurch werden die Besonderheiten der französischen Sprachentwicklung nicht isoliert wahrgenommen, sondern in einen größeren sprachhistorischen Zusammenhang gestellt.

An einem wie bescheiden auch immer ausfallenden Platz des Altfranzösischen in der Lehrerausbildung festzuhalten ist eine Voraussetzung dafür, dass den Studierenden und künftigen Lehrern des Französischen die Basis mitgegeben wird, aus ihren Schülern Sprecher zu machen, die reflektiert mit Sprache umgehen und die sich des wichtigsten Merkmals von Sprache, des Wandels, bewusst sind.

Bibliographie

Adrados, Francisco R. 2002. *Geschichte der griechischen Sprache. Von den Anfängen bis heute*. Tübingen & Basel: Francke.
Baugh, Albert C. [2]1959. *A History of the English Language*. London: Routledge & Kegan Paul.
Felbeck, Christine & Kramer, Johannes. 2009. „Reform der romanistischen Mittelalterstudien: Troubadourdichtung im akademischen BA/MA-Unterricht" in: *Zeitschrift für Romanische Sprachen und ihre Didaktik* 3/2, 105-119.
Gier, Albert. 2000. *Orientierung Romanistik. Was sie kann, was sie will*. Reinbek: Rowohlt.
Grevisse, Maurice. [13]2005. *Le bon usage. Grammaire française*. Refondue par André Goose. Treizième édition revue. Bruxelles: Duculot.
Krassin, Gudrun. 1994. *Neuere Entwicklungen in der französischen Grammatik und Grammatikforschung*. Tübingen: Niemeyer.
Lausberg, Heinrich. 1969. *Romanische Sprachwissenschaft*. I. Einleitung und Vokalismus. Berlin: Walter de Gruyter.
Leitner, Gerhard. 2009. *Weltsprache Englisch. Vom angelsächsischen Dialekt zur globalen Lingua franca*. München: Beck.
Νεοελληνικὴ Γραμματικὴ (τῆς Δημοτικῆς). 1978. Θεσσαλονίκη: Ἀριστοτέλειο Πανεπιστήμιο Θεσσαλονίκης.
Rheinfelder, Hans. [2]1976. *Altfranzösische Grammatik. 2. Teil: Formenlehre und Syntax*. München: Max Hueber.
Rohlfs, Gerhard. 1960. *Vom Vulgärlatein zum Altfranzösischen: Einführung in das Studium der altfranzösischen Sprache*. Tübingen: Niemeyer ([3]1968).
Thomasset, Claude & Ueltschi, Karin. 1993. *Pour lire l'ancien français*. Paris: Nathan.

Wolf, Lothar & Hupka, Werner. 1981. *Altfranzösisch. Entstehung und Charakteristik. Eine Einführung.* Darmstadt: Wissenschaftliche Buchgesellschaft.

‚Fachstil' und Stiltransformationen als Unterrichtsthema

Werner Forner (Siegen)

1. *LE français, ça n'existe pas*

„Französisch gibt es nicht"? – Aber natürlich gibt es Französisch! Man braucht nur in der Metro die Ohren auf zu machen, oder dem *Président de la République* zu lauschen, oder *Le Monde* zu lesen, oder auch eine Erzählung wie *Monsieur Ibrahim* (von E-E. Schmitt). Französisch gibt es. Aber Französisch im Singular, mit bestimmtem Artikel, mit "*LE*", das gibt es nicht. Französisch – wie jede andere Sprache auch – gibt es nur im Plural. Denn das, was wir den jungen Leuten in der Metro abgelauscht haben, ist ein ganz anderes Französisch als die Sprache einer öffentlichen Rede, und die Texte in *Le Monde* sind ganz anders gemacht als fiktionale Texte. Was diese verschiedenen FranzösischE trotz starker Divergenz zusammenschweißt, sind vor allem die Sprecher: Jeder *Native Speaker* ist in der Lage, die unterschiedlichen Varianten zu verstehen, zu produzieren, auch angemessen einzusetzen. Die Entscheidung des Sprechers für die jeweilige Variante erfolgt in der Regel automatisch und konventionsgebunden, in Abhängigkeit von einer Reihe determinierender Faktoren. Der Sprecher hat aber auch die Freiheit, sich für eine konventionsfremde Variante zu entscheiden und sein Kommunikationsverhalten dadurch auffällig zu gestalten. Diese Wahlfreiheit nennen wir *Variation*.

Variation ist Teil der Sprachkompetenz. Sofern die Annäherung an die natürliche Sprachkompetenz Lernziel unseres Französisch-Unterrichts ist, gehört die *Variationskompetenz* dazu. *Variation* – sofern sie nicht rein lexikalisch ist – gehorcht *Regeln*: Der Übergang von einer Variante zu einer anderen wird durch Regeln gesteuert. Ich gebe im Folgenden (§§ 3-4) ein kleines Unterrichtsbeispiel, das für eine erste Hinführung zu diesem Konzept geeignet ist – etwa in Klasse 11 oder 12. Es geht dabei um diejenige Variante, die im aktuellen Französisch für argumentierende Texte – u.a. für den fachlichen Diskurs[1] – konven-

---

[1] Man könnte einfach von „Fachsprache" sprechen, wenn nicht Teile der Fachsprachenforschung diese Disziplin thematisch eingeengt hätten auf „Sprache eines bestimmten Fachs". Hier hingegen ist ein Funktionalstil gemeint, der zu argumentativen Zwecken fachunab-

tionalisiert ist. Zuvor (§ 2) werden zwei der Regeln eingeführt, die diesen Sprachstil definieren und zugleich seine Produktion ermöglichen. Die abschließenden Kapitel (§§ 5-6) versuchen, diesen *kognitiven* Approach für den Oberstufenunterricht zu legitimieren.

Gemeint ist wohlgemerkt diejenige *Variationskompetenz*, die jeder Franzose besitzt. Das sind solche Varianten, die von den Kommunikationsfaktoren (die des *Kommunikationsdreiecks*) abhängig sind, und zwar: von den Gesprächspartnern (alt / jung; Frau / Mann; sozialer Abstand / Gleichstand, etc.), vom Gesprächsgegenstand (z.B. banale vs. 'lyrische' vs. fachliche Inhalte), von der Situation (alltäglich, fachlich, formell, etc.) und von der Art der Übermittlung (mündlich vs. schriftlich). Die Linguisten sprechen von *diaphasischer Variation* (bzw. von *diamesischer Variation* speziell für mündlich vs. schriftlich). Daneben gibt es auch andere Variationstypen, die nicht bei jedem Sprecher vorauszusetzen sind, und die daher hier nur nebenbei erwähnt werden sollen: Es gibt Variation, die die soziale Herkunft oder die regionale Zugehörigkeit des Sprechers verrät, oder die längst vergangene Zeiten evoziert (*diastratische* vs. *diatopische* vs. *diachronische Variation*).

2. Sprachvarianten und Divergenz

2.1 Lexik versus Strukturen

Es gibt natürlich lexikalische Divergenzen:

(1) frç. populaire: *une bath gonzesse* = une belle femme
 frç. de spécialité: *une néphrite* = une inflammation des reins

Solche Divergenzen können zwar das Verständnis punktuell behindern, und das kann je nach Situation sogar schlimm sein. Aber solche bloß lexikalische, nicht strukturelle Divergenzen kann man bei Bedarf schnell lernen; sie haben keinen anderen Stellenwert als die zahlreichen anderen punktuellen Defizite, die nach ein paar Jahren Unterricht unvermeidbar sind: Mut zur Lücke! Ein eigenständiges Lernziel für allgemeinbildende Schulen erfordert die variantenspezifische *Lexik* nicht.

---

hängig verwendet wird, und der von alternativen Stilvarianten signifikant unterschieden ist (s. Anm. 2).

Anders verhält es sich mit der Vertextung von Inhalts-*Strukturen*: Sprache ist AUSDRUCK von INHALT (*signifiant* von *signifié* – das wissen die Linguisten seit Saussure, die Semiotiker seit Aristoteles). Diese Formel gilt nicht nur für das *lexikalische* Zeichen (z.B. frz. *arbre* als *signifiant* – *signifié* ist unser Konzept von "Baum"), sondern sie gilt auch für so komplexe Zeichen wie *Text*. Was ist der *signifié* von "Text"? Das war eine der zentralen Fragen der frühen Textlinguistik. "Text" bedeutet eine Reihung von *Sachverhalten* ("Sv"), die in *Zusammenhang* ("*Relation*") stehen, oder jedenfalls so verstanden werden. Die *Relation* ist entweder *Identität* ("R_I"), oder sie ist *adverbialer* Art (z.B. temporal, kausal, konditional, etc.) ("R_A"). – Beispiel:

(2) Relationen zwischen Sachverhalten I

INHALT	AUSDRUCK	
	Identitätsrelation R_I	adverbiale Relation R_A
Sachverhalt Sv_1	*Es stürmt.*	*Es stürmt.*
RELATION R	*DAS*	---
Sachverhalt Sv_2	*ist gefährlich.*	*Er kommt nicht.*

In den Beispielen (2) sind die *Sachverhalte* durch Sätze ausgedrückt – das geht auch anders, wie wir im Anschluss sehen werden. Die *Identitätsrelation* (R_I: Sachverhalt 1 ist *identisch* mit dem Subjekt des Nachfolgesatzes) ist in (2) durch ein Pronomen ("DAS") ausgedrückt – auch das geht anders.

Die *adverbiale Relation* R_A ist hier gar nicht *ausgedrückt*; wir verstehen den Zusammenhang dennoch als *kausal*. Natürlich können wir ein "*daher*" bzw. "*weil*" oder eine andere Konjunktion einfügen. Auch für die Kausalität (und andere adverbiale Relationen) gilt: Sie lässt sich ganz anders ausdrücken.
"Ganz andere" Ausdrucksformen werden im folgenden Abschnitt (2.2) dargestellt. Diese kennzeichnen ("*markieren*") einen Sprachstil, der seit Beginn des 20. Jh. in fiktionalen Texten gemieden wird, während er in fachlich-argumentierenden Texten – auch z.B. in *Le Monde* – deutlich angestrebt wird.

2.2 Markierungen in argumentierenden Texten

Alternative Ausdrucksformen von (2) ("Varianten") zeigt Schema (3):

(3) Relationen zwischen Sachverhalten II

INHALT	AUSDRUCK	
	R_I	R_A
Sv_1	*Der Sturm*	*Der Sturm* *Der Sturm*
R		*verhindert* *bedingt*
Sv_2	*ist gefährlich.*	*sein Kommen.* *s. Abwesenheit.*

Wie das Schema zeigt, ist die *INHALTS*struktur ("S_1 - R - S_2") identisch (2 = 3), die *AUSDRUCKS*seite hingegen ist radikal verändert (2 ≠ 3). Betroffen sind sowohl die *Sachverhalte Sv* als auch die *Relationen R*, also **beide** Konstituenten der *Inhalts*-Ebene – insofern ist die ausdrucksseitige Veränderung total. Die *Sachverhalte Sv* erscheinen jetzt in nominaler Gestalt (nicht als *Sätze* wie in 2); die *Identitätsrelation R_I* ist in (3) dadurch realisiert, dass der Sachverhalt S_1 in eine Nominalphrase integriert wurde, hier in die Position des Subjekts, also in die Position, die in (2) durch den Platzhalter "DAS" besetzt war; die *Kausalrelation R_A* ist in (3) durch ein Verb realisiert (nicht durch eine Konjunktion oder "NULL" wie in (2)). – Ein strukturelles *Umswitchen*! Dieses ist in (4) schematisiert:

(4) Variationsschema (2 vs. 3): Adverbiale Relationen

INHALT	AUSDRUCK	
	unmarkiert	markiert
Sv_1	Satz	nominalisierter Satz
R_A	Konjunktion	Verb
Sv_2	Satz	nominalisierter Satz

(4) typisiert eine doppelte *Mechanik* der Markierung:
- R_A (eine adverbiale Relation) wird in der markierten Variante durch ein Verb signalisiert. Verben, die die Potenz haben, *adverbiale Relationen* auszudrücken, heißen *Relationsverben*.
- Sv_1, Sv_2 (die Sachverhalte) werden in nominale Gestalt mutiert und in die Argument-Stellen (Subjekt, Objekt, etc.) des *Relationsverbs* integriert: Wir sprechen von *Nominaleinbettung*. Es ist derselbe Prozess, der – wie soeben beschrieben – auch die Identitätsrelation R_I markiert.

Dies sind die beiden wesentlichen Merkmale des *Fachstils* (bzw. der *Fachsprache*): *Relationsverben* und *Nominaleinbettung*. Zwei weitere kommen hinzu, die hier nicht thematisiert werden können. Diese insgesamt vier Merkmale werden seit einem Jahrhundert in fiktionalen Texten ebenso gemieden wie sie in argumentierenden Texten gesucht werden.[2] Der so definierte *Fachstil* ist typisch nicht nur für wissenschaftliche Prosa, sondern ist auch die *Apanage* von *Le Monde* und anderen anspruchsvollen Sachtext-Redaktionen. Für Leser, die mit den markierenden Strukturen nicht vertraut sind, sind solche markierte Texte schwer lesbar. Sofern anspruchsvolle Sachtexte zu den schulischen Inhalten gehören, sind die *fachsprachlichen* Markierungen ein wichtiges Lernziel.

2.3 Lernziele: Funktion und Mechanik

Natürlich müssen unsere Schüler befähigt werden, *Sachverhalte* und deren *Verknüpfung* (*Relation*) in beiden Stilen zu verstehen und auszudrücken. Und natürlich müssen sie in der Lage sein, die *inhalts*seitige Identität der Varianten (hier: 2 = 3) zu diagnostizieren, trotz *ausdrucks*seitiger Divergenz. Voraussetzung ist die Kenntnis der ausdrucksseitigen *Mechanik* (a) und der kommunikativen *Funktion* (b).

(a) Mechanik: Die zitierten Ausdrucksformen (2 vs. 3) gehorchen jeweils einer anderen grammatischen *Mechanik*, einem divergenten grammatischen System. Man kann das an der bereits zitierten Saussure'schen Dichotomie (*signifié / signifiant*, bzw. INHALT / AUSDRUCK) klar machen:

(5) Variationsgrammatik: Regelsystem R_I vs. Regelsystem R_{II}

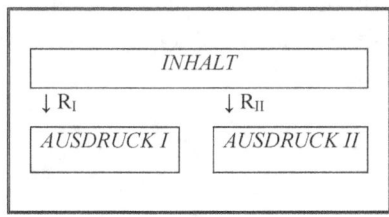

---

[2] R_A wird in Fachtexten häufiger relationsverbal als propositional ausgedrückt (Faktor: 1,4), in fiktionalen Texten sind umgekehrt die propositionalen Ausdrucksformen erheblich häufiger (Faktor: 4,7); Nominaleinbettungen sind in Fachtexten ca. 50 % häufiger als in literarischen Texten (Wilde 1994).

Die beiden Regelsysteme (R_I, R_{II}) – die Auslöser der Variation – kennen wir schon aus Schema (4):

(6) Zwei Regelsysteme:
- R_I: "Drücke Sachverhalte durch Sätze aus", und:
  "Drücke adverbiale Relationen durch Konjunktionen aus"
  (Formeln: Sv → S; R_A → Konj.)
- R_{II}: "Drücke Sachverhalte durch die nominale Form der Sätze aus", und:
  "Drücke adverbiale Relationen durch Verben aus"
  (Formeln: Sv → N; R_A → R_V)

Für praktische Zwecke lassen sich aus den beiden Regelmengen (R_I, R_{II}) auch Regeln für *Stiltransformationen* deduzieren:

(7) Regeln zur Stiltransformation
"Um von *AUSDRUCK I* zu *AUSDRUCK II* zu kommen, ersetze die Konjunktion durch ein Relationsverb, die Sätze durch ihre nominale Form." – Der umgekehrte Vorgang verläuft umgekehrt.

Mit Hilfe von (7) können Übungsbatterien zur systematischen Stiltransformation[3] erstellt werden.

(b) Funktion: Zusätzlich zur *Mechanik* müssen die Schüler befähigt werden, die Ausdrucksvarianten *funktional* zuzuordnen. Denn die zitierten Varianten sind zwar *AUSDRUCK* desselben *signifié*, aber sie sind kommunikativ nicht austauschbar: Je nach Kommunikationsfaktoren (Gesprächspartner – Inhalt – Situation – Medium, s.o.) ist die Variante (3) angemessen oder unangemessen. Wir können das semiotische Schema (5) um die kommunikativen Funktionen erweitern:

---

[3] Ein Übungsbuch zum systematischen Erlernen des französischen Fachstils ist Forner (1998).

(8) Variationsgrammatik: Regelsysteme und kommunikative Funktionen

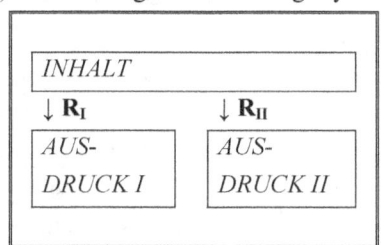

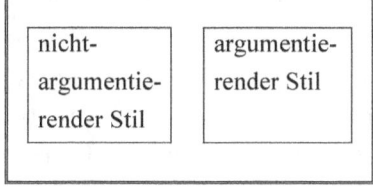

Schema (8) kann man folgendermaßen lesen:
- Wenn ich als Sprecher meinen *signifié* als (fachlich-)argumentierend 'rüber bringen' *will*, muss ich die Regelmenge R_{II} anwenden. Wenn ich hingegen die Regeln R_I anwende, dann ist mein Text nicht fachsprachlich markiert.

Dies ist die produktionsorientierte Lesart von (8). Man kann (8) natürlich auch rezeptionsorientiert lesen, etwa für die Textanalyse, oder für spezifische Anwendungen:
- Ein Text mit Relationsverben und satzwertigen Nomina (beides sind Ergebnisse von R_{II}) ist *fachsprachlich markiert*. UND:
- Der Text *wirkt* 'fachsprachlich', d.h. er verströmt den 'Duft' von fachlicher Kompetenz: Er kann daher einerseits für *fachliche Argumentation*, andererseits auch zu *persuasiven* Zwecken – z.B. für Werbung [4] – eingesetzt werden. Für *narrative* Einsätze hingegen gilt dieser Stil (*AUSDRUCK II*) bzw. die Regelmenge R_{II} als ungeeignet; die Narration erfolgt konventionell[5] in *AUSDRUCK I*.

---

[4] Texte der Werbung sind meist fachsprachlich markiert, das gilt in besonderem Maße für Kosmetik-Werbung, s. Wilde (1994).

[5] Diese Konvention – die syntaktische Unterscheidung zwischen Fachsprache vs. Narration – ist rezent: Bis zum Ende des 19. Jh. gab es keinen *stilistischen* Unterschied zwischen den

Variationskompetenz – hatte ich eingangs geschrieben – ist Teil der Sprachkompetenz und daher ein wichtiges Lernziel des fremdsprachlichen Unterrichts. Schema (8) expliziert den Begriff *Variationskompetenz* sowohl produktbezogen als auch produktionsbezogen: Die Regelmengen (R_I, R_{II}) sind 'schuld' an der divergenten Textgestalt (*AUSDRUCK I, AUSDRUCK II*); sie sind zugleich Handlungsanweisungen für die Produktion dieser Textgestalten. "Handlungsanweisungen für die Produktion" – das ist natürlich unmittelbar relevant für die Produktion von Texten (etwa im Unterricht), sofern ein *bewusstes* Produzieren, nicht ein imitatives Nachplappern, angestrebt wird; und sofern die *Übertragbarkeit* auf neue Fälle erleichtert werden soll. Diese Relevanz gilt erst recht dann, wenn dieselben "Handlungsanweisungen" *explikativ* sind, wenn sie also einerseits die Divergenz auf *AUSDRUCKs*-Ebene, andererseits die Konvergenz auf *INHALTs*-Ebene erklären. Sprachübungen auf der Basis von kognitiven "Handlungsanweisungen" sind also sinnvoll. Es sei denn, wir wollten die Explikation aus den Lernzielen ausschließen.

Der folgende Absatz ist der Versuch, diesen kognitiven Ansatz in kleine Häppchen zu zerlegen und so für Stiltransformationen in der gymnasialen Oberstufe nutzbar zu machen.

Doch zuvor möchte ich kurz darauf hinweisen, dass das Modell (8) der *Variationskompetenz* nicht eingeschränkt ist auf Fachstil, sondern allgemein gilt: Ein weiterer *markierter Stil* ist das *français parlé* (incl. weitere Unterteilungen wie *français populaire*, etc.). Das *français parlé* könnte als weiterer *AUSDRUCK* mit einer weiteren *Regelmenge* in das Schema (8) eingepasst werden. Beispiel für *parlé*-spezifische syntaktische Strukturen ist die *Dislokation* (frz. *segmentation*), die im gesprochenen Bereich omnipräsent ist, aber durch die Sprachnorm anathemisiert ist. Funktion: Die dislozierten Satzteile sind Thema, der Rest des Satzes ist dadurch Rhema. Hier ein Beispiel aus dem Chanson "*Le temps des colonies*"[6] von Michel Sardou:

---

beiden elaborierten Bereichen (cf. Kaehlbrandt 1989). Die Trennung erfolgte erst zu Beginn des 20. Jh. ("*stilistisches Schisma*", cf. Forner 2006, 1917).

[6] Eine Analyse speziell dieser Passage findet sich in: Hunnius (1981).

(9) Dislokation von zwei NP's
-a "(...) des idées, ça, on en **a** nous, (...)"
   (Dislokation Obj. + Subj. von 6-b)
-b nous **avons** des idées (unmarkiert)

Offenbar ist die sprechsprachliche Markierung (9a) – entgegen einer verbreiteten Meinung – durchaus nicht "einfacher" als das unmarkierte Äquivalent (9b). Sie muss gelehrt werden, nicht nur deswegen, weil sie für die mündliche Kommunikation unerlässlich ist, sondern auch deshalb, weil sie in narrativen Texten in Dialogpartien gern *zitiert* wird, mit der *Funktion*, die Authentizität des Dialogs zu manifestieren. Das gilt auch für die eingangs zitierte Schullektüre *Monsieur Ibrahim et les fleurs du Coran*. Wenn es Ziel des Unterrichts ist, dieses changierende Spiel mit unterschiedlichen Sprachebenen den Schülern zu vermitteln – und nicht nur die nette *Story* –, dann ist es unerlässlich, die Dislokation zu lehren: sowohl deren *Mechanik* als auch deren *Funktion*. Das ist auch deswegen unerlässlich, weil die Schüler sonst dieses Konstrukt für eine normgerechte Realisierung halten und daher in ihren eigenen schriftlichen Texten nicht meiden.

Sprachveraition ist ein wichtiges Unterrichtsthema. Das gilt sowohl für die Variation zwischen *parlé* und *écrit*, als auch für die Variation *+/-fachsprachlich*. Auf die fachsprachliche Variation soll mit dem folgenden Unterrichtsentwurf hingeführt werden.

3. Stilgebundene Texterstellung

Die Schüler – auch in der gymnasialen Oberstufe – sind an den unmarkierten Stil gewöhnt, dh. sie drücken Sachverhalte durch Sätze aus, und adverbiale Relationen durch Konjunktionen (s.o. Regelset R_I, in (6)). Falls angestrebt ist, diesen Vertextungstyp in den Fachstil *um-zu-switchen*, müsste zweierlei gelehrt werden: 1. Die Sätze müssen in nominale Form gebracht werden; 2. Die Konjunktion muss durch ein passendes Relationsverb ersetzt werden (zu beidem s.o. Regelset R_{II}, in (6)).

Dies ist im Rahmen einer schrittweisen Methodik nicht unmöglich, aber eher demotivierend, denn die Information funktioniert ja eben auch im gewohnten, unmarkierten Stil: Wozu die ganze Mühe, wenn die Botschaft auch so verstanden wird?

Nun, so ganz unvertraut sind die beiden markierenden Strukturen den Schülern nicht, sie kommen in den meisten *Le Monde*-Texten vor. Was fehlt, ist die *bewusste* Anwendung. Die *Bewusstheit* kann durch folgende einfache Übung (10) trainiert werden: Ein einfacher Zusammenhang – etwa der Inhalt eines *faits divers* – wird nur durch Stichwörter suggeriert: Das ist die Stichwortsammlung des Reporters vor Ort! Der Reporter wird daraus für *Le Monde* ein *faits divers* komponieren. Didaktischer Trick: Der Reporter wählt ausschließlich nominale Stichwörter! (s. Stichwortliste (10)). – Die Schüler haben in einem ersten Schritt die Aufgabe, die Relationen zwischen den Stichwörtern zu eruieren, etwa: *Ursache ~ Folge, Folge ~ Ursache*, bzw. auf Französisch: *Cause ~ Effet, Effet ~ Cause* ("C ~ E, E ~ C"). Die Schüler dürfen raten, manchmal gibt es mehrere mögliche Interpretationen, die Stichwortliste (10) ist schnell abgearbeitet.[7] Die Liste enthält rechts eine Spalte, wo die Lösungen eingetragen werden sollen. Bei dem ersten Stichwortpaar ist die Lösung vorgegeben und definiert gewissermaßen die Spielregel (Aufgabe a).

Auf die *Planung* folgt die *Ausführung* (*Vertextung*, Aufgabe b): Die geplanten *Relationen* können problemlos aus dem in (b) angegebenen lexikalischen Reservoir bedient werden.

(10) Un incendie
    (a) Mettez en relation les mots-clés en notant dans la colonne à droite la *relation* qui convient.
        (*relations* possibles: *Cause ~ Effet, Effet ~ Cause, Cause ~ Effet nécessaire, addition* [+])

---

[7] Relationen zwischen Sachverhalten sind auch unabhängig von Sprachvariation ein wichtiger Unterrichtsbereich, weil Schüler in ihren Aufsätzen die Konnektoren gern vergessen. Dem kann mit einer analogen Übung abgeholfen werden: Die Schüler erhalten eine einfache Geschichte in Einzelsätzen ohne Konnektoren, mit rechts Raum für die Relationen. Sie müssen zunächst die Relationen (kausal, modal, simultan, etc.) erraten, um anschließend über die Ausdrucksmittel der Relationen (parce que, gérondif, etc.) nachzudenken und diese dann einzusetzen. Das Erraten (und Begründen) der Zusammenhänge und das Nachdenken über Ausdrucksmittel wird übrigens durchaus als interessante Abwechslung empfunden.

	mots-clés:	relations
1	Feu dans le grand hall de l'entreprise APF	
2	dommage total de 3 millions d'euros	C ~ E
3	isolement défectueux des câbles	
4	court circuit	
5	incendie d'un générateur	
6	fumée toxique	
7	emploi de masques respiratoires: nécessaire	
8	pièces tombant du toit	
9	blessure d'un pompier	
10	vent fort	
11	rapide extension du feu	
12	retard de l'extinction	

(b) Vous êtes chargé de faire un reportage sur l'incendie: Essayez d'exprimer ce contenu structuré par un texte qui exprime les *relations* par les verbes que voici:

Verbes exprimant une relation:
relation CAUSE ~ EFFET: *causer, entraîner, provoquer, amener, produire*
relation CAUSE ~ EFFET nécessaire: *imposer*
relation EFFET ~ CAUSE: *résulter de, être dû à*

(10') Mögliche Lösung:
Hier soir, à 22 h, un feu dans le grand hall de l'entreprise APF *a causé* un dommage total de 3 millions d'euros. Un isolement défectueux des câbles *a provoqué* un court circuit et [*par la suite,*] l'incendie d'un générateur. La fumée toxique *imposait* l'emploi de masques respiratoires. Des pièces tombant du toit *ont amené* la blessure d'un pompier. Le vent fort *avait entraîné* la rapide extension du feu, et [*par conséquent,*] un grand retard de l'extinction.

(10") Mögliche Alternativen zu den Stichworten 10-12:
I La rapide extension du feu *était due au* vent fort
   qui *a produit* un grand retard de l'extinction.
II Le vent fort (...) *a retardé* l'extinction.

Die Abfolge: *Planung* vor *Ausführung* (b erst nach a) ist für die *Bewusstwerdung* der Schüler entscheidend.

Der Lehrende wird die Gelegenheit nutzen, die in (10-b) gelieferte verkürzte Liste von Relationsverben (R_V) zu typologisieren:
- Alle R_V in (10-b) sind kausal, sie repräsentieren die beiden 'Richtungen' von Kausalität (C ~ E und E ~ C): Die Abfolge der Sachverhalte ist daher umkehrbar (s.o. 10": "Alternative I").

- Die angegebenen R_V geben *ausschließlich* die Relation wieder ("*reine* R_V"), mit einer Ausnahme: *imposer* impliziert eine *Modalität* der Folge, hier *müssen*. Solche R_V heißen "*modale* R_V". Sie sind sozusagen die semantische Summe aus einem "*reinen* R_V" und dem *Modal*verb "*müssen*": {C ~ E + *müssen*}. Natürlich lässt sich diese „Summe" rückgängig machen: "X *impose* Y = X *cause la nécessité de* Y". Auch andere Modalverben können in eine derartige Summenformel eingehen, z.B.: *permettre* = {C ~ E + *können*}; *interdire* = {C ~ E + *nicht können*}; *viser à* = {C ~ E + *wollen* }. Natürlich ist es sinnvoll, hierzu bei Gelegenheit Übungsmaterial zur Verfügung zu stellen.

- Eine ähnliche Summenformel lässt sich auch mit der *Veränderung* der Folge bilden: Etwa in Stichwort 12 "*retard de l'extinction*" ist die *Veränderung* gekennzeichnet durch "*retard*"; statt "*Le vent* entraîna le retard *de l'extinction*" kann man prägnanter formulieren: "*Le vent* retarda *l'extinction*", mit der Formel: *retarder* = {C ~ E + *retard*}. Es handelt sich um sogen. "gemischte R_V", definiert durch die Formel: *gemischtes* R_V = {C ~ E + *Veränderung der Folge*}. Mögliche "*Veränderungen der Folge*": Die Folge kann *größer/kleiner, besser/schlechter, schneller/langsamer, klarer/verworrener* sein; das entspricht – auch im Deutschen – R_V wie: *vergrößern/verkleinern, verbessern/verschlechtern, beschleunigen/hinauszögern, zeigen/verhüllen*, etc. Jedes *Handlungsverb* ist für den Ausdruck von Kausalität qualifiziert, wenn ein *Abstractum* in Subjektsposition steht. Von diesem Redemittel wird im Fachstil erheblich häufiger

Gebrauch gemacht als bei der Narration, im Französischen erheblich häufiger als im Deutschen. Natürlich ist es nützlich, auch dieses Redemittel zu üben, wenn sich der Anlass bietet. Aber das würde an dieser Stelle zu weit führen. Hier ging es nur darum, eine erste Hinführung zur relationsverbalen Verkettung von Sachverhalten vorzuschlagen.

Zur "Verkettung von Sachverhalten" gehört im Fachstil, wie oben gezeigt, ein zweiter struktureller Prozess, die *Nominaleinbettung*. Die konnten wir in unserem ersten Schritt vermeiden, da ja die Vorgabe schon *nominale* "Stichwörter" enthielt. Diese "Stichwörter" sind im gegebenen Kontext durchaus *satzwertig*: Mit "*feu*" in Stichwort 1 ist gemeint: "die *Tatsache, dass es gebrannt hat*". Da die nominalen Stichwörter *satzwertig* sind, können sie auch als *Sätze* ausgedrückt werden. Dies soll im folgenden Paragraphen thematisiert werden.

4. Stiltransformation

Der Terminus *Nominaleinbettung* meint einen textlinguistischen Prozess, der im Grunde eher langweilig ist: Nämlich die Integration eines vorausgehenden Satzes (a) in eine der Nominalphrasen des Nachfolgesatzes; Bedingung: die betr. Nominalphrase muss dasselbe meinen wie der vorangehende Satz. Das ist immer dann der Fall, wenn der vorangehende Satz (a) durch eine PROform (z.B. ein Pronomen) in Satz (b) aufgegriffen ist. Beispiel:

(11) (a) On répare le moteur.
 (b) CELA prend du temps.
(11') La réparation (du moteur) prend du temps.

Solche Transformatiönchen können zwar zu Übungszwecken auch gemacht werden, aber spannender ist es, einen ganzen Text in einen anderen Text zu transformieren, bzw. einen Sprachstil in einen anderen. Ferner ist es sinnvoll, als Transformations-*Richtung* zunächst bekannte Gefilde anzusteuern, also von der nominalen zur verbalen Formulierung fort zu schreiten; die Umkehrung (Satz ⟶ Nominalisierung) ist für eine spätere Phase vorzusehen.

Bleiben wir doch bei dem schon formulierten *faits divers*! Der Firmenleiter war natürlich sehr betroffen von dem Schaden, aber sein jugendlicher Sohn war von dem Event begeistert, und der schreibt das gleich seinem Freund! Natürlich nicht mit der nominalen Ausdrucksform des *faits divers* aus *Le Monde*. Und natürlich begnügt er sich nicht mit der bloßen Schilderung der Fakten, sondern zeigt darüber hinaus seine Begeisterung. Aufgabe: Schreiben Sie diesen Brief!

(12) Lettre de Jacques Dupont, fils de Jean Dupont, PDG de l'APF:
"Cher Philippe,
Tu ne vas pas le croire! Hier, l'usine de Papa a brûlé! C'était un vacarme énorme! Enfin, ce n'était pas toute l'usine qui brûlait, seulement
...
...
... Quand je serai grand, je vais être pompier, sûr!
Amicalement, Jacques "
Continuez!

Diese Aufgabe macht natürlich nur Sinn, wenn die Schüler mit sprechsprachlichen / jugendsprachlichen Redewendungen ein wenig vertraut sind. Das dürfte spätestens in Klasse 11 der Fall sein. Darüber hinaus ist die Verbalisierung der satzwertigen Nomina nicht immer ganz einfach: Wie lautet z.B. das Verb zu „*feu*"? Hier muss der Aufgabenstellung eine gewisse Entlastung vorausgehen. Immerhin suggeriert Satz 1 in (12) schon eine Gleichsetzung: "*feu*" = "*brûler*". Weitere Gleichungen (z.B.: "*dommage de X*" = "*dommage + être de X*" ; "*total*" = "*en tout*", "*incendie*" = "*prendre feu*") können im Unterricht vorbereitet werden, vielleicht auch denkbare sprechsprachliche Einfügungen: Einige Anregungen dazu bietet der nachfolgende Lösungsentwurf. Natürlich müssen dieses vorläufigen 'Gleichungen' (nominale = verbale Ausdrucksform) bei einer späteren Gelegenheit systematisiert werden (also Kapitel: deverbale Derivation):

(12') Mögliche Lösung:
"Cher Philippe,
Tu ne vas pas le croire! Hier, l'usine de Papa a brûlé! C'était un vacarme énorme! Enfin, ce n'était pas toute l'usine qui brûlait, seulement le grand hall. Mais quand même! Fulminant! C'est bête que je n'avais pas le droit d'approcher.

Papa dit que le dommage était en tout de trois millions d'euros! C'est déjà pas mal, hein! Pourquoi l'incendie? Il paraît que, tout bêtement, un des câbles n'était pas bien isolé. Ensuite c'était le court circuit, un générateur a pris feu, une fumée incroyable, et qui était toxique par-dessus le marché! Il était obligatoire pour les pompiers de porter les masques respiratoires. (..) Quand je serai grand, je vais être pompier, sûr!

Amicalement, Jacques"

Lernziel ist hier weniger das systematische Erlernen der Einbettung, als vielmehr die Erfahrung der Variation zwischen sprachlicher Nähe und sprachlicher Distanz, und der sprachlichen Mittel, die diese Variation kennzeichnen. Dazu gehören – neben lexikalischen Mitteln – die hier thematisierten strukturellen Eigenheiten.

Auch die Nominaleinbettung muss systematisch vertieft werden. Die war bis Anfang der 70er Jahre ein selbstverständlicher Bestandteil sowohl der Linguistik als auch des fortgeschrittenen Sprachunterrichts ("*Niveau-deux*-Didaktik"). Dieser Prozess fiel dann in Misskredit, weil der Allgemeinheit morphologische und semantische Grenzen gesetzt sind. Aber der textlinguistische Prozess, der also mehrere Sachverhalte in einem einzigen Satz integriert, gilt tatsächlich allgemein. Für systematische Übungen auf Schulebene verweise ich auf Vorschläge in Debyser (1972), mit folgendem Beispiel zur *Rekursivität* dieses Konstrukts:

(13) „*Le montage récursif*"

a	Les étudiants ont voulu manifester contre le projet X.		La levée de	c
b	M. le Maire a interdit CETTE INITIATIVE.		l'interdiction	b
c	CE VERDICT a été levé par le Préfet.		de la manifestation	a
d	CETTE NOUVELLE a été annoncée ce matin.		a été annoncée.	d

Im Ausgangstext (links) verdeutlichen die Majuskeln die Proformen und somit den syntaktischen Ort der Einbettung. Der Zieltext (rechts) scheint syntaktisch simpel: Subjekt + Verb: Man sollte nicht meinen, dass er *vier* Sachverhalte enthält! Er ist so divergent vom Ausgangstext, dass man an eine Identität auf IN-HALTsseite zunächst nicht glauben mag. INHALT ist definiert als *Sachverhalte* und *Relationen*. Diese beiden Parameter sind in den beiden Varianten in der Tat identisch. Bei der Nominalisierung dürfen die Argumente der Basis-Sätze entfallen, während sie auf Satzebene obligatorisch sind. Es fehlen daher bei dem transformierten Text in (13) einige Informationen; aber die könnten problemlos hinzu gefügt werden; und fehlende Informationen bedeutet nicht, dass es sich um andere Sachverhalte oder um andere Relationen handelte.

5. Sprache als Objekt

Die hier präsentierten Vertextungsaufgaben (10, 11) haben zwar durchaus auch die pragmatische Funktion, variationssensible Strukturen (hier : *Nominaleinbettung, Relationsverben*) erstmals zur Kenntnis zu bringen und dadurch kommunikativ verfügbar zu machen. Aber über diese kommunikative Zielsetzung hinaus bedienen sie ein zweites, nicht weniger wichtiges Ziel: Die SchülerInnen lernen, dass die sprachliche Form *machbar* ist; dass die Machbarkeit *Regeln* gehorcht; dass man mit Hilfe grammatischer Regeln *Wirkungen* erzielen kann; dass man mit Sprache *experimentieren* kann. Spracharbeit wird zu einer "*Montage*" (Debyser 1972), analog zum Konstrukt eines Ingenieurs oder Architekten: Ein Produkt, das man *planen* kann und soll (10-a), bevor man zur Ausführung schreitet; und dessen Ausführung planungskonform divergiert (10-b vs. 12'; 13) je nachdem, welche *Mechanik* angewandt wurde. Die Textproduktion wird so zu einem *bewussten* Schöpfungsprozess.

Dieselbe Bewusstheit ermöglicht einen Rezeptionsprozess, der über die bloße Informationsentnahme hinausgeht. Texte leben oft von Stilwechseln; das gilt nicht nur für narrative oder poetische Texte, sondern gerade auch für argumentierende Texte: man findet nicht selten inhaltliche (Quasi-)Wiederholungen, die den vorausgehenden fachsprachlich markierten Sachverhalt in unmarkiertem oder sogar in narrativem Stil wieder aufgreifen:[8] Solche Wiederholungen erklären sich weniger als Zugeständnis an inkompetente Leser, sondern sie sind eher ein *Spiel* mit den sprachlichen Werkzeugen: ein Spiel mit der jeweiligen *Me-*

---

[8] Textbeispiele in: Forner (1998, 72ss; 2008)

chanik und ihrer *Funktion*. Die *Mechanik* wird zum Explikationsmodell. Die Freude an diesem Spiel, auch beim Leser, setzt die Beherrschung der *Mechanik* voraus. Unsere Lernziele dürfen sich nicht auf die bloße Inhalts-Übermittlung beschränken.

Aber auch die bloß inhaltliche Rezeption gewinnt durch die Kenntnis des Regelsystems: Die fachsprachliche Markierung erschwert oft das Verständnis: *Le Monde* Artikel sind schwerer als *Figaro*-Artikel. Wer die Regelhaftigkeit der *Montage* beherrscht, ist dadurch auch für die *Demontage* qualifiziert, denn die ist die Umkehrung. Rezeptive Fertigkeiten setzen die Fertigkeiten der Produktion gewissermaßen voraus. Unerlässlich ist die *Demontage* in den – nicht sehr häufigen – Fällen, in denen die Markierung des fremdsprachlichen Ausgangstextes in der Muttersprache nicht übernommen werden kann.[9] – Das systematische Dechiffrieren komplexer Texte war das Lernziel, das früher den altsprachlichen Unterricht auszeichnete. Es war ein nützliches, transferierbares Lernziel, dessen propädeutischer Wert gerade auch von nicht-philologischen Fachrichtungen geschätzt wurde.

Die hier vorgeschlagenen Textproduktionen (§§ 3,4) sind gedacht als Einstieg in eine *bewusstes* Operieren mit sprachlichen Regeln. Einstieg insofern, als die Regeln noch nicht bekannt sind: Die SchülerInnen befolgen die Anweisungen. Einstieg auch insofern, als die Regeln aus den Anweisungen, also aus den sprachlichen Operationen und aus deren Resultaten, leicht – auch durch die Schüler selbst – deduziert werden können. Die „Regeln" sind schon in § 2 ausgeführt und veranschaulicht; ich fasse sie hier zusammen:

(14) Basisgrammatik und Variationsgrammatik
 - Sprache (incl. Text) = Ausdruck von Inhalt.
 - Inhalt (von Text) = Sachverhalte + Relationen (zwischen den Sachverhalten).
 - Ausdruck = Ausdruck 1 (unmarkiert), oder: Ausdruck 2 (fachsprachlich markiert), oder: (weitere Sprachstile)
 - Ausdruck 1 (unmarkiert): Sachverhalte → Sätze

---

[9] Solche Fälle sind auch übersetzungstechnisch relevant: Denn da ist die *Demontage* das einzige Instrument, um einen Text zwar nicht Wortart-getreu, aber *signifié*-getreu zu übersetzen – Beispiel in Forner (2000).

Relationen → PROform (R_I) bzw. Konjunktion (R_A)
- Ausdruck 2 (FS-markiert): Sachverhalte →Nominaleinbettung
  Adv. Relation → Relationsverb

Offenbar ein denkbar einfacher Formalismus! Die Termini sind hier ausbuchstabiert; man könnte (sollte) sie mit der Zeit durch Siglen (s. § 2) ersetzen. Natürlich kommen noch ein paar Details hinzu, etwa die Typologie der Relationsverben (s.o. Ende § 3); oder bei der Nominaleinbettung das Verhalten der Argumente des Basisverbs (Subjekt bzw. Objekt werden an das deverbale Nomen mit *de* angeschlossen, oder sie dürfen fehlen, Derivationsmorphologie, etc.). Und selbstverständlich müssen die Schüler Wortarten kennen (Nomen, Verb, etc.), und Konstituenten (Subjekt, etc.). Aber auch mit diesen Erweiterungen handelt es sich um einen eher bescheidenen Formalismus, der mit dem der Naturwissenschaften auf Schulebene nicht entfernt vergleichbar ist, der jedoch im Sprachunterricht – insbesondere im Fremdsprachenunterricht – grundsätzlich nicht weniger berechtigt ist. Erst die kategoriale Gleichsetzung analoger Fälle – also die Formelsprache – ermöglicht den Transfer auf neue Fälle: Das ist bei Sprachen nicht anders als in Naturwissenschaften. „Transfer auf neue Fälle" bedeutet im Sprachunterricht: Transfer auf weitere Texte bzw. Inhalte; und Transfer auf andere Sprachen. Undenkbar, dass derartige Transferleistungen nicht angestrebt sind!

(15)   „Alle kognitiven Funktionen sind auf Zeichensysteme und Sprachen angewiesen. Die meisten höheren Denkprozesse vermögen die notwendige Beweglichkeit nur dadurch zu erreichen, dass die Gegebenheiten welche sie verarbeiten, durch Zeichen vertreten sind." (Aebli 1969, 157)

Ich meine, der Altmeister der Intelligenzpsychologie und Didaktik hat Recht. Und wenn die „Zeichensysteme" in den vergangenen drei Jahrzehnten aus dem Sprachunterricht zunehmend zurückgedrängt worden sind (oder waren), so liegt das vermutlich daran, dass die sprachbezogenen „höheren Denkprozesse" als Lernziel einem alternativen Ziel geopfert worden sind, nämlich der Kommunikation: Die Zeit, die der Sprachanalyse gewidmet wird, geht dem Kommunikationstraining verloren. Diese Logik ist jedoch kurzschlüssig: Die verschiedenen Varianten der Kommunikation gehorchen Regeln, und sowohl die Kenntnis dieser Regeln, als auch die analytische Fähigkeit, diese Regeln zu ermitteln und anzuwenden, erleichtern die Kommunikationsfähigkeit in neuen, zuvor nicht habitualisierten Kontexten. Darüber hinaus befähigt die Regelkenntnis den Sprecher, sein sprachliches Produkt selbständig auf Korrektheit zu prüfen oder ggf. selbständig zu korrigieren. Reflexion über Sprache hat nicht nur – wie Physik, Chemie, etc. – einen Eigenwert, sondern auch einen Wert als Stütze einer reflektierten Kommunikation.

6. Kognitive Lernziele und Lehrpläne

Ich möchte abschließend einen flüchtigen Blick in verschiedene Lehrpläne für den Französischunterricht am Gymnasium werfen (für Hessen, Rheinland-Pfalz und Nordrhein-Westfalen). Überall hat die Kommunikationsfähigkeit in der Fremdsprache Vorrang, und das ist gut so. Die drei Lehrpläne unterscheiden sich durch den Umfang, in dem begleitende grammatische oder linguistische Lernziele empfohlen werden.

Der hessische *Lehrplan Französisch* (2010) empfiehlt zwar durchaus, dass „Kategorien der grammatischen Beschreibung, Elemente der Wortbildung, Sprachvarianten, verschiedene Textarten und die Einsicht in die gesellschaftliche und historische Bedingtheit von Sprache den Schülern vermittelt werden" [9, 10], auch die Versprachlichung „komplexer Sachverhalte" und „Mittel zur Textverknüpfung" und „theoretische Reflexion" [13] sind erwähnt. Aber *wie* diese Ziele erreicht werden sollen, wird nicht gesagt. Linguistische Explikationen[10] sind zwar nicht verboten. Aber empfohlen sind sie jedenfalls nicht: Der „Schwerpunkt" liegt auf der „inhaltlich-thematischen Ebene" [5] (mit Inhalten wie „existentielle Fragen"; „Sinnfrage des Menschen" [84, 86]!); und generell gilt: „Grammatik hat dienende Funktion" [5].

Expliziter und reflektierter ist das *rheinland-pfälzische* Curriculum von 1998. Es nennt die sprachlichen Schwerpunkte des hessischen Lehrplans. Darüber hinaus soll der Französischunterricht den *Transfer* [9-10, 20] ermöglichen: den Transfer zu weiterem Sprachenlernen und den Transfer zum Erlernen weiterer Sprachstile, speziell „Fachsprache". Ein weiteres linguistisch relevantes Postulat

---

[10] „Linguistik" kommt einmal vor, p. 9, meint aber gar nicht Linguistik, sondern Sprachpraxis (Aussprache, Wortschatz).

ist die *Fehlerdiagnose* und die Vermittlung von „methodischem Wissen in Hinblick auf *Selbstlernstrategien*" [24]. Wichtig ist den rheinland-pfälzischen Autoren auch die *Kontrastivik*, sowohl interkulturelle Kontraste [8], als auch Kontraste zwischen Sprachen und zwischen Sprachstilen [13]. Generell gilt die „Einsicht in die systematische Struktur von Sprache" [13] als wichtiges Lernziel. *Sprachvariation* (speziell *parlé / écrit*) wird nicht bloß pragmatisch gesehen, sondern ist Gegenstand des analytischen Bereichs „Grammatik und Stilistik" [14]: Genannt werden Thema-Rhema Strukturierung und „Mittel der Satzverknüpfung und -verkürzung" [43, 15]. Ein zentrales Unterrichtsziel ist der „*reflektierte*" [14] Umgang mit schriftlicher Sprachproduktion; als methodische Hinweise dazu sind u.a. genannt: „Worterschließungstechniken" [12]; „Paraphrasierung und Umwandlung", „Verfassen narrativer Textvarianten", „Versprachlichung visueller Vorlagen", „gelenktes Schreiben", Anlegen eines „grammatisch-stilistischen Merkheftes", Festigung der „grammatischen Terminologie" [14-15], „Techniken des Resümierens, Darstellens und Erklärens" [20]. – Das kognitive Konzept des vorliegenden Beitrags findet in diesem Lehrplan offenbar zahlreiche Anknüpfungspunkte.

Im Lehrplan für die französische Oberstufe von *Nordrhein-Westfalen* (1999) finden wir die wesentlichen linguistischen Inhalte des rheinland-pfälzischen Lehrplans wieder (Transferfähigkeit, Kontrastivik, Sprachvariation – auch Fachsprache [30-31, 41, 47] –, Selbstlernstrategien); und einiges mehr: Der „Grammatik" und dem „*Sprachwissen*" sind zwei eigene Kapitel gewidmet: Ziel ist nicht nur die korrekte Verwendung der Sprache, sondern auch die „*Eigenkorrekturfähigkeit*" und „Einblicke in die *Baugesetze* einer Sprache" [22, 25]. Aus der langen Liste der im Oberstufenunterricht zu behandelnden grammatischen Strukturen zitiere ich nur die variationsrelevanten: Thema-Rhema-Markierungen, „Textverkürzung durch *Nominalisierung*", „*logische Artikulatoren*" [22-23, 38]; „Kategorien der Sprachbeschreibung", Norm [25]. Sprachwissen nützt u.a. dem Vergleich mit schon bekannten Sprachen [25], dem „*problem- und prozessbezogenen Denken*", sowie einem „*einsichtgestützten Lernen*" [24]; dieses diene dazu, Strukturen „selbständig zu erkennen", sie „systematisch zu speichern", sie bei der Rezeption „richtig einzuordnen" und die eigene Textproduktion „selbständig zu kontrollieren" [24]. Die „*grammatische Kontrolle*" ist auch vom *Allgemeinen Europäischen Referenzrahmen* (cfr. Anhang p. 176) für die Niveaustufe C2 gefordert.

Diese Stichworte – insbesondere die zuletzt genannten – sind ein Plädoyer für einen auch kognitiven Approach in unserem Fremdsprachenunterricht. Das Unterrichtsprojekt Stilvariation gliedert sich in diese kognitive Zielsetzung ein (zusätzlich zum kommunikativen Bedarf). Das gilt speziell für die methodische Unterscheidung zwischen Funktion und Mechanik und für den Regelset in § 2. Diese Anbindung macht die Stiltransformation zu einem *Experiment* mit Sprache.

6. Bibliographie

AEBLI, Hans. 1969. „Die geistige Entwicklung als Funktion von Anlage, Reifung, Umwelt- und Erziehungsbedingungen" in: *Begabung und Lernen. Gutachten und Studien der Bildungskommission.* Stuttgart.

DEBYSER, Francis. 1972. „Une difficulté spécifique de la langue de presse, la nominalisiation", in: *FdM* 89, 10-15.

FORNER, Werner. 1998. *Fachsprachliche Aufbaugrammatik Französisch. Mit praktischen Übungen.* Wilhelmsfeld: Egert.

FORNER, Werner. 2000. „Stilkontrast – Sprachkontrast – Übersetzung", in: idem. ed. *Fachprachliche Kontraste, oder: Die unmögliche Kunst des Übersetzens. Akten des SISIB-Kolloquiums vom 11.-12. Juni 1999.* Frankfurt: Lang, 209-234.

FORNER, Werner. 2006. „Prinzipien der Funktionalstilistik", in: Ernst, G. & Glessgen, M. & Schmitt, C. & Schweickard, W. edd. *Romanische Sprachgeschichte. Ein internationales Handbuch zur Geschichte der romanischen Sprachen.* Berlin: de Gruyter, 1907-1923.

FORNER, Werner. 2008. "*Une et indivisible?*" Funktionale Mehrsprachigkeit im akademischen Unterricht, in: Fäcke, C. & Hülk, W. & Klein, F.-J. edd. *Multiethnizität, Migration und Mehrsprachigkeit. Festschrift A. Schumann.* Stuttgart: ibidem, 209-229.

HUNNIUS, Klaus. 1981. „Mais des idées, ça, on en a, nous, en France. Bilanz und Perspektiven der Diskussion über das Personalpronomen ‚on' im gesprochenen Französisch", in: *ASNS* 218, 71-89.

KAEHLBRANDT, Roland. 1989. *Syntaktische Entwicklungen in der Fachsprache der französischen Wirtschaftswissenschaften. Untersucht an der Textsorte 'Lehrwerk' im Zeitraum von 1815-1984.* Stuttgart (Beih. ZfSL; 16)

WILDE, Ursula, 1994, *Fachsprachliche syntaktische Strukturen in der französischen Anzeigenwerbung.* Frankfurt (Lang).

Lehrpläne:

- Lehrplan Französisch Gymnasialer Bildungsgang. Jahrgangsstufen 5G bis 9G und gymnasiale Oberstufe. Hessisches Kultusministerium 2010 (http://lernarchiv.bildung.hessen.de/lehrplaene/gymnasium/franzoesisch)

- Lehrplan Französisch Gymnasium Sek. II, Ministerium für Bildung, Wissenschaft und Weiterbildung Rheinland-Pfalz, 1998 (http://lehrplaene.bildung-rp.de)
- Lehrplan Französisch, in: Richtlinien und Lehrpläne (..) Französisch. Ministerium für Schule und Weiterbildung, Wissenschaft und Forschung des Landes NRW. Frechen (Ritterbach) 1-1999. (www.kle.nw.schule.de/gymgoch/.../Sek-II-Lehrplaene/f.pdf)

AUTORENVERZEICHNIS

CHRISTOPH BÜRGEL ist Juniorprofessor für Didaktik der romanischen Sprachen an der Universität Osnabrück.
Arbeitsbereiche: Textlinguistik, Lesedidaktik, Dialogforschung-Dialogschulung, Leistungsmessung und -bewertung (u.a. Forschungsprojekt zu Sprachkompetenzen von Französischlehrern und -lernern), Konzeption von Unterrichtsmaterialien.

E-Mail: cbuergel@uni-osnabrueck.de

WERNER FORNER ist Professor für romanische Sprachwissenschaft („fachsprachliche Kommunikation in den romanischen Sprachen") an der Universität Siegen.
Arbeitsbereiche: Variationelle Textsyntax (u.a. Fachstil, fachliche Nomination, didaktische Anwendung), Dialektologie und Rekonstruktion (Ligurisch, Okzitanisch), Kontrastivik.

E-Mail: forner@sisib.uni-siegen.de

DR. MICHAEL FRINGS ist Studienrat für Französisch, Mathematik und Latein am Gutenberg-Gymnasium in Mainz und Mitherausgeber der Schriftenreihen *Romanische Sprachen und ihre Didaktik* und *Französischdidaktik im Dialog* sowie der *Zeitschrift für Romanische Sprachen und ihre Didaktik*.
Arbeitsschwerpunkte: Mehrsprachigkeitsdidaktik und Varietäten des Französischen aus didaktischer Sicht, Authentizität im Fremdsprachenunterricht, Film- und Mediendidaktik.

E-Mail: mail@michaelfrings.de

JENS F. HEIDERICH ist Studienrat für Deutsch, Französisch und Ethik am Frauenlob-Gymnasium in Mainz. Zur Hälfte seines Deputats ist er für Fachdidaktik Deutsch an die Universität Trier abgeordnet.
Arbeitsbereiche: Literatur-, Kultur-, Film- und Mediendidaktik, Authentizität im Fremdsprachenunterricht, fächerverbindendes Arbeiten, *Gender-* und *Queer Studies*, Väter in der Literatur, Autor von Unterrichtsmaterialien.
E-Mail: mail@jensheiderich.de

DR. CHRISTINE MICHLER ist Akademische Direktorin und Professorin für Didaktik der romanischen Sprachen und Literaturen an der Universität Bamberg.
Arbeitsbereiche: Lehrwerkforschung und -analyse, Mehrsprachigkeitsdidaktik, Literaturdidaktik, Medien im Unterricht der romanischen Sprachen, Landeskunde und interkulturelles Lernen.
E-Mail: christine.michler@uni-bamberg.de

DR. DANIEL REIMANN ist Akademischer Rat für Didaktik der romanischen Sprachen und Literaturen an der Universität Würzburg; 2011: Ruf auf die Professur für Fachdidaktik der Romanischen Sprachen an der Universität Mainz.
Arbeitsbereiche: Literatur- und Mediendidaktik, Mehrsprachigkeitsdidaktik, nonverbale Kommunikation im Unterricht der romanischen Sprachen, inter- und transkulturelle kommunikative Kompetenz.
E-Mail: daniel.reimann@uni-wuerzburg.de

FRANK SCHÖPP ist Studienrat für Französisch und Italienisch an der Augustinerschule in Friedberg/Hessen und mit halbem Deputat an das Institut für Romanische Philologie der Philipps-Universität Marburg abgeordnet.
Arbeitsbereiche: Filmdidaktik, Mehrsprachigkeitsdidaktik (insbesondere Interkomprehensionsforschung) und Konzeption von Unterrichtsmaterialien.
E-Mail: schoepp@staff.uni-marburg.de

RAINER SCHLÖSSER ist Professor für Romanische Sprachwissenschaft an der Friedrich-Schiller-Universität Jena.
Arbeitsbereiche: Sprachgeschichte, Etymologie und Wortgeschichte, Minderheitensprachen, Sprachkontakt und Wissenschaftsgeschichte.

E-Mail: rainer.schloesser@uni-jena.de

BETTINA STADIE ist Studienreferendarin an der Georg-Christoph-Lichtenberg-Gesamtschule (IGS) in Göttingen und unterrichtet die Fächer Deutsch und Französisch. In ihrer Examensarbeit zur Erlangung des Ersten Staatsexamens untersuchte sie sprachliche Varietäten in den Französischlehrwerken *À plus!* und *Découvertes*.

E-Mail: bettina_stadie@gmx.de

DR. SYLVIA THIELE ist Oberstudienrätin im Hochschuldienst an der Universität Münster für Fachdidaktik des Französischen, Italienischen und Spanischen.
Arbeitsbereiche: kontrastive Linguistik, Minderheitensprachen, europäische Mehrsprachigkeit in synchroner und diachroner Perspektive, sprachübergreifender Unterricht, bilingualer Unterricht, Konzeption von Unterrichtsmaterialien, Literaturdidaktik (Schwerpunkt: Lyrik).

E-Mail: sthiele@uni-muenster.de

DR. KATHARINA WIELAND ist Wissenschaftliche Mitarbeiterin für Didaktik der romanischen Sprachen an der Humboldt-Universität zu Berlin.
Arbeitsbereiche: Bilinguales Lernen (CLIL), Mehrsprachigkeitsdidaktik, Minderheitensprachen, Literaturdidaktik, Sprachmittlung.

E-Mail: katharina.wieland@rz.hu-berlin.de

Zeitschrift für Romanische Sprachen und ihre Didaktik

Die Zeitschrift für Romanische Sprachen und ihre Didaktik erscheint seit 2006 zweimal jährlich. Sie ergänzt den Markt der bestehenden fachwissenschaftlichen und fachdidaktischen Zeitschriften, indem sie sich nicht nur auf eine romanische Einzelphilologie beschränkt und neben grundlegenden Artikeln mit allgemeinen Studien und Betrachtungen auch konkrete Unterrichtsvorschläge macht. Außer den traditionellen Rubriken wie „Aufsätze", „Rezensionen" und „Eingegangene Schriften" finden sich auch innovative Rubriken wie „Zeitschriftenschau", „Profil" und „Lehrveranstaltungen".

Über Mehrsprachigkeitsdidaktik, Literaturdidaktik bis hin zu Beiträgen mit landeskundlicher und interkultureller Ausrichtung wird den Lesern ein abwechslungsreiches Programm geboten. Aktuelle bildungspolitische Prinzipien wie Kompetenz- und Outputorientierung, Bildungsstandards sowie neu hinzugetretene Fertigkeiten wie Sprachmittlung und Hörsehverstehen haben hier natürlich auch ihren festen Platz. Den Herausgebern, Dr. Michael Frings (Mainz) und Prof. Dr. Andre Klump (Trier), steht ein wissenschaftlicher Beirat zur Seite, der ausgewiesene Fachexperten aus den Bereichen Sprachwissenschaft, Didaktik und Schulpraxis umfasst.

Prof. Dr. Eynar Leupold (Freiburg) skizziert die Stärken der Zeitschrift in seiner Rezension in *Der fremdsprachliche Unterricht Französisch* (92/2008, S. 40) u.a. wie folgt:

„Positiv hervorzuheben sind: die Breite der Themen, das erkennbare Bemühen, den Brückenschlag zwischen den romanischen Sprachen und den mit ihr verbundenen Wissenschaftsdisziplinen zu fördern, sowie der sichtbare Anspruch auf eine qualitativ solide Edition. Die Zeitschrift ist gerade auch für Lehrerinnen und Lehrer der romanischen Sprachen, die Vorschläge zur Bewältigung des Schulalltags und darüber hinaus Grundlagen, Anregungen und Informationen im Zusammenhang mit ihrer beruflichen Tätigkeit suchen, zu empfehlen. Sie werden durch eine abwechslungsreiche, informative und interessante Lektüre belohnt."

Zeitschrift für Romanische Sprachen und ihre Didaktik
Hrsg.: Michael Frings/Andre Klump
ISSN 1863-1622
Einzelheft: € 34,90 (zzgl. Versand)
Jahresabonnement (2 Hefte): € 58,00 (zzgl. Versand)

Bestellungen an: zromsd@ibidem-verlag.de

Die Inhaltsverzeichnisse aller bisher erschienenen Hefte können auf www.ZRomSD.de eingesehen werden.

Schriftenreihe Romanische Sprachen und ihre Didaktik

Die Schriftenreihe Romanische Sprachen und ihre Didaktik (www.RomSD.de) verbindet mit ihren Publikationen analog zur Zeitschrift für Romanische Sprachen und ihre Didaktik die romanistischen Fachdisziplinen Angewandte Sprachwissenschaft und Fremdsprachendidaktik.

Publikationen (Auswahl):

Band 4: Frings, Michael. ed. 2006.
Sprachwissenschaftliche Projekte für den Französisch- und Spanischunterricht
306 Seiten. Paperback. € 33,00
ISBN 3-89821-651-9

Band 6: Dauster, Judith. 2007.
Früher Fremdsprachenunterricht Französisch
378 Seiten, Paperback. € 35,90
ISBN 3-89821-744-2

Band 7: Schrader, Heide. 2007.
Medien im Französisch- und Spanischunterricht
152 Seiten. Paperback. € 24,90
ISBN 3-89821-772-8

Band 10: Bosold-DasGupta, Bettina & Klump, Andre. edd. 2007.
Romanistik in Schule und Universität
194 Seiten. Paperback. € 24,90
ISBN 978-3-89821-802-3

Band 14: Fäcke, Christiane, Hülk, Walburga & Klein, Franz Josef. edd. 2008.
Multiethnizität, Migration und Mehrsprachigkeit
398 Seiten. Paperback. € 39,90
ISBN 978-3-89821-848-1

Band 18: Gerstmann, Dieter. 2008.
Bibliographie Französisch
724 Seiten. Paperback. € 59,90
ISBN 978-3-89821-872-6

Band 17: Frings, Michael & Vetter, Eva. edd. 2008.
Mehrsprachigkeit als Schlüsselkompetenz: Theorie und Praxis in Lehr- und Lernkontexten
362 Seiten. Paperback. € 34,90
ISBN 978-3-89821-856-6

Band 22: Overmann, Manfred. 2009.
Histoire et abécédaire pédagogique du Québec avec des modules multimédia prêts à l'emploi
530 Seiten
Paperback-Ausgabe
ISBN 978-3-89821-966-2, € 49,90
Hardcover-Ausgabe
ISBN 978-3-89821-968-6, € 69,90

Band 25: Leitzke-Ungerer, Eva (ed.). 2009.
Film im Fremdsprachenunterricht
444 Seiten. Paperback. € 39,90
ISBN 978-3-89821-925-9

Band 27: Abendroth-Timmer, Dagmar, Fäcke, Christiane, Küster, Lutz & Minuth, Christian. edd. 2010.
Normen und Normverletzungen. Aktuelle Diskurse der Fachdidaktik Französisch
252 Seiten. Paperback. 2010. € 34,90
ISBN 978-3-8382-0084-2

Band 29: Frings, Michael & Leitzke-Ungerer, Eva. edd. 2010.
Authentizität im Unterricht romanischer Sprachen
292 Seiten. Paperback. 2010. € 34,90
ISBN 978-3-8382-0095-8

Bestellungen über den Buchhandel oder unter www.ibidem-verlag.de

Abonnement

Hiermit abonniere ich die Reihe **Französischdidaktik im Dialog** (FDD) **(ISSN 2191-8155)**, herausgegeben von Michael Frings und Jens F. Heiderich,

❏ ab Band # 1
❏ ab Band # ___
    ❏ Außerdem bestelle ich folgende der bereits erschienenen Bände:
    #___, ___, ___, ___, ___, ___, ___, ___, ___, ___, ___, ___

❏ ab der nächsten Neuerscheinung
    ❏ Außerdem bestelle ich folgende der bereits erschienenen Bände:
    #___, ___, ___, ___, ___, ___, ___, ___, ___, ___, ___, ___

❏ 1 Ausgabe pro Band   ODER   ❏ ___ Ausgaben pro Band

Bitte senden Sie meine Bücher zur versandkostenfreien Lieferung innerhalb Deutschlands an folgende Anschrift:

Vorname, Name: _____

Straße, Hausnr.: _____

PLZ, Ort: _____

Tel. (für Rückfragen): _____ *Datum, Unterschrift:* _____

Zahlungsart

❏ *ich möchte per Rechnung zahlen*

❏ *ich möchte per Lastschrift zahlen*

bei Zahlung per Lastschrift bitte ausfüllen:

Kontoinhaber: _____

Kreditinstitut: _____

Kontonummer: _____ Bankleitzahl: _____

Hiermit ermächtige ich jederzeit widerruflich den *ibidem*-Verlag, die fälligen Zahlungen für mein Abonnement der Reihe **Französischdidaktik im Dialog** (FDD) von meinem oben genannten Konto per Lastschrift abzubuchen.

Datum, Unterschrift: _____

Abonnementformular entweder **per Fax** senden an: **0511 / 262 2201** oder 0711 / 800 1889 oder als **Brief** an: *ibidem*-Verlag, Julius-Leber Weg 11, 30457 Hannover oder als **e-mail** an: ibidem@ibidem-verlag.de

***ibidem*-**Verlag
Melchiorstr. 15
D-70439 Stuttgart
info@ibidem-verlag.de

www.ibidem-verlag.de
www.ibidem.eu
www.edition-noema.de
www.autorenbetreuung.de

www.ingramcontent.com/pod-product-compliance
Lightning Source LLC
Chambersburg PA
CBHW051810230426
43672CB00012B/2686